損せず、心地よく暮らしたいなら

「デジタル・スマートハウス」はどうですか?

内閣府日本住宅性能検査協会認定
再生可能エネルギーアドバイザー
ZEH推進協議会 賛助会員/住宅コンサルタント
加藤善一

ザメディアジョン

たまには外でお茶でもしようか？
いいわね！
家電大好き
太郎
料理大好き
花子
結婚して7年
気に入ってずっと二人で住んでいたこのマンションだったけど…
在宅ワークで荷物が増えて部屋が狭くなったからねぇ…
ずっと居ると息苦しくってさ
そうだね…
キッチンも古くて何かと不便だし…
そろそろ引っ越しかな…
で！実はもういくつか候補を絞ってるんだ！
ホント!? 見せて見せて！
これなんかどう？
一戸建てのリノベーション物件だよ
わ〜おしゃれ！

新築より安いし
この間取りなら…
広い書斎を作って
ゆっくり仕事が
できるぞ！
対面キッチンが
ステキよね～
観葉植物も
たくさん置いて
おしゃれな生活が
できそうだわ…
本当にそれで
いいのかな？
目先のデザインで
家を選ぶなんて
ナンセンス！
費用だって
中古で安く買えても
後のことを考えると
逆に高くつくかも
しれませんよ
な…なるほど
たしかに…
で…
あなたは
いったい…？
私は
スマートハウスの
エキスパート
加藤です！

おお！エキスパート！
ていうかスマートハウスって何ですか？
そうですね簡単に言うと
電気を自給自足しエコな設計で健康にも地球にも優しい家です
なるほど・・・
つまりオール電化みたいなやつですか？
たしかにオール電化は熱源をシンプルにできるし経済的とも言われていますが
今後さらに電気料金が高騰する可能性も考慮する必要があります
そうなんだ・・・
そこで登場したのがエコハウスという概念です！
エコロジーですね！
そう
地域の気候風土や住まい方に応じて自然エネルギーを最大限に生かし
環境に負担をかけない方法で建てられることがエコハウスの基本です

なるほど！
でも・・・普通に建てた家とどう違うんですか？
良い質問ですね！
たとえば断熱材や窓を厳選し太陽光などの再生可能エネルギーをうまく取り入れた設計にすることで
必要最低限のエアコン稼働で冬は暖かく夏は涼しい家になる
排出
省エネ換気
太陽光発電
夏季
日射遮蔽
高効率給湯
高効率空調
高効率照明
涼風
高断熱窓
高断熱外皮
蓄電システム
それはいいなあ！
そしてもうひとつ大切なことなんですが
日本の人口は減少の傾向にありますがその反面世帯数は増えて家庭からのエネルギー消費量は増加している・・・
たしかに・・・
うちのマンションも世帯数は多いけどほとんど２～３人以内だし・・・
そこで
新しい仕組みづくりや新しいライフスタイルの提案が住宅を考える上で必要になってきます
日除けのために草木を植えたり
暑い時は窓を開ける寒い時は一枚着るみたいなことかな・・・
そう！住まい手の意識や行動も大切ということなんです！

パッシブ設計という日射取得と遮蔽を生かし地域の気候風土文化に根ざした地域の特色を生かした住宅であること
これらがエコハウスの条件になります
そういうことか！
あれ？
スマートハウスの話じゃなかったっけ？
もちろん
エコハウスを理解した上でさらにプラスアルファ
たとえば空気環境をＡＩで一元管理できたり・・・
おおっＡＩか！
急に未来感が出てきたね！
空気環境って？
室内の空気を「正圧」という外気圧より高い状態にしておくと
外からの汚れた空気の侵入を抑えて常にきれいな状態に保てるんです
正圧
それをＡＩが管理してくれるのか！
花粉やウイルスの侵入も防いでくれたら安心よね！

さらに温度や湿度も管理してくれるので「暑い」「寒い」という不満もなくなるし
温度差の激しい場所で起こるヒートショックなんかも防げます
ステキ！健康的だしいいことずくめですね！
ん！まてよ・・・
そういう家をもし田舎に建てたら車の移動が多くなって燃料代が余計にかかるんじゃ・・・？
またまたいい質問ですね
車をEVにすれば自家発電した電気で車を充電できるので
ガソリン代はかかりません
さらに家とEVを連動させると毎日電気を車に溜めて蓄電池としても使えるので
災害時も電気が使える心強い家になります！
EV
まさに一石二鳥だ！
その前に車を買い換えないとね
さらに10年後20年後を見据えた未来志向の家なので
IoT設計で外出先から宅配物を受け取ったりペットの様子が見られたりエアコンの温度調整をしたり台風のときにシャッターを閉めたりお風呂を沸かしたりもできるんですよ

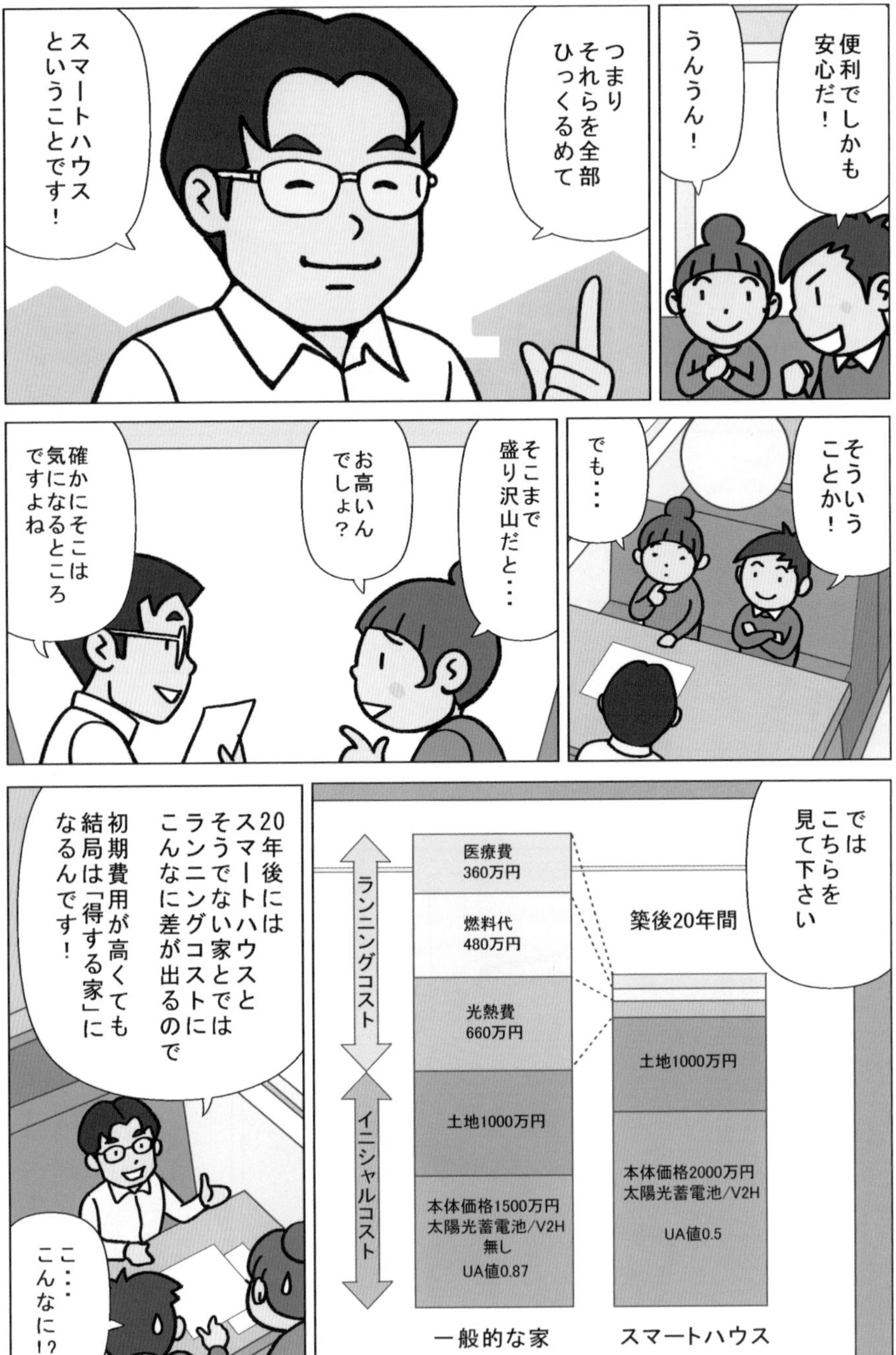
便利でしかも安心だ！
うんうん！
つまりそれらを全部ひっくるめて
スマートハウスということです！
そういうことか！
でも・・・
そこまで盛り沢山だと・・・
お高いんでしょ？
確かにそこは気になるところですよね
ではこちらを見て下さい
築後20年間
ランニングコスト
イニシャルコスト
医療費 360万円
燃料代 480万円
光熱費 660万円
土地1000万円
本体価格1500万円 太陽光蓄電池/V2H 無し UA値0.87
一般的な家
土地1000万円
本体価格2000万円 太陽光蓄電池/V2H UA値0.5
スマートハウス
20年後にはスマートハウスとそうでない家とではランニングコストにこんなに差が出るので初期費用が高くても結局は「得する家」になるんです！
こ・・・こんなに!?

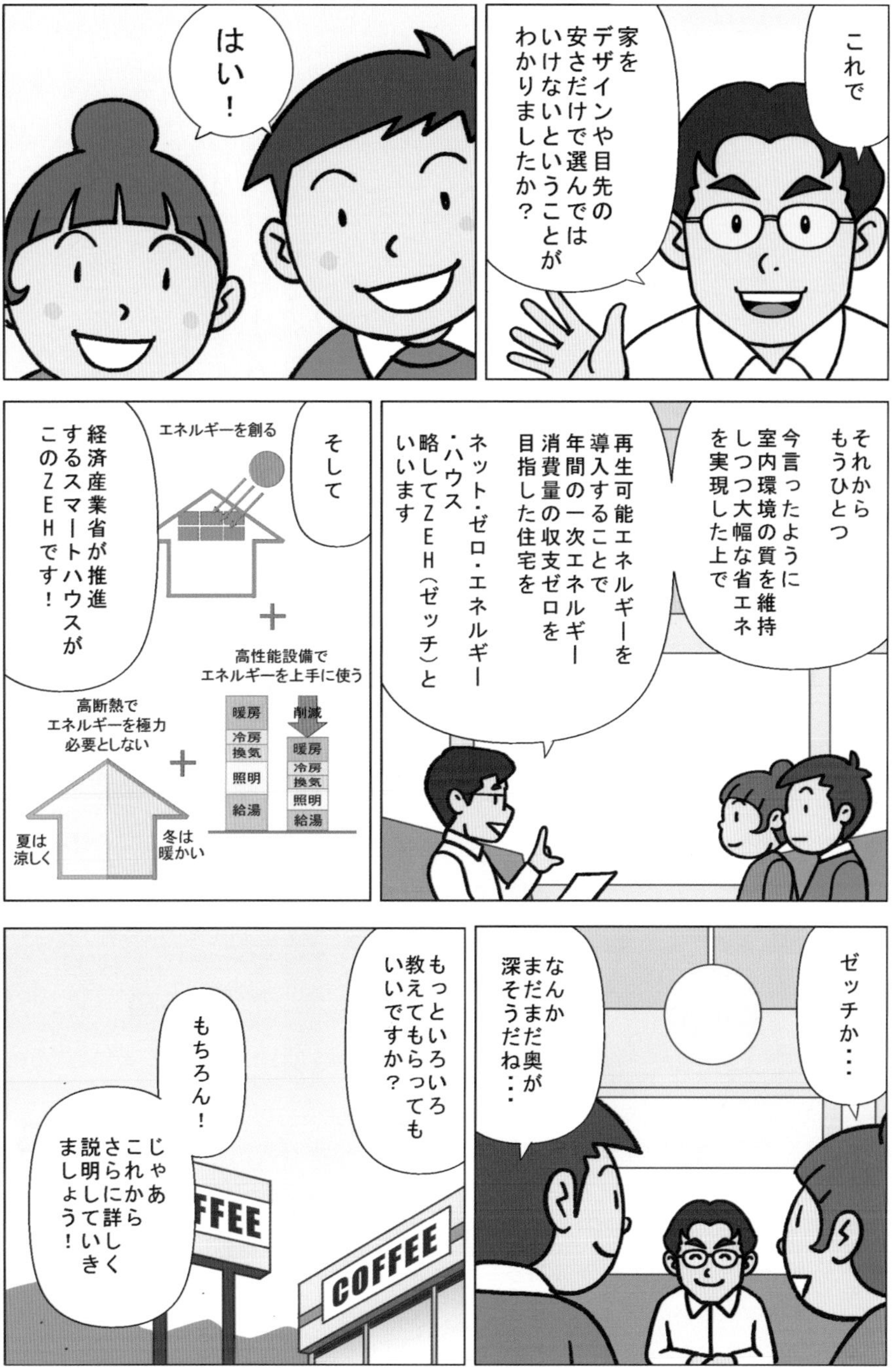
これで
家をデザインや目先の安さだけで選んではいけないということがわかりましたか？
はい！
それからもうひとつ
今言ったように室内環境の質を維持しつつ大幅な省エネを実現した上で
再生可能エネルギーを導入することで年間の一次エネルギー消費量の収支ゼロを目指した住宅をネット・ゼロ・エネルギー・ハウス略してZEH（ゼッチ）といいます
そして
経済産業省が推進するスマートハウスがこのZEHです！
エネルギーを創る
高性能設備でエネルギーを上手に使う
暖房
冷房
換気
照明
給湯
削減
暖房
冷房
換気
照明
給湯
高断熱でエネルギーを極力必要としない
夏は涼しく
冬は暖かい
ゼッチか・・・
なんかまだまだ奥が深そうだね・・・
もっといろいろ教えてもらってもいいですか？
もちろん！
じゃあこれからさらに詳しく説明していきましょう！
FFEE
COFFEE

第1章

スマートハウスとは何か

第2章
スマートハウスの構造の工夫

03 断熱性能を考える

第3章

電気を買わない、非常時でも停電しない自給自足の暮らし

06 電気を自給自足する必要性

07 電気を生み出す具体的な方法

第4章

防災性能と資産価値の高い家づくり

はじめに

2021年4月1日、ついに「改正建築物省エネ法」が発令されます。これにより、これから家を建てるときに建築主になる皆さんと施工するビルダーさんは、低炭素型社会に準拠した省エネルギー住宅を建てることを国から要請されます。「地球に、家計に、人に優しい家」を建てなくてはならないのです。

私のことについて自己紹介させていただくと、私は普段から住宅・不動産業界の方々にコンサルティングを行うことを生業としています。たくさんの方々とお会いするなかで、欠陥住宅を所有してしまったことにより、不健康による医療費と、不経済な維持費をかけて暮らしている方々がいかに多いことか、日々感じています。そこで、多くの方に「建ててよかった」と思えるような、この国の未来へ向けた家づくりをしていただきたく、「後悔しない家づくり」とはどんなものかを分かりやすく解説するため、この本を執筆することにしました。じつは、この本の執筆を始めたのは2年以上前のことでした。なぜこんなにも出版が遅れたのかというと、新型コロナウイルスの感染症と、今現在、情勢が急速に変化しているエネルギー問題の壁が立ちはだかったからです。

私のセカンドハウスは大手ハウスメーカーが建てた築12年の住宅です。そこの

2021年1月の電気料金は「18万円」にもなりました。その理由は「JEPX(日本卸電力取引所の異常な高騰」「異常気象」「新電力会社の使用」など、さまざまな要因が複雑に絡んでいます。各自治体も「地球にやさしいエネルギーを使いましょう」と、再生可能エネルギーを推進し、「SDGs(持続可能な開発目標)」を推奨した結果、大赤字となり、財政危機まで誘発してしまう社会問題に発展しました。さらに新型コロナウイルスが感染拡大したことで、私たちの日常生活が大きく変わっています。テレワークが定着し、飲食店での食事や旅行もできないため、宿泊業や交通産業を始めとするサービス業の経営破綻などが相次ぎました。加えて、過去にないレベルの「異常気象」も、次々と襲いかかっています。2020年9月に九州を通過した台風9号、10号は、最大風速50メートル超えという信じられないものでした。「自分の命は自分自身の判断で守って下さい」という気象庁の注意喚起も「ではいったいどこへ避難すればいいのか」という避難所の在り方について考えさせられました。このような予測不可能な自然災害への対応を含め、これからの住宅の在り方は今までとは全く違う価値を要求されています。そのような中で、「今、何を必要とされているのか」「ベストな家づくりとは何か」を見極めるのに時間がかかったのです。今回この本で詳細に説明している「Smart2030零和の家®」は、これらの問題をすべてクリアしています。

左の写真は私が今住んでいるスマートハウスです。人生4軒目となるこの家を新潟県上越市の直江津海岸沿いに建てた理由は、間もなく還暦を迎える私たち夫婦が世間を遮断して、束の間の何もしない有限な時間を過ごすため。昔よく釣りに行った水平線の彼方に浮かぶ佐渡を見ながら、そして日本海の潮騒を聴きながら、妻の美味しい手料理と新潟の美酒を味わっています。

なぜこのようなことが叶うのかといえば、かつて当たり前のように支払っていた冷暖房の光熱費を抑えた分、贅沢な食品の材料費に代えることができたからです。また、電力会社から振り込まれる売電収入があるので、近くの温泉宿の名湯に浸かるような楽しみも増えました。さらに、一年中良好に保たれた空気環境を手に入れ、電気自動車を自宅で充電することで、ガソリンスタンドへ行く時間もなくなりました。

これらはすべて、スマートハウスに住むことで実現できます。「防災性能が高く、再生可能エネルギーの自給率100％で、素晴らしい空気環境での健康的な暮らし」を、ぜひあなたも始めてください。

加藤　善一

娘と愛犬と夕陽を鑑賞する妻

目の前のテトラからのサンセット・フィッシング

第1章

スマートハウスとは何か

01 スマートハウスの定義

「スマートハウス」「オール電化住宅」「エコハウス」の違い

スマートハウスとは

まず結論から言うと、私が10年、20年後も価値が残る家だと断言できるのは、「スマートハウス」と呼ばれるものだけです。それはなぜなのかということも含め、スマートハウスの定義からご説明しましょう。

「スマート＝ＩＴ」が一般論であり、東日本大震災以降は特に「スマート＝新エネルギーの節電（新エネルギーについては後ほど説明します）」という意識が強くなっていますが、「スマート」に、「快適」、「健康」、「断熱」、「クール・ジャパン」、「リフォームやリサイクルのしやすさ」等の本来住宅にあるべき概念や、これからの住宅が有するべき概念を加えたものが、「スマートハウス」です。

後ほど解説する「エコハウス」の定義とかぶる部分もありますが、簡単に言ってしまえば、「エコハウス」に、「IT」や「防災」、「完全自家発電」などの要素を足した、「未来を見据えた家」ということになります。

これから建てる家については、このスマートハウスでないと、将来資産価値が残らないような世の中の流れになっていますし、あなたの「財産」、「命」、「健康」など、大切なものを守るためには、スマートハウス一択といえるでしょう。

POINT　2021年以降はスマートハウス（賢い家）が絶対条件です。国内で販売されるすべての電化製品と住宅がつながりあうことで享受できる恩恵は計り知れません。

オール電化住宅とは

皆さんご存知の「オール電化住宅」は、電力会社がガスではなく電気のみを使用させる目的で普及させた、原発をベースロード電源（発電コストが低廉で、安定的に発電でき、昼夜問わず継続的に稼働できる電源）にした住宅です。電化製品のみを稼働させて光熱費の基本料金を下げ、電気代が安い深夜のうちに、夜間蓄熱式暖房機器や自然冷媒ヒートポンプ給湯機（エコキュート）を利用して熱やお湯を作るのが一般的です。そのため、東日本大震災以前は電気代にかかる単価が抑えられるというメリットがありました。また、オール電化住宅にすると、すべての熱源を電気一本で賄うようになるので、今までかかっていた「ガスの基本料金」と「電気の基本料金」という二つの基本料金も、「電気の基本料金」一つだけになります。基本料金が一本化できることもまた、経済的といえるでしょう。

しかしなぜ、ガスを使用しないこのオール電化住宅が世に出たのかご存知ですか。それは同時同量（電力の需要と供給を絶えず一致させること）という原則に則り、原発を停止させないための大手電力会社の苦肉の発想だったのです。深夜という私たちが眠っている時間でもいかに電気を消費させて発電調整のできない原発を停止させないようにするかを電力会社が考え抜いてできた料金体系でした。クリーンなエネルギーであることは評価できますが、東日本大震災以降、原発が停止したことで、深夜電力料金は倍以上に高騰しています。なぜなら、現在は、海外から燃料資源を調達している火力発電所が代替え電源だからです。発電調整できない原発の料金メニューが停止した今でも、深夜電力割引があることさえ、不思議なのです。

POINT　菅義偉総理の「2050年温室効果ガス実質ゼロ宣言」により、オール電化住

宅は温室効果ガス削減にも貢献。ＥＶ車は２００Ｖ設備で充給電しなければならないためＩＨキッチン、エコキュート、エアコンなどの２００Ｖ設備を使用するオール電化住宅は最適なのです。

エコハウスとは

そこで登場したのが「エコハウス」という概念です。

エコハウスとは、

●地域の気候風土や敷地の条件、住まい方に応じて自然エネルギーが最大限に活かされること

●身近に手に入る地域の材料を使うなど、環境に負担をかけない方法で建てられること

右記２点の条件を満たしていることが基本となります。

環境省エコハウスモデル事業では、これをもう少し詳細に分けていて、①環境基本性能の確保、②自然・再生可能エネルギー活用、③エコライフスタイルと住まい方の３つのテーマを基本的な考えとした上で、④地域らしさを十分に活かした家づくりを目指しています。

それぞれを、さらに詳しく見ていきましょう。

①環境基本性能の確保

「環境基本性能」とは、断熱、気密、日射遮蔽、日射導入を取得、蓄熱、通風、換気、自然素材といったことが十分に理解され、住宅に取り入れられていることを指します。住まいの基本性能を確保することで、住まいに必要なエネルギーを最小限に抑えることができ、かつ快適な住宅となります。当然、自然の恵みを最大限に取り入れた設計技術である「パッシブ設計」というものも要求されています。

②自然・再生可能エネルギー活用

環境基本性能を確保した上で、必要なエネルギーは自然エネルギー（太陽光発電など）を最大限に利用し、化石燃料（火力発電所などの枯渇性資源）に頼らない生活ができることがエコハウスに求められます。地域の特徴をよく読み取り、太陽光、太陽熱、風、地中熱、水、バイオマス、温度差を上手に生かす技術や工夫も大切です。

③エコライフスタイルと住まい方

現在、日本の人口は減少の傾向にありますが、その反面、単身世帯などの世帯数が増え、家庭からのエネルギー消費量が増加しています。人々がもっと集まって暮らすための新しい仕組みづくりや、無駄に捨てる食物社会から脱却した自給自足の暮らしを実現するために農地付き住宅に住むなどの新しいライフスタイルの提案が住宅を考える上で必要です。

日除けのために草木を植えたり、暑い時に窓を開けたり、寒い時に洋服を一枚多く着るなど、住まい手の意識や行動も大切です。

④地域らしさ

エコハウスがそれぞれの地域で永く受け入れられる魅力ある住宅であるためには、地域の気候風土、文化に根ざした、地域らしい住宅であることが大切です。その地域らしさは、長い歴史をかけて培われてきた地域資源でもあります。周辺環境、材料、工法、デザインなど、地域の特色を生かした住宅であることがエコハウスには求められます。

POINT エコハウスとは、地域の気候風土に密着した再生可能エネルギーと地域の素材を生かした特色ある住宅です。

スマートハウスで特に注目したい特性

ネット・ゼロ・エネルギー・ハウスを目指せる

ZEH（ゼッチ。ネット・ゼロ・エネルギー・ハウスの略）とは、オール電化住宅をさらに進化させた概念で、家自身が消費する「照明」、「換気」、「給湯」、「冷房」、「暖房」という一次エネルギーを採用する高効率設備を省エネ化し、さらに断熱、気密性能を高めて一次エネルギー消費量を削減する住宅です。それでも削減できなかった一次エネルギーは、太陽光発電パネルを設置して発電したエネルギーで相殺し、トータルでゼロ以下に（または発電したエネル

図表　ネット・ゼロ・エネルギー・ハウス

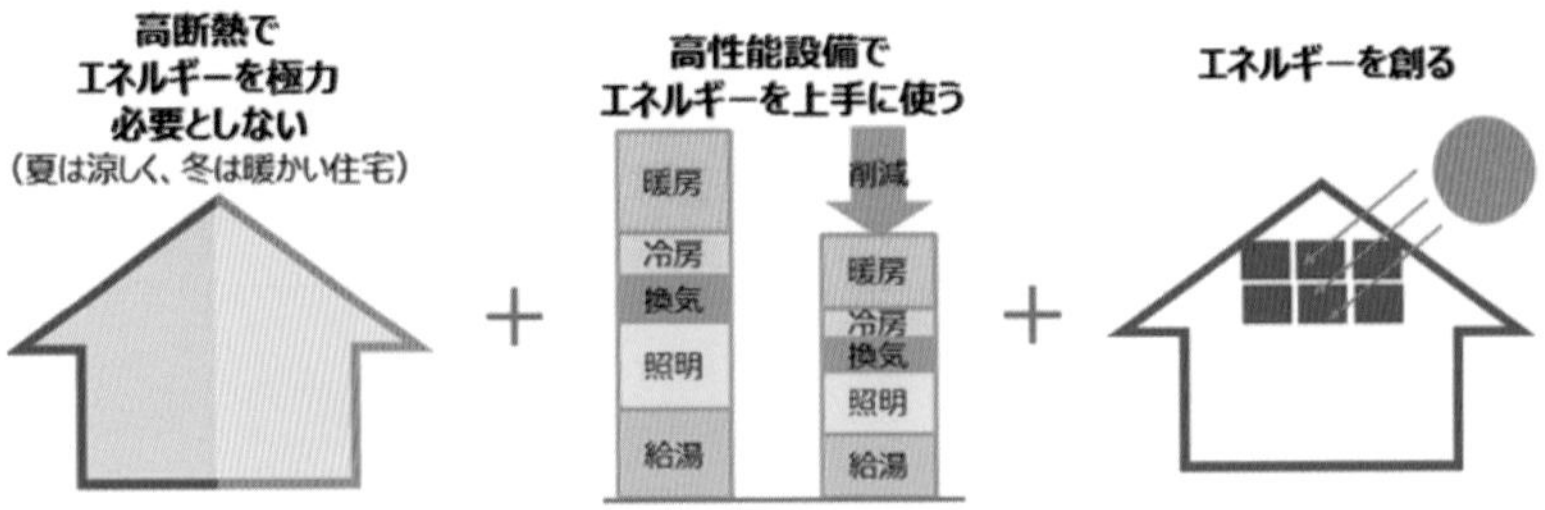

（出典）エスイーエー　アプローチブック

ギーが使ったエネルギーを上回るように）します。エコハウスやスマートハウスの一部ととらえることができるでしょう。実際、経済産業省、国土交通省などが推進しているスマートハウスは、この「ＺＥＨ（ゼッチ）」を指します。

POINT **「ゼロ・エネルギー」を実現するためには、電気を創ることと同時に、住宅そのものが電気を消費しないよう、省エネで高効率な設備を導入したり、家全体の断熱性能を高めたり、開口部（窓）から流出入する空気を止めるために、複層・トリプル樹脂サッシを採用するなどの措置を施す必要があります。つまり、「ネット・ゼロ・エネルギー・ハウス」では、エネルギーについて、「削減すること」と「創ること」という2方向から考えなければいけないのです。**

これからの住宅品質は長期優良住宅で決まる

２０２１年２月５日に「住宅の質向上及び円滑な取引環境の整備のための「長期優良住宅」の普及の促進に関する法律等の一部を改正する法律案」が閣議決定されました。これは、わが国の住宅市場には、耐震性、省エネルギー性能が十分でない住宅ストックが多く存在するからです。こうした住宅を建て替えやリフォームにより、質を向上させていくことで、将来世代が受け継ぐことのできるストックとして有効活用していくということです。

「長期優良住宅」とは、「長期にわたり良好な状態で使用するための処置が講じられた優良な住宅」を指します。「いいものをつくって、きちんと手入れをして、長く大切に使う」というストック型社会への転換を実現するためには、住宅の長寿命化を推進することが大切です。

日本の住宅、住生活行政の変遷を振り返ってみると、「戦後の住宅難の解消→量の確保から質の向上→現在の市場・ストック重視」と、住宅政策目標の変化が見て取れます。

２００６年には「住生活基本法」が制定されました。これは、「豊かな住生活の実現を図るため、住生活の安定の確保と向上の促進に関する施策について、その基本理念、国・地方公共団体・住宅関連業者の責務の明確化、住生活基本計画の策定その他の基本となる事項について定めた法律」になります。

今回の法律はそこから一歩踏み込んで、長期にわたって使用可能な、質の高い住宅ストックの形成に向けた道筋が示されたといえます。よって、ＺＥＨ住宅にプラスして、この後説明する長期優良住宅の７つの基準をミックスさせたストック型住宅を、私は推奨します。

長期優良住宅の7つの基準

長期優良住宅の認定基準には、①劣化対策、②耐震性、③維持管理・更新の容易性、④可変性、⑤バリアフリー性、⑥省エネルギー性、⑦居住環境、⑧住戸面積、⑨維持保全計画の9つの性能項目がありますが、一戸建ての住宅では④可変性と、⑤バリアフリー性を除く7つの基準をクリアすればいいのです。重要なのは、2021年から国が推奨する「住宅の再販システム付き住宅ローン」を利用するには、この「長期優良住宅」であることが必須条件になる可能性が高いと考えられます。これは、家を売却する時に住宅の価値を「残価」として設定できるシステムで、うまく利用すれば、売却の際、住宅ローンの残債がなくなります。特に長期にわたり家の寿命を延ばす「劣化対策」、「耐震性」、「維持管理・更新の容易性」、「省エネルギー性」という2021年4月施行される改正建築物省エネ法と照らし合わせて、誰もがこの長期優良住宅基準で家を建てることになれば、この国から欠陥住宅はなくなります。そして最長60年の保証も受けられ、次世代にもその保証が継続されるという「SDGs」にのっとった継続的な家（価値）づくりが可能なのです。

ここに長期優良住宅の技術基準の概要について添付しますので、建築主である皆さんが

図表　長期優良住宅（新築）の認定基準

性能項目等	長期優良住宅（新築）認定基準の概要	一戸建ての住宅	共同住宅等
劣化対策	劣化対策等級（構造躯体等）等級3 かつ 構造の種類に応じた基準 木造：床下空間の有効高さ確保及び床下・小屋裏の点検口設置 など 鉄骨造：柱、梁、筋かいに使用している鋼材の厚さ区分に応じた防錆措置 または 上記木造の基準 鉄筋コンクリート造：水セメント比を減ずるか、かぶり厚さを増す	○	○
耐震性	耐震等級（倒壊等防止）等級2 または 耐震等級（倒壊等防止）等級1 かつ 安全限界時の層間変形を1/100（木造の場合 1/40）以下 または 品確法に定める免震建築物	○	○
維持管理・更新の容易性	維持管理対策等級（専用配管）等級3	○	○
	共同住宅等のみ適用：・維持管理対策等級（共用配管）等級3 ・更新対策（共用排水管）等級3	—	
省エネルギー性	断熱等性能等級 等級4	○	○
可変性	躯体天井高さ 2,650mm 以上	—	○（共同住宅及び長屋に適用）
バリアフリー性	高齢者等配慮対策等級（共用部分）等級3 ※一部の基準を除く	—	○
居住環境	地区計画、景観計画、条例によるまちなみ等の計画、建築協定、景観協定等の区域内にある場合には、これらの内容と調和を図る。 ※申請先の所管行政庁に確認が必要	○	○
住戸面積	一戸建ての住宅：75㎡以上 共同住宅等：55㎡以上 ※少なくとも1の階の床面積が40㎡以上（階段部分を除く面積） ※地域の実情を勘案して所管行政庁が別に定める場合は、その面積要件を満たす必要がある。	○	○
維持保全計画	以下の部分・設備について定期的な点検・補修等に関する計画を策定 ・住宅の構造耐力上主要な部分 ・住宅の雨水の浸入を防止する部分 ・住宅に設ける給水又は排水のための設備 ［政令で定めるものについて仕様並びに点検の項目及び時期を設定］	○	○

（出典）一般社団法人住宅性能評価・表示協会

建築士任せにしない確かな家のあるべき基準を学んでください。

POINT **子育てが終わり子どもたちが巣立ち、いよいよ夫婦だけの新たな人生を送ろうと思った時に、住宅ローンの残債が残っているせいで、その場所から移住できないということが起こる家を建ててはいけません。**

住宅の長寿命化が必要な理由

欧米諸国に比べ、日本の住宅はとても短命。この差は、建物の耐久性の違いというよりも、新築偏

図表　日本人とヨーロッパ人の生涯収支

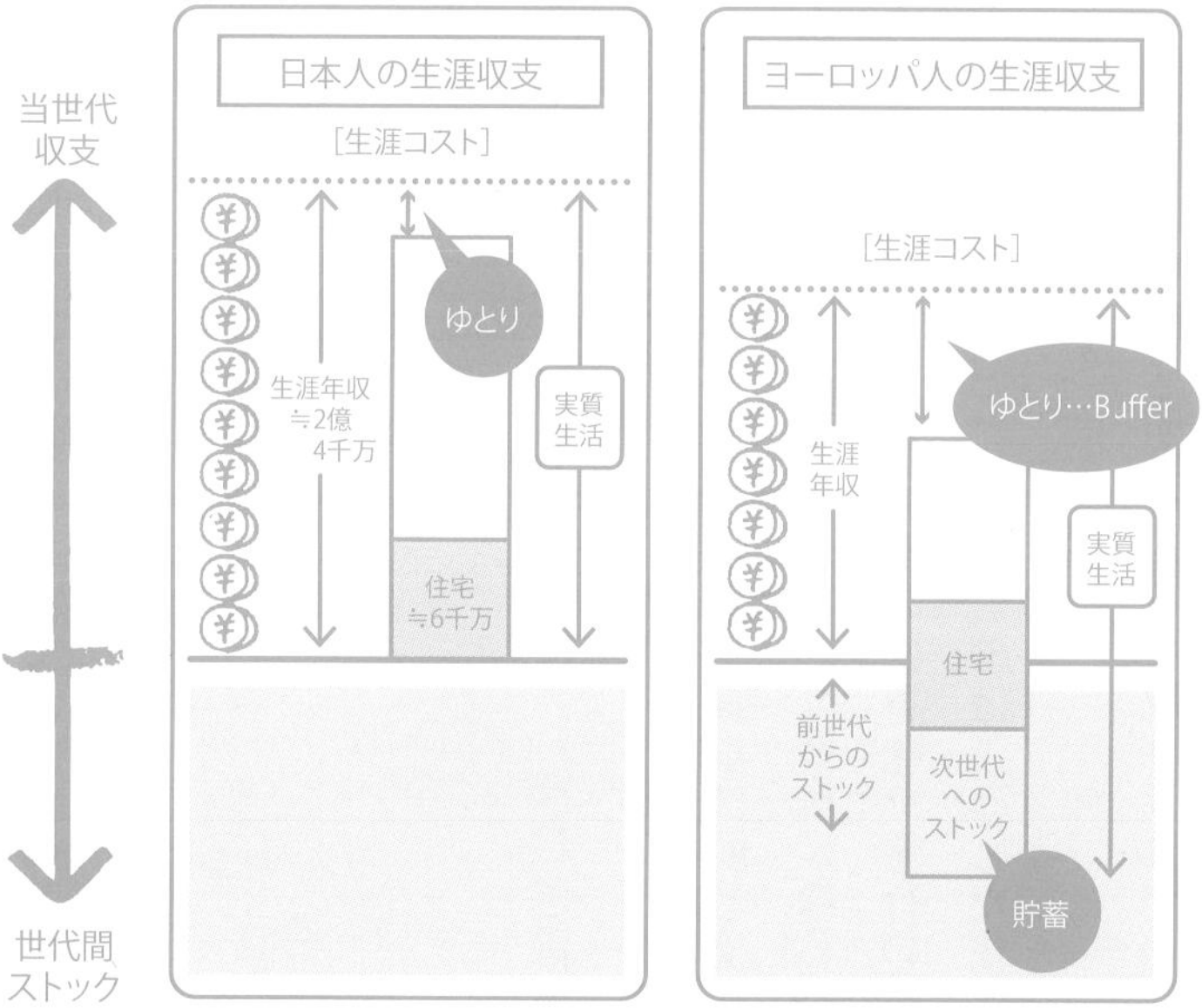

（出典）「45分でわかる未来へのシナリオ ストック型社会」を参考に編集部で作図

重の日本の住宅事情に起因しています。まだ十分に使える住宅を、短い年月で使い捨てにしてしまうのは、経済的にも環境的にもとても無駄なことです。一方で、日本の住宅の7.5戸に1戸はすでに「空き家」なのです。これからは、今ある住宅を長く大切に活用していくことが求められています。

ストック型社会と生涯収支比較

西欧では、前世代（最初に家を建てた人）から住宅を引き継ぐように、わざわざ新築住宅だけにこだわらなくても、すべての中古住宅が「長期優良住宅」基準であることが法律化されていれば、その分住宅にかかるコストを抑えることができます。日本に同じ文化が根付いていたとしたら、私たちが住宅にかけたお金は、本来貯蓄という財産になるはずだったとは考えられませんか。西欧の人は日本人より少ない収入なのに趣味や旅行のバカンスに時間やお金をかけて、価値のある人生をのんびり過ごしているのはこうした住生活環境の常識の違いによるものです。

世界基準であるＳＤＧｓ（国連が掲げている持続可能な開発目標）を取り入れているビルダーは増加の傾向にありますが、住宅そのものをゼロから考えて新築住宅ばかりを売ること自体が、世界的に見れば既に非常識なのです。次に住む人の事を考えて家を建て、血縁にこだわることなく次世代へつなぐ住生活文化をわが国でも根付かせる時が来たのです。

循環的にものを使うストック型社会、そして家にかけるコストを最小限にする未来を創るには、まずはあなたの家から長期優良住宅に変えていく必要があります。先程もお伝えしたように、2021年、いよいよこの国でもこのストック型住宅に対して新たな残価設定型住宅ローンが組めるような仕組みがスタートします。

POINT　あなたの建てた家が半永久的に存続し、自分の次にその家に住む人々の幸せな暮らしを垣間見た時、あなたは感動を覚えるはずです。次世代につながる長期優良住宅を建てることは、地球環境に優しく、さらに自分自身にとっても生涯コストを抑えることができる「新しい価値」になるのです。

最新のスマートハウス「Smart2030零和の家®」

建築様式の数値は、私たちにとって難しい基準です。そこで、こうした一次エネルギー

図表　家の外皮をすべて高断熱化し一次エネルギー消費量を削減して自家消費電力を抑制

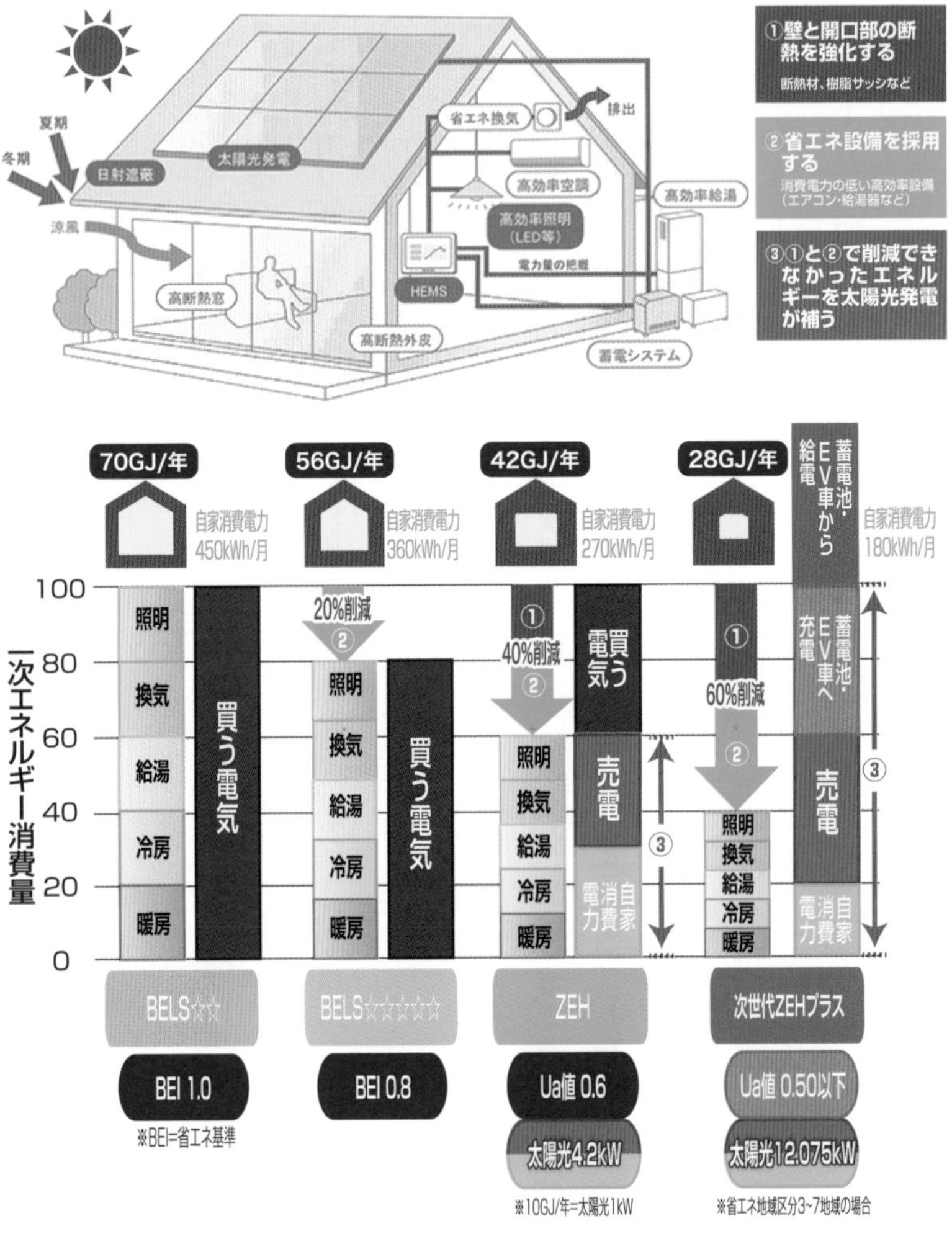

（出典）2021年EV革命住宅Ver3.3NE版より

削減量をエビデンス化して誕生した住宅が「Ｓｍａｒｔ２０３０零和の家®」です。

　このスマートハウスは、寒い冬は1階の吹き抜けに設置した冬用エアコン1台、暑い夏は2階の夏用エアコン1台を使い、残りの日は３６５日稼働している気圧調整式第一種全熱交換気システム（Ｐ１２２）だけで、快適かつ、きれいな空気環境の中で暮らせます。高気密性能により自家消費電力を極限まで抑え、屋根いっぱいに搭載された太陽光発電パネルで日中の自家消費電力を賄い、それでも余った電気は、発電できない夜の自家消費電力のために蓄電します。その副産物は多岐にわたり、節約、健康、防災、オンライン受診を可能にするなど、計り知れない恩恵にあずかることができます。その具体的な内容は、第3章にまとめています。未来の生活をぜひ想像してみてください。

02 スマートハウスは何がいいのか

最低20年、住める家を建てる

まず、住まいの構造と間取りを考える際に重要なポイントについて解説しましょう。住宅展示場などで開催されている家づくり勉強会に参加することは、家づくりの知識を吸収する上ではとても大切なことです。重要なポイントは、あなたが建てる家は２０２１年だけ満足できればいい家なのか、それとも２０３０年以降も満足できる設備・仕様であるか、将来を見通して自分たちの人生設計にマッチしているのかを見極める「慧眼力」を持つことです。

皆さんは20年間、いや35年間という長い年月を過ごすかもしれない家を、ある意味「命を担保にした住宅ローン」で購入するわけですから、これからの住生活環境の変化をしっかり読み取り、最低でも築後20年間は問題なく住める住宅を取得するべきです。つまり、その20年間に住生活環境に大きな変化が発生しても「少額の改善」で解決できる家なのかという観点がとても重要です。

ピンポイントで家づくりをするのではなく、国がどんな家を皆さんに要求しているのかをしっかり学んでください。国が求めている家のひとつが、前述した（Ｐ28）「ＺＥＨ（ゼッチ。ネット・ゼロ・エネルギー・ハウス）」なのです。

ＺＥＨの基準を知る

２０２１年4月1日、国交省が施行する「改正建築物省エネ法」では、建築主（皆さん）が省エネ適合判定を受けて、交付される適合判定通知書を建築確認申請時に提出しないと確認済証が発行されなくなり、住宅ローンが通らなくなってしまいます。次頁（Ｐ40）の表は、資源エネルギー庁が公開している「この国で新築住宅を建てるならせめてこの程度のスペックを持った家を建ててください」という「家の定規」だと思ってください。先程の「ＺＥＨ」は通過点であり、もう一つ上のランク基準を満たす「次世代ＺＥＨ＋（プラス）」を目指すべきです。

「かわいい」とか「デザイン」、「素材」という概念で家づくりを考えていらっしゃる方々にはいきなりお茶濁しな話ですが、新築住宅を建てるということは今までに支払った経験のない「固定資産税」を払うことになるのです。ぜひ、この入り口から入って納得できる

図表 戸建住宅におけるZEHの定義

分類・通称	要件						目指すべき水準（気象条件や建築地特有の制約等に応じて、特定の地域に目指すべき水準を設定している。）
	外皮基準（U_A値） 地域区分			一次エネルギー消費量削減率		その他要件・備考	
	1・2	3	4~7	省エネのみ ※4	再エネ等含む		
『ZEH』ゼッチ	≦0.40	≦0.50	≦0.60	≧20%	≧100%	再生可能エネルギーを導入（容量不問。全量売電を除く。）すること。	—
『ZEH+』	〃	〃	〃	≧25%	〃	上記に加え、※5のうち2項目以上を満たす。	—
Nearly ZEH ニアリー・ゼッチ	〃	〃	〃	≧20%	≧75% ＜100%	再生可能エネルギーを導入（容量不問。全量売電を除く。）すること。	・寒冷地（地域区分1または2地域） ・低日射地域（日射区分A1またはA2地域） ・多雪地域
Nearly ZEH+	〃	〃	〃	≧25%	〃	上記に加え、※5のうち2項目以上を満たす。	—
ZEH Oriented ゼッチ・オリエンテッド	〃	〃	〃	≧20%	—	下表の対象地域に該当する。再生可能エネルギー未導入も可。	下表の対象地域が該当する。

ZEH Oriented対象地域 （右記のいずれかの地域に該当する。）	・都市部狭小地等（北側斜線制限の対象となる用途地域等（第一種及び第二種中高層住居専用地域並びに地方自治体の条例において北側斜線規制が定められている地域）であって、敷地面積が85㎡未満である土地。ただし、住宅が平屋建ての場合は除く。） ・多雪地域（建築基準法で規定する垂直積雪量が100cm以上に該当する地域）

※1強化外皮基準は、1~8地域の平成28年省エネルギー基準（η_{AC}値、気密・防露性能の確保等の留意事項）を満たした上で、U_A値1・2地域：0.4W/㎡K以下、3地域：0.5W/㎡K以下、4~7地域：0.6W/㎡K以下とする。
※2再生可能エネルギーの対象は敷地内（オンサイト）に限定し、自家消費分に加え、売電分も対象に含める。（ただし余剰売電分に限る。）
※3一次エネルギー消費量の計算は、住戸部分は住宅計算法（暖冷房、換気、給湯、証明（その他の一次エネルギー消費量は除く））、共用部は非住宅計算法（暖冷房、換気、給湯、証明、昇降機（その他の一次エネルギー消費量は除く））とする。
※4「太陽光発電設備による発電量」、「コージェネレーション設備の発電量のうち売電分」を除く。
※5ZEH+の追加要件は、次の3要素のうち2つ以上。

①外皮性能の更なる強化：U_A値［W/㎡K］が地域区分ごとに次の値以下であること。（4・5地域においては、2020年度まで、0.50以下でも可とする）

地域区分	1・2	3~5	6・7
U_A値［W/㎡K］	0.30	0.40	0.50

②高度エネルギーマネジメント：HEMSにより、太陽光発電設備等の発電量等を把握した上で、住宅内の暖冷房、給湯設備等を制御可能であること。
③電気自動車を活用した自家消費の拡大措置：太陽光発電設備により発電した電力を電気自動車等に充電、または電気自動車と住宅間で電力を充放電することを可能とする設備を設置し、車庫等において使用可能としていること。

（出典）資源エネルギー庁「令和元年度ZEHロードマップフォローアップ委員会とりまとめ」

悔いのない家づくりをしてください。

まずは左のCHECK項目にある「エネルギー区分」による、住宅の省エネ性能の違いを学んでください。数字の意味はわからないと思いますがこれは後ほどご説明しますので、いまはわからなくても大丈夫です。

三菱電機が出している「省エネ基準地域区分」を検索して、皆さんが家を建てる場所はいったいどのエネルギー区分に該当するかを把握してください。

CHECK　エネルギー区分とは

全国を8つの地域に分け、外皮（断熱性能）の基準、一次エネルギーの消費量（省エネ）の基準が定められています。簡易化したエネルギー区分図が次頁（P42）になります。この地図だけではわかりにくいのですが、実は東北の仙台はこの区分で新たに5地域まで下がりました。地球温暖化が原因です。

ちなみに私の家を建築した新潟県上越市も、5地域という場所です。2020年12月、関越・上信越自動車道では短時間降雪により2日間以上も大勢の人が車に閉じ込められました。その原因も日本海の海水温度が上昇していることで蒸発する水分が増えたことにあ

図表　省エネ基準地域区分（2020年1月時点）

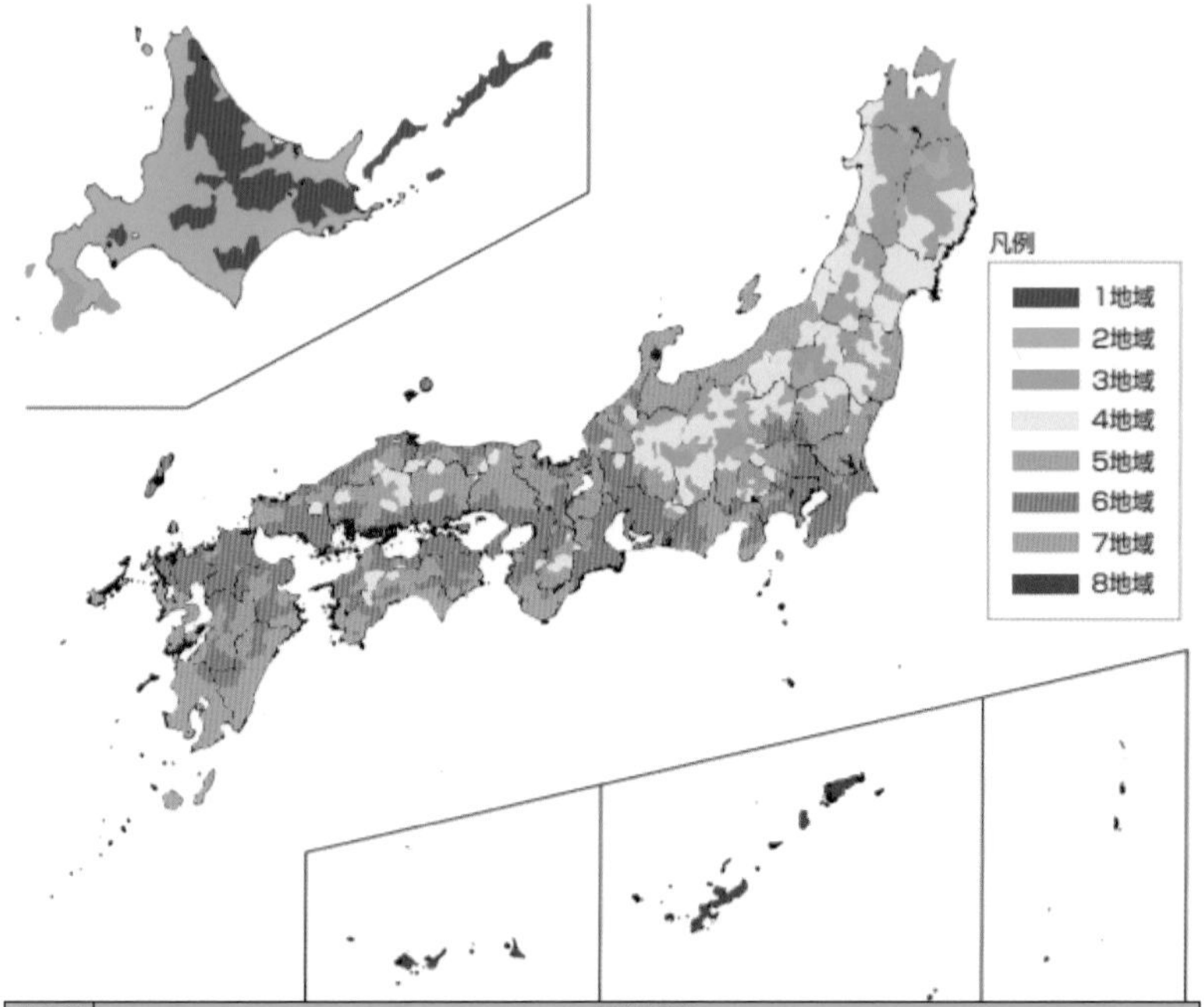

地域区分	都道府県名
1	北海道
2	北海道、青森県、岩手県、秋田県、福島県、栃木県、群馬県、長野県
3	北海道、青森県、岩手県、宮城県、秋田県、山形県、福島県、栃木県、群馬県、石川県、山梨県、長野県、岐阜県、奈良県、広島県
4	青森県、岩手県、宮城県、秋田県、山形県、福島県、茨城県、栃木県、群馬県、埼玉県、東京都、新潟県、石川県、福井県、山梨県、長野県、岐阜県、愛知県、兵庫県、奈良県、和歌山県、鳥取県、島根県、岡山県、広島県、愛媛県、高知県
5	宮城県、秋田県、山形県、福島県、茨城県、栃木県、群馬県、埼玉県、千葉県、東京都、神奈川県、新潟県、富山県、石川県、福井県、山梨県、長野県、岐阜県、静岡県、愛知県、三重県、滋賀県、京都府、大阪府、兵庫県、奈良県、和歌山県、鳥取県、島根県、岡山県、広島県、山口県、徳島県、愛媛県、高知県、福岡県、熊本県、大分県、宮崎県
6	茨城県、栃木県、群馬県、埼玉県、千葉県、東京都、神奈川県、石川県、福井県、山梨県、岐阜県、静岡県、愛知県、三重県、滋賀県、京都府、大阪府、兵庫県、奈良県、和歌山県、鳥取県、島根県、岡山県、広島県、山口県、徳島県、香川県、愛媛県、高知県、福岡県、佐賀県、長崎県、熊本県、大分県、宮崎県、鹿児島県
7	千葉県、東京都、神奈川県、静岡県、愛知県、三重県、大阪府、和歌山県、山口県、徳島県、愛媛県、高知県、福岡県、長崎県、熊本県、大分県、宮崎県、鹿児島県
8	東京都、鹿児島県、沖縄県

新潟県5地域

新潟市、長岡市、三条市、柏崎市、新発田市、加茂市、見附市、燕市、糸魚川市、妙高市、五泉市、上越市、阿賀野市、佐渡市、胎内市、聖籠町、弥彦村、田上町、出雲崎町、刈羽村、粟島浦村

新潟県4地域

小千谷市、十日町市、村上市、魚沼市、南魚沼市、阿賀町、湯沢町、津南町、関川村

（出典）三菱電機「省エネ基準地域区分」

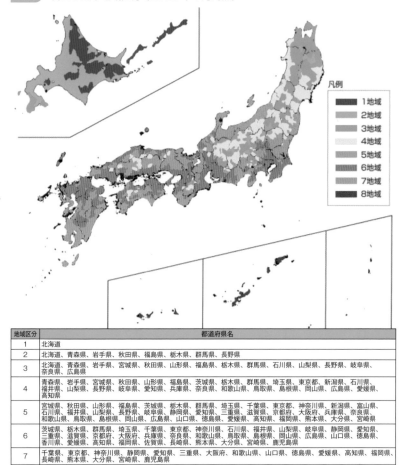

ります。外皮熱貫流率（UA値＝W／㎡・K）とは、建物内から屋外にどのくらいの熱が流出するかを表す指標で、建物が損失する熱量の合計を、天井、壁、床、窓などの外皮合計面積で割った値です。数値が小さいほど断熱性能が高い住宅ということになります。

前頁（P40）の表で見るとZEH基準の外皮熱貫流率は0.6以下ですが、できることなら同じ枠に表記されている「ZEH＋（プラス）」の基準を満たす家をつくりましょう（※5に「2020年までは0・50以下でも可とする」という表記がありますが、2021年以降に上越市で「ZEH＋」を建てた場合、外皮熱貫流率は0・42以下にしなければなりません）。

左記の数字は、自分では実感できなくても、建てようとしている家が基準を満たしているか、ビルダーに確認するために知っておきたい数字です。次の①〜③を満たした家を建てましょう。

①ＵＡ値（外皮熱貫流率）の基準＝1.2地域は０・30以下
３〜５地域は０・40以下
６・７地域は０・50以下

②太陽光発電搭載前で、一次エネルギー消費量の削減率が25％以上

③太陽光発電搭載後、一次エネルギー消費量の削減率が100%以上

BELS評価書を発行する

最も重要なポイントは、建てた家の省エネ性能を証明できる「BELS評価書」を必ず発行してもらうことです。BELSとは、省エネルギー性能に特化した評価・表示制度で、申請すれば、評価書がもらえます。

特に2021年4月から始まる改正建築物省エネ法では、この「BELS評価書」が次世代につなぐ住宅性能を保証する重要な証明書となりますので、必ず発行してもらうことです。この外皮計算すらできないビルダーには、絶対に家づくりを依頼してはいけません。

我が家のBELS評価書プレート

施主側も省エネ住宅を建てる義務がある

もし皆さんが、デザイン重視で「エネルギー性能なんて一切関係ない」という考え方で住宅の設計を頼んだ場合、建築を依頼されたビルダーは、「○○さん、この断熱材をあと○センチ太くするだけで外皮熱貫流率が0.5になり、ＺＥＨ基準を十分に満たす省エネ住宅になりますよ。もしくは、このアルミ複層サッシを樹脂サッシに変えれば省エネ基準をクリアできますよ」という提案内容を書面で残さなければいけなくなりました。

それでも皆さんが「えー、○万円も増えるなら変えなくていいです」と、ビルダー側が説明義務を果たしたにもかかわらず、その提案を受けなかった場合は、ビルダー側の責任ではなく建築主である皆さんの責任になります。

これは、建築主が未来に訴訟を起こそうとしても、ちゃんと説明義務を果たしたことを証明することでビルダー側が訴訟を回避できるよう、一定の省エネ基準を定義して文書で残すことを義務化したためです。それに、そもそも説明することでその大切さをきちんと理解してもらえれば、夏暑くて冬寒いという欠陥住宅は建てられなくなるので訴訟自体も減るはずです。

この改正はまだ入り口であり、私は２０３０年、いやそれ以前に「ＺＥＨ」は義務化されると思います。なぜかというと、ビルの建築ではすでに、「ZEB」というもっと厳しい省エネ建築基準が導入されているからです。

現状の日本の家づくりの基準とは、「今はこの基準でいいですよ。でももしかしたら何年後かには、この基準で家を建てられなくなるかもしれませんよ」という程度の規制のゆるい無責任な法律によるものなのです。「20XX年までにこの家を売却するならそこそこの値段で売れるかもしれませんが、20XX年以降はかなり安くなりますけど、それでもいいですか?」と言われたら皆さんはどうしますか。「それを承知の上で、この家を建ててくださいね」……と。

「ちょっと待ってよ。どういうことなの」と聞き入ることになるはずです。「そんな大切なことなら、なんでもっと丁寧に伝えてくれなかったの」という裁判が、この国でたくさん発生していることも事実なのです。ですがこうした書面に記録して証拠資料として保存さえしておけば、後からもめることはありません。その法律が今年2021年4月から施行されます。

POINT **改正建築物省エネ法に準拠した家づくりをしましょう。BELS評価書は絶対に発行して所有することです。**

未来も資産価値のある家にする

建築後、未来に向けて「その家が省エネ性能の基準外（価値が下がる）になる」という家を「既存不適格」住宅と言います。私は皆さんに口すっぱく言っていますが、家には有効期限が有るのです。ストック（再流通）できる家以外は買わない、建てないことです。

未来に向けて固定資産という不動産評価証明だけではなく、住宅ローンの残債以上で売れる、価値が減らない家を建てるべきだということを理解してください。何かの事情で建てた場所を離れなければならなくなった時でも、高値で売れる家とは「万人受けする間取り」と「省エネ性能」が満たされていることが最低限の条件です。

実際、死ぬまで住み続けるために住宅ローンを35年間支払い続けた人は皆無に近いのです。退職金で完済する予定がコロナ禍による所得減額で破綻、もしくは離婚、引っ越しなど道半ばでせっかく手に入れた家を手放した方がいかに多いことか。こうしたことが原因で20年足らずで売られる家は結構多いのです。私なら、子どもが成長して家を出ていけば通学圏など考える必要がなくなるわけですから、仕事の効率を考えて1回目の家を高値で売って、妻と自由な時間を送れる、趣味を活かした2回目の家を購入します。そして、その家も老後施設へ行く時に残債がないばかりか、家の価値が残っているおかげでお小遣いがもらえて、死亡後は他の誰かに引き取ってもらえるような、住まいを担保にした「安心（老後小遣い）」付きストック型住宅にしたいです。そのようにして生涯を終えることで、遺族にも迷惑をかけないで人生を全うできます。

「いい家」とは「再流通」できる、自分のためだけではなく地球環境のためにもなる家なのです。

延べ床面積ばかりにこだわって、居室を広くすることを考えた「吹き抜け」のない空気循環の悪い家で、全室にエアコンを設置しないと暑くて（寒くて）暮らせない家（＝建てた後の光熱費が家計を圧迫する家）を選んだのは、皆さんの勉強不足が原因なのです。賃貸暮らしでは味わえない戸建て住宅の感動とは、ほとんど眠るためにある2階の居室の広さだけではなく、ＬＤＫの「面積」という広さにこだわるのでもなく、高さを含んだ「体積」が重要です。

特に家族が集うＬＤＫの「体積」の大きい家を建てることが大切です。そして必ず①吹き抜けを設けて、②冬の日射取得と夏の日射遮蔽ができて、③空気環境の優れた正圧（外気圧より室内空気の圧が高い状態）の、「パッシブ設計」で家を建ててください。これこそが大切な家づくりの概念です。

POINT 再流通できる「ストック型住宅」、つまり下取り価格の価値まで考えたスマートハウスを購入しましょう。人生2回以上は家を住み替える時代になります。

具体的な3つの工法

では、ここまでお話ししたような、省エネ設計で価値のある家にするために、また家の安全性を担保するために、具体的にどのような構造躯体を選べばいいのでしょうか。順番に知識を深めていきましょう。住宅にはさまざまな工法がありますが、国内で供給されている主なものは、左の3つになります。

①木造（金具）軸組工法（在来工法）
②ツーバイフォー&ツーバイシックス
③鉄骨軸組工法

それぞれに一長一短があります。ただ、もしこれからの説明を読んで、③を選ぶ方がいらしたら、そこでご退席された方がいいかもしれません。なぜかというと、③は、大手ハウスメーカーで主流の工法で、頑丈なのですが他に比べて高いのが特徴。今回、③に近い性能で、もう少し安価で手の届く住宅を皆さんに供給することを考えてこの本を執筆しているため、③については詳しく触れていないのです。

①木造（金具）軸組工法（在来工法）

木造軸組工法（在来工法）は私の一押しの工法で、木の良さを感じることができます。最近の学童施設では特に地産地消を大切にして地場の銘木を採用しています。木を使う理由は「集中力の高い子が育つ」「ストレスが溜まりにくい」「よく眠れる」「目に優しい」「体を健やかに育む」など、木造はいいことばかりなのです。木造軸組工法は日本の伝統的な家の建て方で、まず柱を立て、梁を水平に渡し、筋交いという斜めにかける材を入れて補強する工法です。そしてこの工法に面材と呼ばれる構造用合板でさらに断熱、耐震性能を高めた「木造金具軸組工法」が私の家でも採用した工法です。なぜ私がこれをオススメするかというと、スマートハウスで最も重要である「正圧の空気環境」を維持する上において欠かせない、「ＡＳ」（基礎内と２階の床下に空気の通り道「エアスペース」をダクトレス工法で循環できる風道）の設置ができるからです。かつては、「柱と梁」だけで住宅を支えていましたが、現在は構造用合板と「ほぞ」という柱と梁の接合部分への金具の使用が標準化され、耐震性能が強化されています。さらに面材という「構造用合板」で柱間を強化しています。

②ツーバイフォー&ツーバイシックス

ツーバイフォーはアメリカ発祥の造り方で、「枠組み壁」工法とも呼ばれます。名前の由来は2インチ×4インチというサイズに規格化した木材を利用して建てることです。ツーバイシックスと呼ばれる2インチ×6インチの木材を利用する工法もあります。4インチではなく6インチ（4インチより壁の厚さが2インチ増す分、断熱材の厚みが増える）にすることで「耐震性能」が高まるとともに「断熱性能」も高めることができます。私は大手Mホームの家にも住んでいますから、この工法の良し悪しは体感しています。

ツーバイフォーは「壁」で支える構造です。イメージとしては①の木造軸組工法の筋交い部分が壁面になったようなものです。筋交いで地震などの外力から耐える補強をしている木造軸組工法に比べて、ツーバイフォーは壁面で耐えており、地震に対する耐力は木造軸組工法よりも強いと思います。

またツーバイフォー工法は、木造軸組工法のように高度な技術がなくても品質の高い住宅を建てることが可能です。海外工場などで生産し、現場での作業を減らしている大手ハウスメーカーには向いているかもしれません。

ツーバイフォーは壁同士をつなぎ合わせる構造体のため、気密性能を高くすることが容易にできます。木造軸組工法の場合、柱を据えてから床を合わせていく造り方ですが、ツーバイフォーは床の上に柱（壁）がのってくるいわゆる〝床から造る家〟です。改正省エネ基準クリア程度の家に比べて床下から冷たい外気が侵入してくる心配が少ないので、暖かい家になるわけです。

その一方、換気計画をしっかりできないと、クロスの縮みが仇となりやすいのも事実。また、ツーバイフォーは壁で建物を支えているため、強度を維持するうえで抜けない壁が多く存在するので、間取りの自由性は構造の強度が原因で制限される場合が多いのです。私が2020年8月に購入した長女家族との2世帯住宅は、築12年の大手Mホームのものですが、強度を高めるために開口部のすぐ上に取り付けられた「まぐさ」という横材が窓や出入り口などにあり、ダイニングとリビングの間の開放感を壊しています。まぐさは、上部の壁を支える役割があります。この工法では建物の角部分は構造耐力上、壁が必要となるケースが多いのです。

ですので、パッシブ設計（冷暖房機器に過度に頼らず、太陽や風などの自然の性質を利用して快適に過ごせるような設計）において採光窓や吹き抜けを設ける場合、複雑な構造計算が必要です。吹き抜けや柱などのない広いリビング空間を設けたい場合、構造強化のための補強壁を立てないといけないケースもあります。地震に強い気密性能を容易にクリアできる造り方ではあるのですが、多くの壁が必要なので、制約も少なくありません。

　建築当初は完璧な間取りでも、家族構成が変わったり、介護が必要になった時には、大規模リフォームが必要になることもあります。木造軸組工法など他の工法と比べて融通が利きにくいことが、ツーバイフォーのデメリット。「この壁を抜いてこの部屋を広くしたい」など、希望の間取りにリフォームできない場合が多いのです。また、梁の下に直に耐火ボードを貼り付けるので電気工事や換気ダクトの空調設備にも制限がかかり、独自の卓越した技術を取得しているビルダーの選択が重要です。

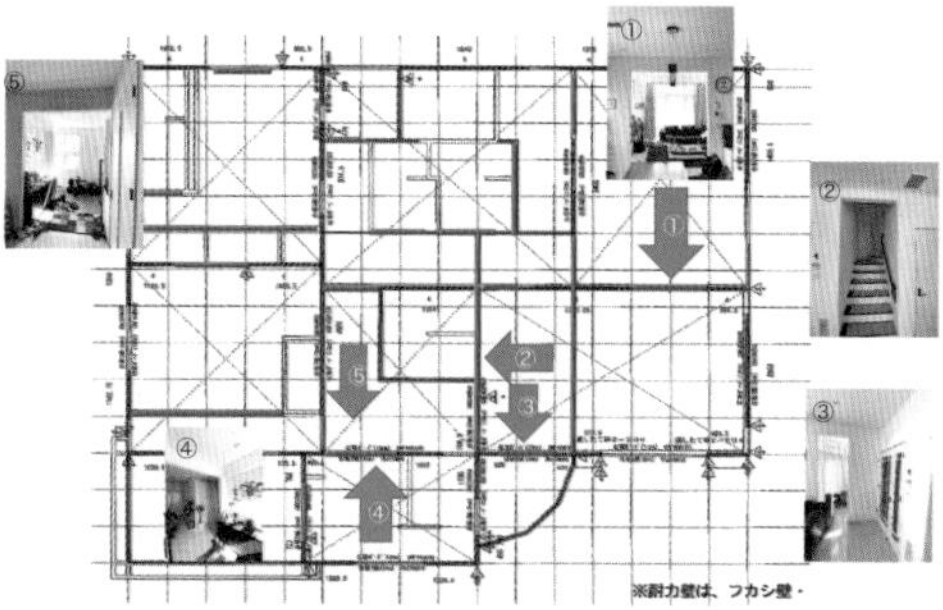

左）図面はまぐさが取り付けられた大手ハウスメーカーのツーバイフォーの構造　右）まぐさのない2.4メートルの高さの建具と同じ天井高の「Smart2030零和の家®」

③鉄骨軸組工法

鉄骨軸組工法とは、木造軸組工法の構造と似ているのですが、素材を木材ではなく鉄骨にしています。木造軸組工法で筋交いにあたる部分を「ブレース」と呼ぶため、「鉄骨ブレース工法」とも言われます。大手ハウスメーカーでは積水ハウス、大和ハウス工業、パナソニックホームズなどが、この工法を採用しています。

木材というのは使用する木材が上質かどうか、JIS等級でも判断しづらいことがあるのですが、鉄骨は規格さえハッキリしていれば、品質は規格どおりの優れた能力を発揮します。つまり性能が安定している住宅なのです。

鉄骨の品質に大きく関与してくる部分が「耐震性能」です。耐震性能に重きを置いて確実性を重視するのであれば、この鉄骨軸組工法はオススメです。ちなみに、別名「プレハブ住宅」とも言います。プレハブというとあまり良い印象がないかもしれませんが、プレファブリケーションの略で「工業化」という意味です。

工業化製品は精度が高く品質が安定しているため、大工さんの技術力に依存せずに工場で完成された住宅を現場で組み直すというような高品質規格住宅とも言えます。現在は腕の良い職人さんが減少しているので、時代にマッチした住宅なのかもしれません。工業化住宅ですから、ほとんどの躯体を工場で生産しており、現場での作業工数をかなり削減できます。現場での作業が少なければ、仮住まい期間も短くできるという利点もあります。逆に、メーカーによって規格がある程度決められているため間取りの自由性に制限があることと、イレギュラーな〝特殊な間取り〟にするとどうしても割高になってしまうということが課題です。

これは大手ハウスメーカー全般に言えることですが、こうした鉄骨軸組工法のリフォームは、最初に家を建てた時のメーカーにお願いするしかない場合が多いと思います。何故ならば、そのメーカー独自の工法を利用していることから別のリフォーム会社では施工できないことが多いからです。

それぞれの比較

木造ならば素材が木材ですから、他のリフォーム会社でも対応できることが多いでしょう。鉄骨の加工は大変なので、建てたメーカーにお願いする以外に方法はありません。また、鉄骨と木造を比較すると、アルミサッシ同様に熱伝導率が高い鉄骨は、外気の熱を室内に伝えやすく、断熱性能が低下する原因にもなります。

鉄骨軸組工法は3階建て以上の高さにも向いていることや、耐震性能など構造計算に間違いが生じにくいことがメリットですが、最大のデメリットは「価格が高い」という点。通常の軸組み工法は、地震などの外力に耐えるため筋交いを入れます。さらに、外側から面材という構造用合板を貼り付け、航空機などと同じモノコック構造で耐震性能を維持しています。設計の自由度を優先するなら木造軸組工法が私の一押しです。

ツーバイフォー工法は面で支える構造体なので、耐力壁を抜くことはできません。木造軸組工法でも筋交いを外すことができない部分が存在しますが、比較的面材が標準化されているので可変性は高いです。住宅は何十年も使い続けるものなので、先程申し上げたように、家族構成の変化などに応じて間取りを変えたり、増築したりすることも考えられます。規制が多くない方が長い目で見ると助かるのは間違いありません。ただし、再流通を考えた場合は万人受けする間取りこそが重要。そのような家では「リフォーム」という概念が大規模改装を指すのではなく、新しく「整える」ことを指し、「Re Start Home」という再出発をする家になるわけです。

現在はプレカットというあらかじめ切断して加工する技術があるので、山から木を切って、製材加工して、乾燥させて、含水率17%以下にする……なんてことはしません。基礎が完成した後に上棟という柱や梁を入れて、屋根までは一日で完成します。

木造軸組工法はいまだに大工さんが施工する部分が多くあります。大工さんが施工するウェイトが大きいため工期が長く、そのぶん着工後に設備を変更したい場合でも、聞き入れてもらえるかもしれません。

1点、大工さんの技術で棚などを造る「造作」よりも「工業化製品」というメーカー材を多く用いる方が、メンテナンス面においては安心であることを申し添えておきます。クルイという生木はどうしても反ったり縮んだりしますが、長期で使用することを考えると、壊して直すのではなく交換という概念が重要だと考えます。収納棚などは工業製品が無難です。規模や条件にもよりますが、木造住宅の場合、着工から完成まで3カ月程度かかるとお考えください。

「木造軸組工法」でも、火災・地震に強い家に

こうしたいろいろな工法がある中で、私が推奨するのは「木造金具軸組工法」です。最近は柱の強度を計算できる、「集成材（プレカットした木材）」を使用する地域ビルダーさんがほとんどです。集成材とは、小さく切り分けた木材を乾燥させ、反りの違う背中同士を高熱処理によって無害接着剤で熱処理接着した「人工」の強化木材です。強度や品質

が安定しているので扱いやすく、多くの工務店や住宅メーカーから選ばれています。

一方、「無垢材」は、伐採した木を乾燥させた「天然」の木材です。こちらも建材として家のさまざまな箇所に使われますが、主にフローリング材や柱など、目に見える部分に使われることが多いです。ただし、湿度管理を徹底しないと縮んだり反ったりすることがあり、それを天然素材のもつ味わいだと思える人でな

左上）屋根の野地板貼り　右）柱を上げるクレーン車　左下）大工の手により、構造材を組み立てる　右下）金具軸組工法

いと、あまりオススメできません。私の家の床材は天然無垢材を採用していますが、相対湿度を50％から70％以内に維持できているので真冬の乾燥時季に床が反ることはありません。実は多くのお宅で高いメンテナンス費用が発生しているさまざまなトラブルの原因が、換気性能が悪く、湿度管理できていないことによるものなのです。これについては後ほど詳しくお伝えします。

集成材、無垢材とも、それぞれ一長一短があるのでこれだという決定的な推薦はできませんが、命にかかわる構造躯体・柱と梁を接合する部分は金具軸組工法を取り入れることをオススメします。

建物の耐震性能を上げる方法としては、構造用合板という面材を貼り付けて柱を外側から覆いこみ、壁倍率を1.5倍以上にすることで、耐震性能3等級レベルにするという方法もあります。構造用合板は、工業規格が定める建材が標準化され、設置基準が当たり前の時代です。

もう一つ取り入れてほしいのは「省令準耐火構造」です。防火地域・準防火地域とは都市計画法において「市街地における火災の危険を防除するため定める地域」として指定されるエリアですが、こうしたエリアでは、火災による被害が想定以上になるため、耐火構造にしないと建築許可が出ません。

省令準耐火構造とは、所定の省令で定める基準に適合する住宅のことで、建築基準法で定める準耐火構造に準ずる防火性能を持つ建物のことです。簡単に言えば、万が一、火災が発生しても、火が広がるのを遅らせたり、最小限に被害を抑えたりすることで、避難や初期消火が見込める、より安心な家というわけです。一般的な木造構造に比べ火災に強く、住宅金融支援機構が定める仕様などに適合する住宅です。

２０１６年12月22日、私は出張のため大阪へ向かっていたのですが、午前11時頃、「北陸新幹線の糸魚川駅近くで火災が発生したため一時停止します」という車内アナウンスが流れました。偶然にも南から吹く強風で糸魚川駅は延焼しなかったのですが、火元のラーメン店が駅に近かったため、北風だったら駅も火災に巻き込まれていたかもしれません。この火災では、日本海までの約４ヘクタール１４７棟が被災し、地元の国会議員高鳥修一氏の働きによ

2017年1月4日当時。左の写真の一棟だけはほぼ無傷だった
糸魚川市大規模火災現場視察時（撮影筆者）

り、激甚火災に指定されました。

大惨事の原因は、防火地域制度が施行される以前の住宅が密集していたことでした。この焼け野原で一棟だけほとんど無傷で残った住宅があります。やはり築年度が新しいため法律に準拠して建築したことが、その理由でした。私も見学しましたが、外壁材が不燃材である石系であったことと、ガラスが網入り耐火仕様であったことで難を逃れたようでした。窓ガラスには火災の熱によるクラック（ヒビ割れ）が入っていました。

今回の糸魚川火災では、「古ければ古いほど、建物の価値は低くなる」「火災保険で下りる保険金も築年数に応じて安くなる」と思い込んでいる人が多くいました。火災保険の契約方式には、「時価契約」と「再調達価額契約」があります。「時価契約」は、建物が新品のときの価格から築年数×減価償却率を引いた金額、つまり建物の「時価」が保険金の支払い上限になるというもので、建物が古ければ古いほど、保険金の額は目減りしていきます。これに対して「再調達価額契約」では、たとえ古い家でも「今、その建物と同じものを建てたらいくらかかるか」という考え方で保険金支払い上限が決まります。過去に建てた方も、ここは天国と地獄の分かれ目です。

省令準耐火構造適合住宅の場合、通常の木造住宅に比べて火災保険料を低く抑えることができるのが大きなメリットです。実は保険の内容にもよりますが、この省令準耐火構造にすることで火災保険料が安くなるだけでなく、地震保険も安くなるというメリットがあります。

耐震等級3（最高等級）を証明できる住宅の場合は、地震保険に適用される割引率がそこからさらにアップします。そして、地震保険は5年ごとに見直されますのでお気を付けください。

構造用合板で1.5倍の耐力に

耐火ボードを梁いっぱいまで貼り付けた防火施工

この省令準耐火構造の認定証明書に関して注意すべき点は、実際は省令準耐火構造になっていなくても、保険会社に提出する資料に建築した会社の印鑑があっただけで承認されたケースが過去多くあることです。2019年4月よりチェックリストが詳細になったことで偽装申請は減っているようですが、必ず図面の「矩計《かなばかり》」を見て省令準耐火構造になっているかを確認してください。そのためには、品質を証明できるよう、基礎工事から完成引き渡しまでの施工の様子を写真できちんと残している一貫された施工体制のビルダーを選ぶことが絶対条件です。

いかがでしたか？ ここまで読んで、次世代型スマートハウスの構造がどんなものなのか、大枠はご理解いただけたのではないでしょうか？ 構造を勉強するとその結果、省エネ性能についても理解できます。「自家消費電力」という家計と直結する数値を低くするほどに安全性能も高くなるという一石二鳥の視点を持つことが大切なのです。2章では、さらに詳しいスマートハウスの構造を見ていきます。

第2章

スマートハウスの構造の工夫

03 断熱性能を考える

断熱材を選択する

ここからは、スマートハウスを建てるにあたって注目すべき細かいポイントを見ていきます。まずは、「暑い時に涼しく」「寒い時に暖かく」を叶えるために重要な「断熱材」についてです。

断熱材は工法とともに考える

断熱材の施工には、

①ロックウール、グラスウールというビニル袋に梱包された（むき出しもある）綿状の断熱材を柱の間に埋め込む工法
②硬質ウレタンパネル材を柱の間に押し込む工法
③発泡状に溶かしたウレタンを柱の間に吹き付ける工法
④セルローズファイバーという新聞紙などの木質繊維を綿

断熱材を柱に施工する工法のサンプル

状に粉砕したものを圧縮して柱の間に吹き溜めていく工法……などさまざまな工法があります。

柱と柱の間に断熱材を施工する工法を「内断熱工法」と言います。さらに気密・断熱性能を上げるために、断熱材を壁材の内側と柱の間の2カ所に二重にする工法を「ダブル断熱工法」と言います。

私の家では、ウレタン樹脂に発泡剤（フロンガス等）を加えて発泡させてつくった断熱材を柱の間に吹き付けた内断熱工法を採用しました。発泡ウレタンには、発泡スチロールのように軟質で100倍に膨らむものと、30倍に膨らんで硬質ウレタンフォームのように、発泡が終わればプラスチック程度の硬さになるものとがあります。100倍に膨れ上がった発泡状のウレタンを、柱の間と2階の天井と屋根材の下にできる空間（小屋裏）に100ミリ、30倍発泡ウレタンを基礎内に100ミリ吹き付けました。この本は専門書ではないので詳細には書きませんが、発泡

図表　基礎断熱

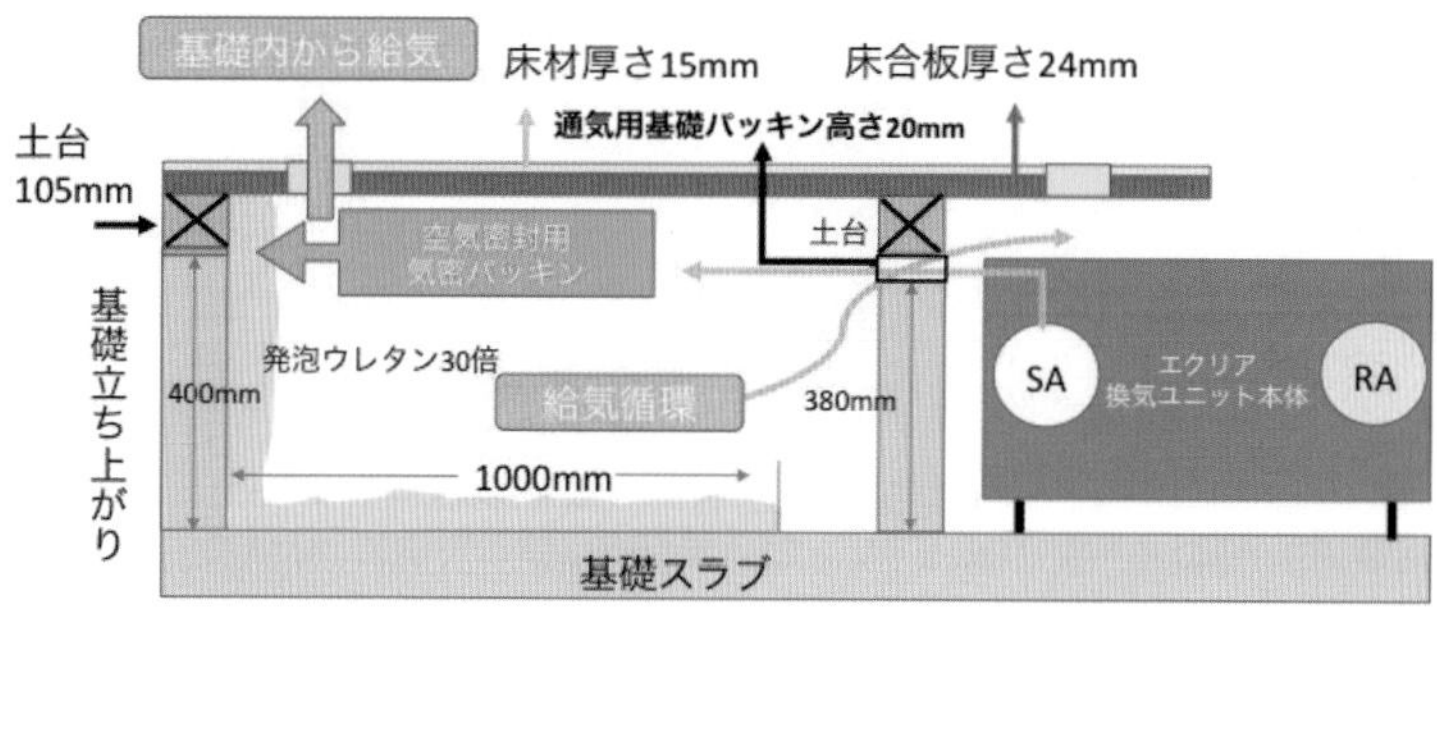

ウレタンは、かつてＲＣ（鉄筋コンクリート）構造建築物で採用された高価な断熱材でした。それは下の写真のようなピンク色の30倍発泡が主流だったからです。ですがその後、木造用として１００倍発泡ウレタンが安価で開発されました。これにより、気密性能という責任施行の管理が安易になり、採用率も一気に高まり、普及拡大しました。

　グラスウールは施工者の技術次第で気密性能に格段の開きが出ます。さらにペーパーバリアという防湿気密シートを断熱材の上から柱ごと覆うようにカバーするのですが、この発泡ウレタンを使用しているビルダーではあまり見かけません。

　家じゅうを魔法瓶のように発泡ウレタンで取り囲むことで、外皮熱貫流率（室内から屋外にどれくらいの熱が移動するかを表す数値・ＵＡ値）を私の家では０・44以下まで下げられることができたのもこの断熱材のおかげですが、私はこうした設計数値よりも、実際に暮らした際の自家消

2階小屋裏に施工された100倍発泡ウレタン

基礎内に吹き付けた30倍発泡ウレタン

費電力を下げることが断熱性能の重要なポイントだと考えています。前述したように（Ｐ43）断熱数値よりも経済性能という自家消費電力の削減の方がわかりやすいと思うからです。

断熱材の選択はビルダーの顔であり、断熱材の選択でビルダーを選ぶべきだと言っても過言ではありません。あなたが依頼するビルダーが、どのような理由で何を選んだのか、きちんと確認をしてください。

「透湿」についても一緒に考える

柱の外側は、筋交いを渡す「点」の強化だけではなく、構造用合板を使った「面」の強化も大切です。私の家では日本ノボパン工業製の「ｎｏｖｏｐａｎ ＳＴＰ Ⅱ」を貼り付けることで面の強化だけでなく除湿までを実現しました。それは耐震性能を高めた状態で、リビング・ダイニン

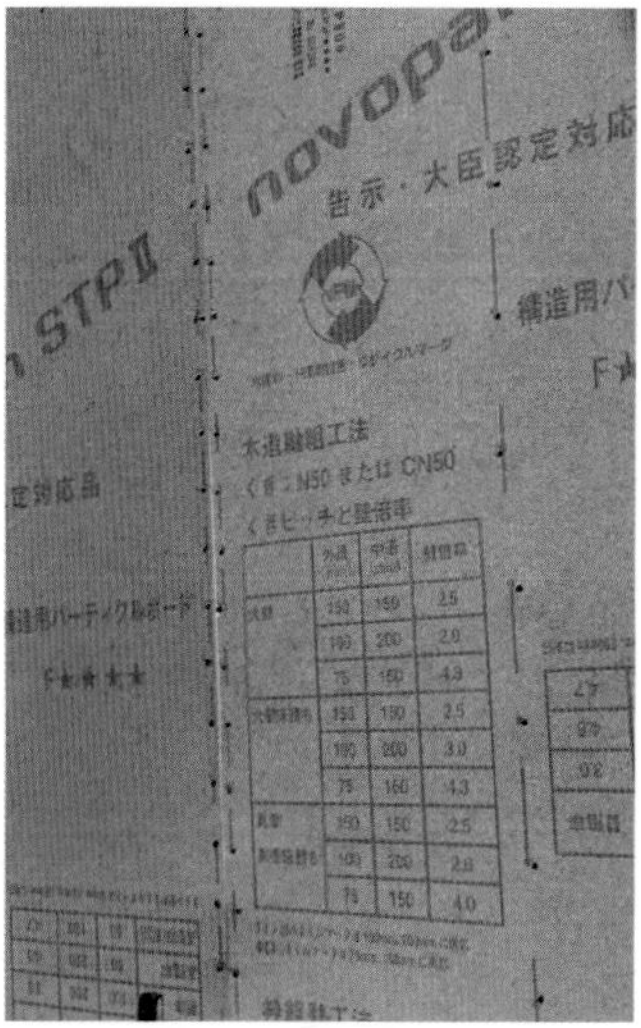

日本ノボパン工業製のnovopan STP Ⅱを貼り付けて面を強化

グを大空間にするには、柱だけで強度を考えるのではなく、「面材」を外側から貼り付けることでさらに強度を高める必要があるからです。

さらにその上に、住宅内部から発生する「家の汗（湿気）」を外に逃がすための「透湿防水シート」を貼っていきます。私の家ではデュポン製の「タイベック®シルバー」という透湿防水シートを選択しました。

「タイベック®シルバー」は、高密度ポリエチレン不織布・タイベック®にアルミニウムを蒸着させ、さらに繊維にアルミニウムの劣化を防ぐ抗酸化樹脂コーティングを施した遮熱シートです。薄い防水フィルムに透湿アルミニウムを挟んだだけの他社商品とは異なり、長期間使用しても遮熱性、

図表 面材を貼り付けて強度を高める

筋交耐力壁では、接合部などへ力が集中するのに対し、novopan STP Ⅱは面全体に力が分散します。

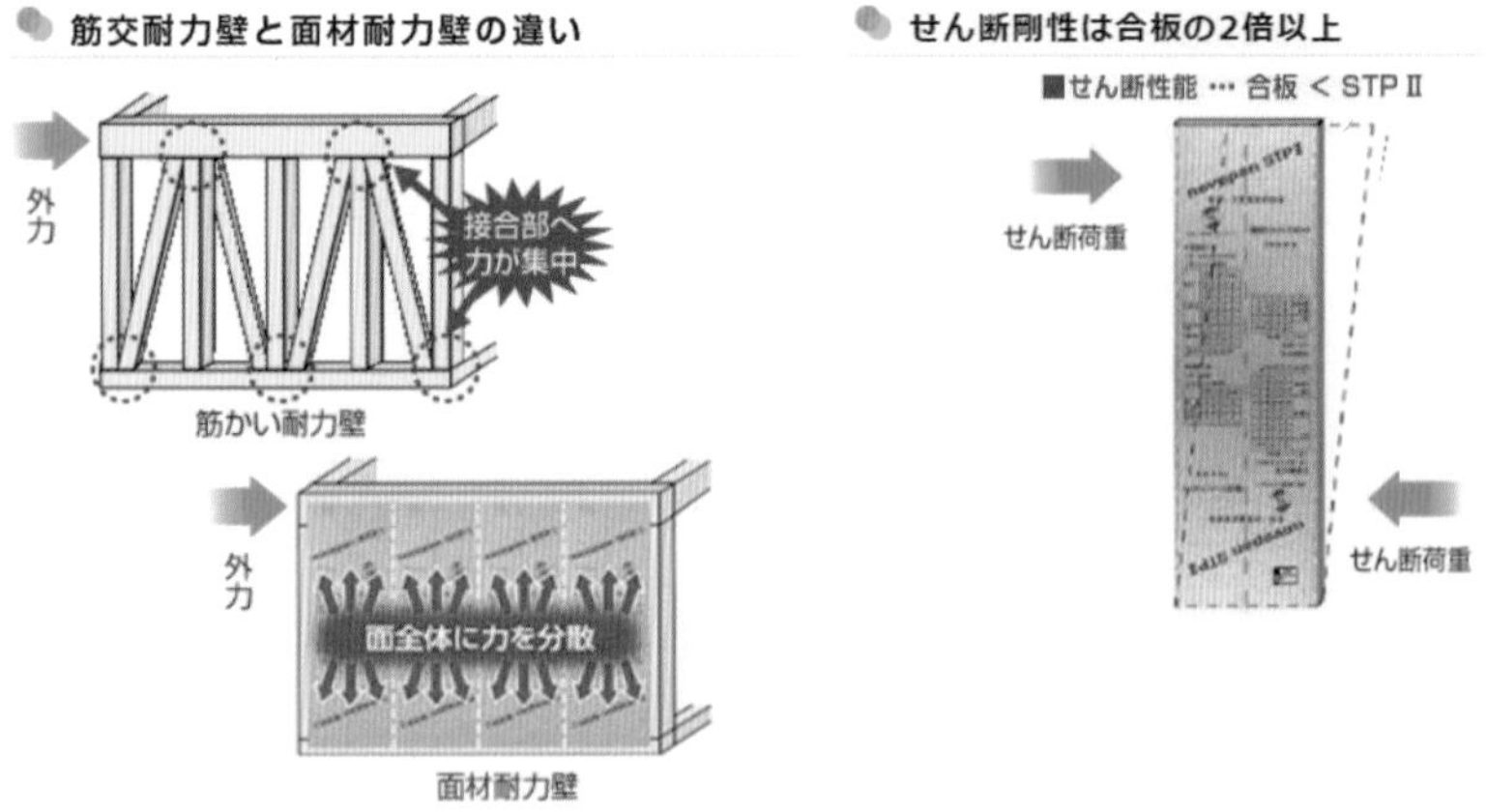

（出典）日本ノボパン工業のHPより

防水性の劣化が少ない、強靭な商品です。

住宅の壁やバルコニー、窓といった部分は、外界の雨風雪の影響を長期にわたり受けていますが、木材は密封すれば湿気の影響を受けてカビが発生します。柱の間にある断熱材からは汗という湿度を外に逃し、外から侵入する雨などに対しては、防水性を発揮する商品が必要です。しかも夏の暑さを反射させ、家じゅうの断熱性能を高めるには、「透湿防水シート」というラップ状に家じゅうを包み込む高性能のシートが必要なのです。

そして、この構造用合板の上から貼った「透湿防水シート」の外側には外壁材が貼られるわけですが、ここでもう一つ重要なポイントは、住宅には外壁材と断熱材が直接触れないようにするための空気の壁である「通気層」が設けられるという点です。通気層とは、木造住宅の外壁などで、断熱材の外側に外気が通り抜けられるように設けた空間のことです。通気層を設けた造り方を通気層工法（通気工法）

外壁材と柱の間には通気層という風の通り道を施工する

と言います。高気密・高断熱の住宅では、冬季に室内側の暖気と外気温の差で外壁から侵入した水蒸気が断熱材の中にたまり、内部結露を起こすおそれがあります。そこで通気層を設けることで断熱材にたまった湿気を排出して、構造躯体を常に乾燥した状態に保つことが重要なのです。通気層の厚さは省エネルギー基準では外壁が18ミリ以上、屋根通気層が30ミリ以上とされています。

外壁材の下に通気層を設けるための水切りを打ち付ける

夏の暑さで外壁材は40度以上に熱くなるので、その熱を「透湿防水シート」から内側の居住空間に入れないようにするためにこうした通気層を設けることが重要なのです。鋼鈑などの金属類は熱伝導率が高いので「パッシブ設計」にする上でも、私は外壁材に採用することをオススメしていません。大切なポイントは、外壁材を固定するための胴縁の設置方法です。

そして前頁（P71）の写真でもわかる通り、私の家の場合は「透湿防水シート」の上に、胴縁という厚さ20ミリの板を縦に貼っています。サイディング（外壁に貼る仕上げ用の板材）を縦に貼る場合、通気層を確保するために「胴縁」という厚さ20ミリの角材を縦に「透湿防水シート」の上から打ち付けるか、外壁材用取付金具を打ち付けます。この胴縁を横に施工する業者がいますが、空気はそもそも上下に移動しますから、この胴縁を横に設置した場合、水切りから入った空気は上に移動できないので通気量が減り壁内結露の原因になります。特に凹凸になった鋼鈑を貼る現場で、胴縁を横にするビルダーを見かけます。鋼鈑には隙間があるから大丈夫という現場監督に会ったことがありますが、果たしてそうなのか？疑問です。通気層で空気が停滞すると壁内結露を起こし、壁の内部から住宅は劣化します。特に北側の外壁材がカビたようにな

図表　胴縁を横に設置した場合の空気の動き

(出典)：日経ホームビルダー2020年7月号を参考に編集部で作成

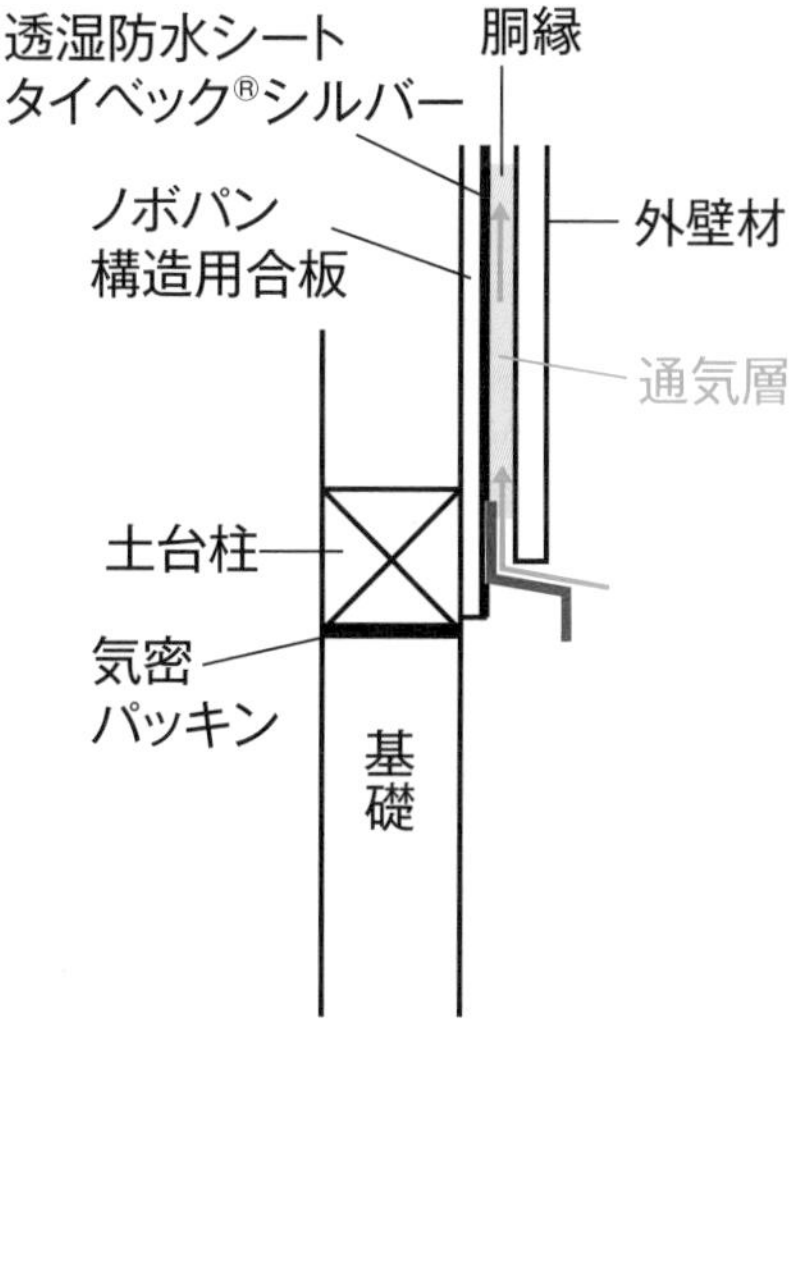

るのは、通気層を通過する空気量不足が原因で、断熱材が汗をかいたまま湿気を外に放出できない結果です。こうした外壁材の劣化で築後のメンテナンス費用がかさみ、家計をじわじわと圧迫します。

わが家では胴縁を「縦」貼りにしています。それはこの胴縁に下地用サイディングという仕上げ前の一工程があったから。さらにその下地用サイディングの上に、西側、北側、東側はジョリパットという伸び縮みする新建材を吹き付けました。南側の外観の「顔」の部分には、比較的重量のあるコンクリート製のデザインストーンを貼り付ける必要があったからです。

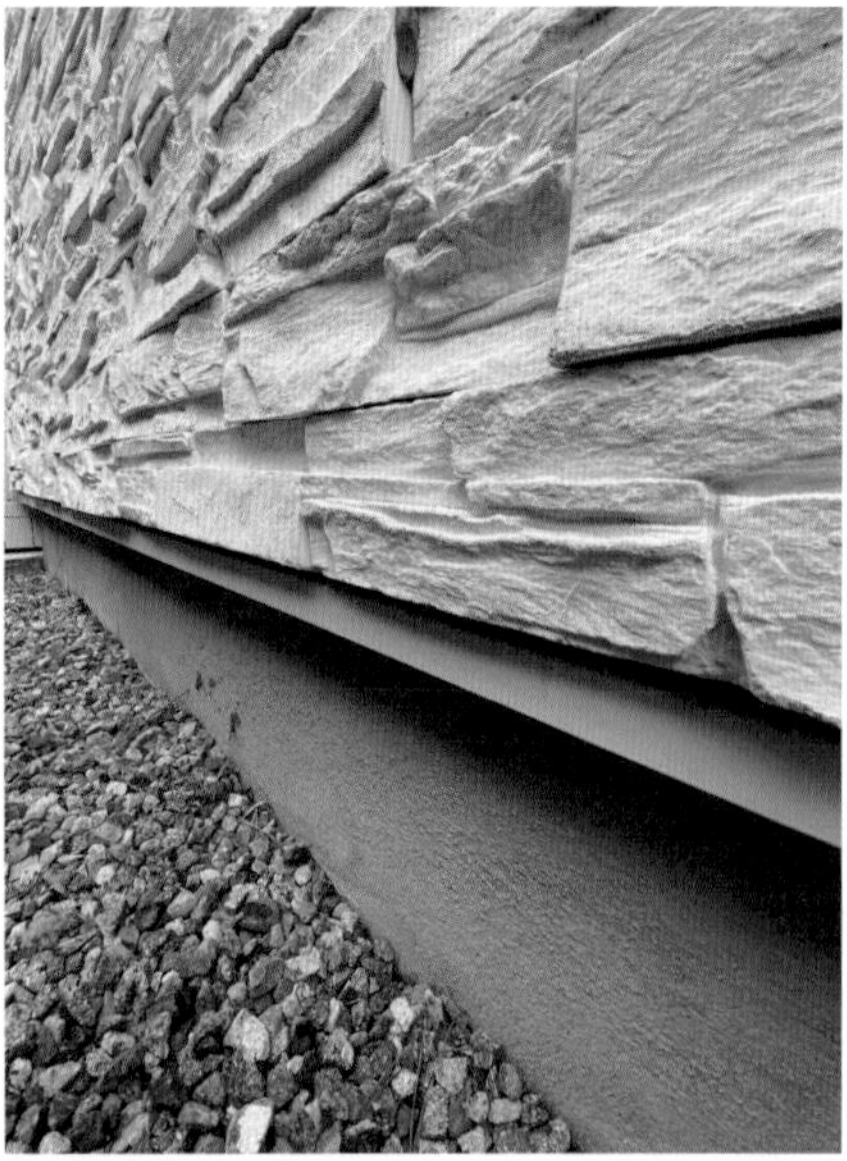
南側に貼ったデザインストーン（ユニバーサルジャパン）

通気層を確保するための理想の部品は胴縁ではなく金具留めです。下地用サイディングに釘打ちしたのはこのデザインストーンの重量を支えるための手段です。一般の場合は、ここでサイディングという仕上げ用壁材を貼りますから、金具留めで取り付けた方が通気層を通過する空気の量は増えます。

POINT 皆さんは必ずビルダーに「胴縁ですか、金具ですか」と聞いてください。もし「胴縁です」と答えられたら「縦か横か」を確認することが重要です。

開口部にこだわる

開口部とは、住宅の壁面に設置されている窓や換気口などの空気の侵入口を指します。最も外気の影響を受ける箇所は窓です。そして真冬にせっかく温めた室内の暖気が逃げてしまうのも窓からなのです。

窓を「透明な高断熱壁」ととらえる

窓を「透明な高断熱壁」ととらえ、開口部であるガラス部分から流出する空気をシャットアウトする必要があります。大切なのはどこのメーカーのどの商品を選んだか、その理由を明確に皆さんに伝えてくれるビルダーを選ぶことです。窓は住宅で最も広い開口部であり、「窓は外を見るため、冬の採光計画で大切」という程度の認識では後悔します。

私の家の窓は、山口県の大手セメント会社のトクヤマとパナソニックの出資会社で運営されているエクセルシャノンというサッシメーカーのトリプル樹脂サッシを採用しています。以前、岩手県花巻市にあるエクセルシャノンと日本板硝子の工場にうかがい、ガラスを取り付ける「障子」の枠を斜めのラインで熱処理する技術などを見学したのですが、サッシ枠の完成品を隣接する日本板硝子のガラス工場へそのまま運ぶ一連の流れと、ガラス同士を合体させる技術の精密さに感動し、その製品を取り入れたのです。

私は仕事で、ビルダー向けのコンサルティングを行っていますが、国内で最も省エネ性能の卓越した高い技術を供給できる会社に贈呈される「ハウス・オブ・ザ・イヤー・イン・エナジー」

図表 住宅の熱の出入りは開口部の影響が大きい

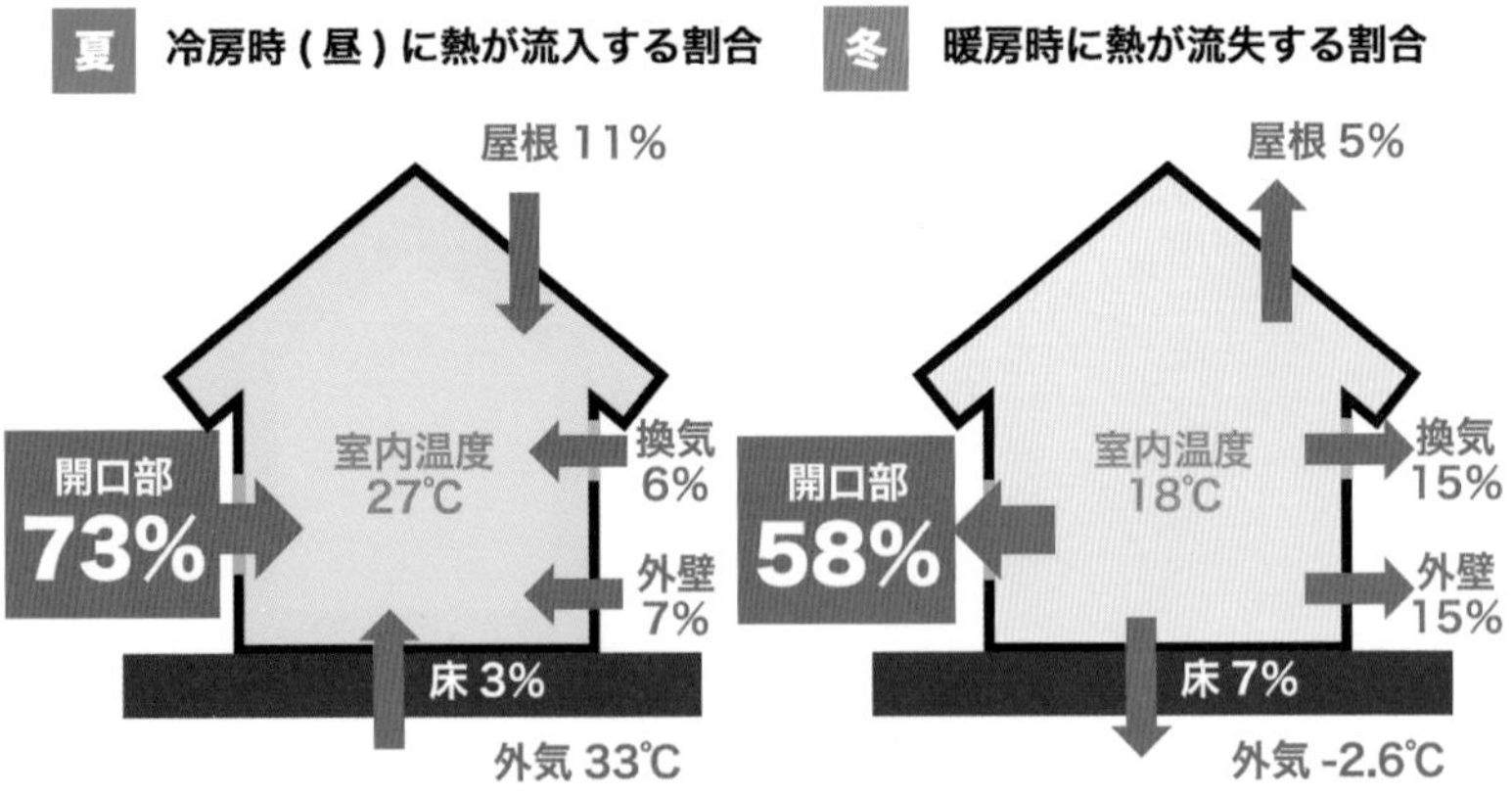

(出典) 資源エネルギー庁「住宅による省エネ」より作成

を最も多くのビルダーに受賞させているという自負があります。その栄えある賞を受賞されるビルダーのほとんどが採用している窓がエクセルシャノン製のトリプル樹脂サッシです。

そしてこのサッシを採用しているわが家も2019年ハウス・オブ・ザ・イヤー・イン・エナジー「特別優秀賞」をいただきました。

トリプル樹脂サッシの採用

トリプル樹脂サッシのガラス部分に、電灯を当てると、下の写真のように「3重の光」が反射されます。皆さんが北海道や東北へ旅行に行った際には、ぜひ、宿泊するホテルの窓をよく調べてみてください。酷寒の真冬に

懐中電灯の光を当てたトリプルガラス

省エネ性の高いトリプル樹脂サッシ

窓に近づいても冷たくありませんから。エネルギー基準Ⅰ地域である北海道では、ほとんどの窓がエクセルシャノン製という時代もありました。

　トリプル樹脂サッシは、ガラスとガラスの間にあるスペーサーという部分に、結露の原因になる熱伝導率の高いアルミ製スペーサーではなく、日本板硝子の特許である「ウォームエッジスペーサー」というワイヤー入りの樹脂製スペーサーを標準仕様にしています。

　ガラスの内側とガラスの外側間の幅（空気層）を39ミリ以上にし、空気と比べて熱伝導率が約30％も低いアルゴンガスを標準封入することで、窓の断熱効果をさらに高めているので、真冬にガラスを触っても寒さを全く感じません。樹脂はアルミの1000分の1しか熱を通しませんが、アルミ材の強さを担保するためには窓枠や障子というガラスを挟む枠の

図表　エクセルシャノン製品の窓枠　トリプル樹脂サッシ

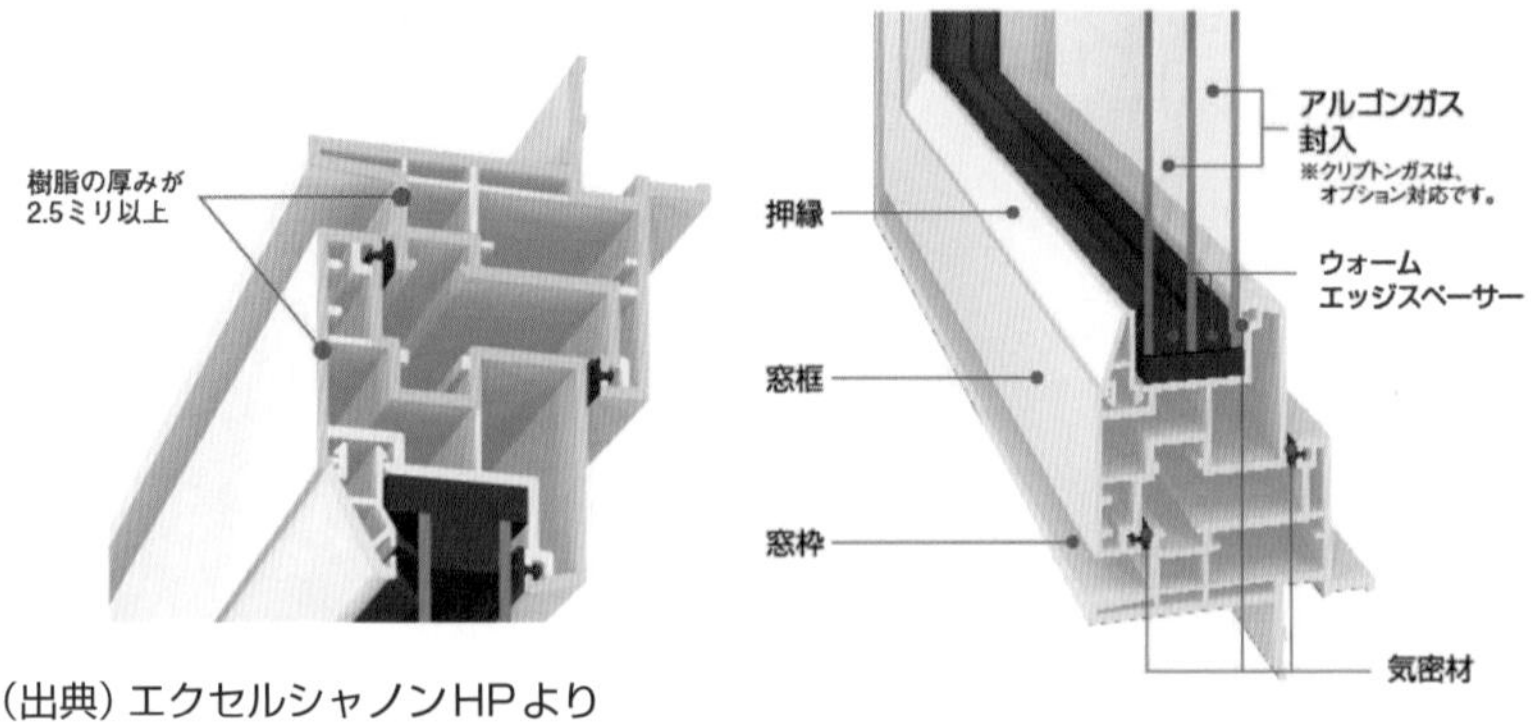

（出典）エクセルシャノンHPより

強度を上げる必要があります。エクセルシャノンの製品は窓枠、障子の太さが2.5ミリ以上と堅牢な丈夫さです。だから地震の際でも、筋交いの役割を果たします。

わが家は、建築場所が防火エリアということもあり、西側・東側の壁には隣地延焼から回避できるようにガラスは網入りを設置しています。一般的な複層ガラスは、ガラスを挟み込む障子に地元のサッシ会社でカットしたガラスを装着して完成させるので一工程が余分にかかりますが、トリプル樹脂サッシを扱う多くのメーカーは工場から完成品を直接配送するため、高品質な割に手の届く価格であることが多いです。しかも暮らし始めてからは光熱費を削減でき、ヒートショックのない健康な暮らしも手に入るわけですから、価格だけを考えるのではなく、お金では買えない健康寿命とあわせ、医療費削減まで考慮して、ぜひとも採用してほしいと思います。

わが家の場合、日本海から吹き付ける冬の暴風は真冬で毎秒30メートル以上になります。冬の日本海は大シケの日が続き、この家には真冬、毎日台風が上陸しているよ

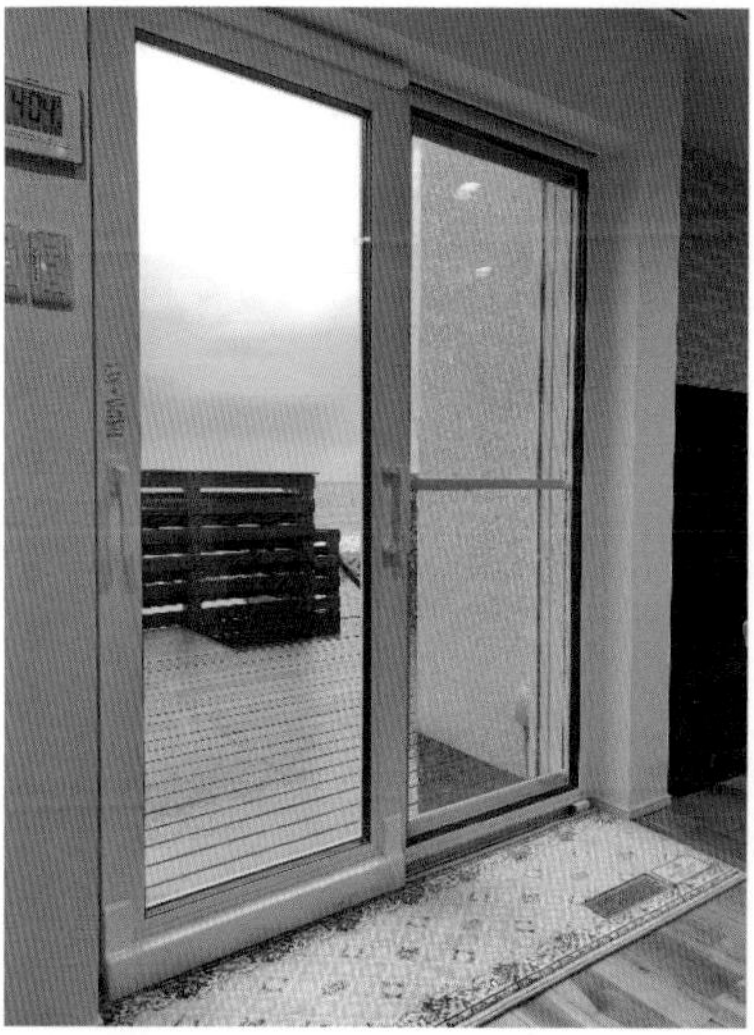

エクセルシャノン製シングルスライドドア

うな強風が吹き付けるのです。妻は糸魚川市の海沿いに生家があったので冬の日本海が吹き荒れる様をよく知っています。この家を建てる際、「真冬はこんな強風が吹く場所には住めないからね。それをわかって建てるならもう一軒家がいるわよ」と最後通告されていたのですが、私は大博打に出たのです。

私は「Ｓｍａｒｔ２０３０零和の家®」のモデルハウスに、エクセルシャノン製のシングルスライドドア０・94Ｗ／（㎡・Ｋ）という気密性能の高い樹脂サッシを既に採用しており、その性能は理解していたので「多分大丈夫」と妻に言い続けていました。案の定、２０１９年の台風19号が来た際も、家の中では暴風音は一切聞こえませんでした。

下の写真は富山市婦中町の高山本線沿いに建築

富山市高山本線沿いの中田工務店様「N-Smart2030零和の家®」

された中田工務店（社長　中田幸男）様の「N－Smart2030零和の家®」です。ご覧いただいておわかりのように、建物と線路の距離はほんの数メートルです。通常なら列車の音が家に入り「騒音」で眠れないような立地です。しかしながら発泡ウレタン断熱材と、エクセルシャノン製のトリプルガラス樹脂サッシのおかげで、建物内に列車の音はほとんど聞こえてきません。音が聞こえないということは窓が断熱、気密性能を果たしてくれているのです。

下の写真は静岡県焼津市に拠点をおくアイ・ランド（社長　中島篤）様の「アイ・Smart2030零和の家®」です。後からわかったのですが、このモデルハウスは東海道新幹線と東海道本線のデルタ地帯に建築されました。新幹線「のぞみ」と貨物車が同時にこの分譲地を囲むように通過する時間が一日に何回もあります。新幹線は時折、警笛のようなシグナルを発する場合があり、外にいる時は中島社長との会話が全く成立しません。もうひとつ、びっくりすることは新幹線や長い車両の貨物列車が通過

焼津市アイ・ランド様「アイ・Smart2030零和の家®」

する際の「地鳴り」という振動についてです。この分譲地でハウスメーカーの家を購入された方が見学に来られた時に、「えっ！　音が聞こえないの？」と質問されたのには戸惑いを隠しきれませんでした。その方がさらにびっくりされていたのが列車の通過時に大窓の振動がないことです。これは後の項でも詳しくお伝えしますが「微震でも制御するダンパー」（Ｐ２８４）の採用がもたらした恩恵です。

もうひとつ、真冬にいい仕事をしてくれるのが文化シヤッターの「マドマスター換気・採光モデル」です。これには、シャッターのスラット部分に断熱材が挿入されています。このシャッターを閉めていれば真冬でも断熱性能が高くなるのでとても暖かいのです。少し換気をしたい時はスラットの間の隙間のスリットから風を取り入れられるし、少しの採光もできるという優れものです。これについても後の章で詳しくご説明します。エクセルシャノン製のトリプル樹脂サッシは、「遮温《しゃおん》」と「遮音《しゃおん》」性能が非常に優れているので防衛省の戦闘機の爆音対策窓にも採用されています。社名のシャノンもここから採用されたそ

文化シヤッター製マドマスター換気・採光モデル

うです。

POINT 空気は壁という断熱材だけではなく、窓という開口部からも流出入するので、ガラス部分をトリプル樹脂サッシで密封することが重要です。

金属膜を選ぶ

ガラスに薄く貼られる紫外線をカットするための「金属膜」の色についても覚えておきましょう。すべての日射熱を受け入れるクリアタイプ（南面）なのか、一部熱を遮断するようなグリーンタイプ（西東北面）なのか……など必要に応じて選ぶことが大切です。

わが家の南側のガラスの金属膜のカラーはすべてクリアです。普通は夏のまぶしさを避けるためにグリーンなどのカラーを採用すると思いがちです。パッシブ設計で大切な考え方は、南側の窓は冬の低い陽射しを建物の奥まで採り

図表 ニーズに応じて選ぶ複層ガラス

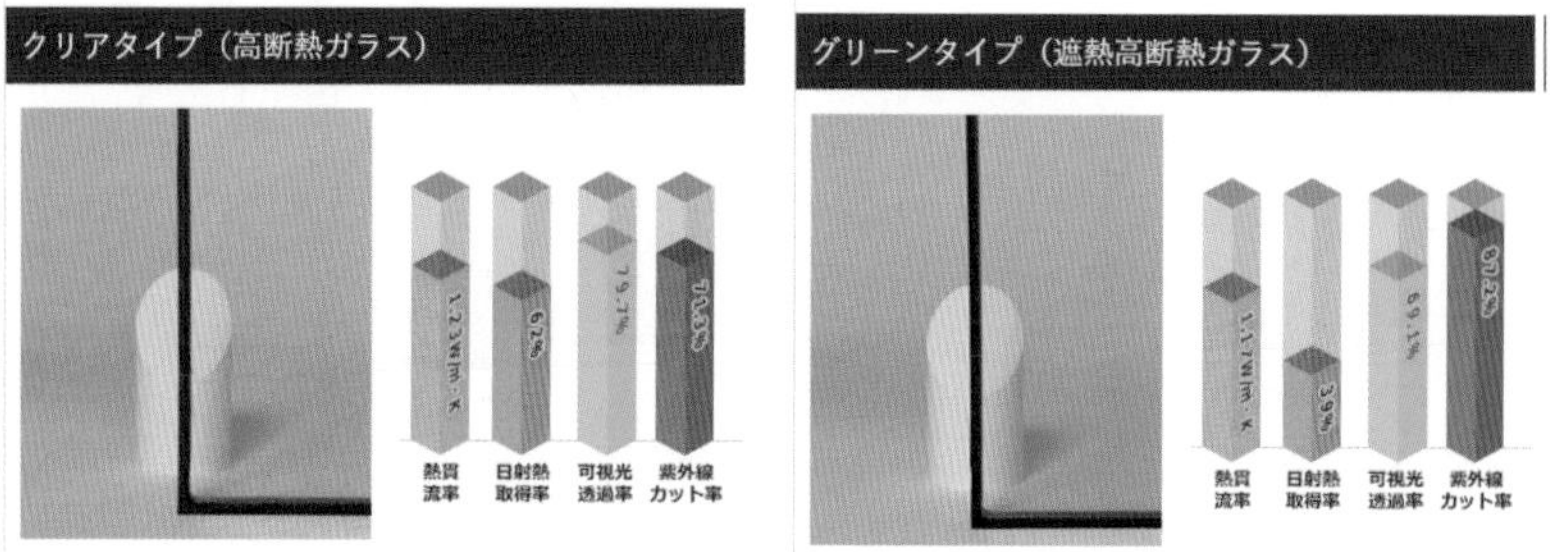

（出典）エクセルシャノンHPより

入れるための採光窓であるということです。おかげで冬至の時期の射光30度の低い陽射しでも家いっぱいに入射できます。これはパッシブ設計だからできる技です。よく、「真夏の強い陽射しが家に入ってしまうので、南側をグリーンにした方がいいのでは」という質問を受けるのですが、吉田兼好の徒然草の有名な一節に「家造りは夏を旨とすべし」とあるように、夏の陽射しを遮ってくれるのは、窓ではなく軒の庇《ひさし》なのです。よって、グリーンは西東北側に配置します。

大変言いにくいことですが、キューブタイプの四角い家は軒の庇がないので、窓よりむしろ、真夏の暑さを直接住宅内に入れない工夫が重要です。また軒の出がない軒ゼロ住宅では、台風などの強風時に雨漏りを防ぐため屋根のルーフィングを覆いかぶせる施工をされますが、壁の湿気が逃げにくいので1年足らずで壁が腐る事故もあります。よってキューブタイプの四角い家は、パッシブ設計にはしづらいのです。夏の暑さを抑えるには夏至の80度の射角の日射を家に入れない建物の軒の出が重要。そのことを理解する設計者と出会うことです。比較的価格が低く、20~30代の若い年齢に人気のあるキューブタイプの住宅ですが、年収が低い若い世代は、メンテナンス費用をかけられないことも考慮すべきです。

縦すべり出し窓を西東側に

真夏に冷房なしで家の温度を下げるには、北風を入れることが大切です。では、南接道の南玄関の家の場合には、どうしたらいいのでしょうか。北側が奥になるわけですから、隣地の建物が真後ろに建築されています。北側に開口部という窓を増やすのはあまりオススメしません。冬の冷気の侵入を防ぎたいからです。ではどうすればいいのかを考えるため、少しヒントを出しましょう。

窓といえば、外国人が日本に来て珍しいと思う窓があるそうです。それは「引き違い」窓です。実はこの窓ができたのは「昭和の暮らし」が理由です。2階の窓から晴れた日に布団を干せるようにと、2階には1800ミリ×900ミリサイズの引き違い窓が多く採用されました（未だに採用しているビルダーもいます）。

（出典）エクセルシャノンHPより

通過する風をキャッチして住宅内に入れる縦すべり出し窓

しかし、引き違い窓は風が壁伝いに通過するだけで風が窓に対して正面から吹かない限り、風は通過してしまいます。そうした通過する外気を家に取り入れるために開発された窓が「縦すべり出し」窓です。窓を開ければ風当てに早変わりし、当てた風はそのまま家に入ってきます。

ちなみに引き違い窓は、窓を閉めた時に引き戸のレール上でロックをしても外側窓と内側窓の密接度が十分ではないため、隙間から空気が流出入してしまいます。引き違い窓の代表格は「掃き出し窓」です。掃き出し窓とは、床から天井近く、または天井までの高さがある窓のことで主にリビングや和室、ベランダ（バルコニー）に採用されています。

掃き出し窓の由来

掃き出し窓は元々ほうきで家の中の埃やゴミを外に「掃き出すため」の窓だったことが語源のようです。そのため、今のように大きな窓ではありませんでした。時代は変化し、掃除機が普及したことにより、ゴミを外に掃き出す必要がなくなり、掃き出し窓はベランダから外へ出る「テラス窓」としての役割を持つようになりました。私は、この窓から「ベッド」「冷蔵庫」「洗濯機」など大型家電などを搬入できるので、1階に1か所はあった方がいいと思います。ただし窓自身の断熱性能が低いため、結露の原因や寒さ、暑さの原因にもなりやすく、窓面積が広いことでカーテン、ブラインド代が高くつく上に外観デザインを損なうというデメリットがあることは書き添えておきます。もうひとつ重要なことをお伝えすると、設計上、採光が足りないためにこの窓を採用するケースが多いのですが、家の接道側である南向きに設置した場合、大きな隠れた「デメリット」があります。それは外から家の中が丸見えで覗かれてしまうこと。だから採光どころか、覗かれないようにカーテンを閉めてしまい、家の中は「真っ暗」です。結局実際の暮らしのシーンでは「開かずの掃き出し窓」となり、日中も窓から採光するなんてことはできません。出会う設計士、ビルダーで人生まで変わってしまうのです。もし南側接道の土地で、掃き出し窓から光をいっぱい入れたいなら、余程広い土地で隣地に住宅がない環境を用意するか、高い塀を建てて覗かれない外構工事をするか、文化シヤッターの「外付けブ

南側の採光窓として設計されたが実際はカーテンで閉め切ったまま

ラインド」を設置するかだと思います。

「Ｓｍａｒｔ２０３０零和の家®」の場合、南には外から家を見ても家の中が覗けないようセンターの吹き抜けには視線より高い位置に2層のＦＩＸ窓が標準仕様で設置されています。このＦＩＸ窓が真冬の低い陽射しでも建物の奥まで日射取得することで暖房代が削減できるのです。

……と、話が右往左往しましたが、南接道の南玄関の家に風を入れて家の温度を下げるためにすることは？という問題の正解は、西・東側に「縦すべり出し窓」を採用するということです。この窓はいかなる風向でも住宅内に大量の風を取り入れられるように創られています。新型コロナウイルス感染対策予防には、真冬でも住宅内の換気をしっかりするようにとの厚生労働省の指針が発表されました。果たして寒さを我慢してどれだけの国民が言われた通りの換気をできるでしょうか。外気温が22度から28度ならまだしも、真夏や真冬は窓を開けて行う換気に頼るのは難しい。ならば換気は窓以外のシ

左の縦すべり出し窓と右のFIX窓を合体

ステム（後述します）に任せればいいのです。

よって窓は、換気重視の大きな1800ミリ×900ミリサイズの引き違いを選択する必要はありません。わざわざ布団を窓で干すなんて昭和の時代ではないのですから。必要のない窓はできるだけ小さくていいのです。窓の大きさ＝「カーテン代金」と考えることです。居室は眠るための個室です。お子様の勉強机だって1階に設けられます。そのようなことにとらわれず、2階の開口部を小さくして気密性能を高めるというパッシブ設計を採用すればいいのです。日本の家づくりもいよいよ進化が始まっています。

エクセルシャノン製の窓は、南極の昭和基地や富士山の八合目の白雲荘、防衛省の航空機の騒音回避などに採用されています。何度も言いますが、私の一押しの窓メーカーです。この会社は、ＦＩＸ窓と縦すべり出し窓を合体したオリジナルサイズでデザイン窓を作れるのも強みだと思います。

家づくりの重要なポイントは、真冬に窓に近づいた時に「ヒヤッ」とするような外の寒さ（暑さ）の影響を受けない断熱性能の高い窓を採用するということです。私が採用したエクセルシャノンのⅡＸシリーズは、真冬でも住宅内のガラス面の温度が室内温度と同じです。後ほど説明する「正圧」という空気環境も影響しますが、エアコンの設定温度と居住側のガラスが同じ温度になっている家なのです。

POINT 南接道の家の場合、1階南側に掃き出し窓を採用すると家の中が覗かれるため年中カーテンを閉めたままの暗い「開かずの掃き出し窓」になります。また、北側への設置も冬の冷気が入り込むためオススメしません。しかも1800ミリ×900ミリサイズの引き違い窓は気密性能が低く、外観デザインを損なうだけでなく、カーテン代も高くなるので、小さな縦すべり出し窓を西か東側に採用することをオススメします。

私は新潟に住んでいますが、かつては豪雪の際、屋根の雪を地上に落としても落とした雪が家の窓を割らないようにと、「雪囲い」を設置していました。ご覧いただいておわか

豪雪地の家の雪囲い

断熱材入りのサッシ
「UF」シリーズ

りのように、板の隙間からは採光もできています。ただ、この雪を落とすための「落とし板」を、奥様一人で設置するのは難易度が高いでしょう。

こうした独自の風土文化に窓メーカーのエクセルシャノンも注目し、同じ視点から、障子と窓枠に断熱材を充填した寒冷地向けサッシを開発しています。それが右頁（左）のもの。東北へ行くと、このエクセルシャノン製の「UF」という断熱材入りのサッシが多く採用されています。

一石十鳥のシャッターを導入する

前述した（P43）、最新のスマートハウスの数値指標で造られた「Smart2030零和の家®」は、文化シヤッター製のスマートハウス対応型エコーネットライト規格（通信プロトコルの一種）の外付けブラインドを標準仕様にしています。

ビルダー業ならともかく、住宅コンサルティングを稼業とする私がモデルハウスを持つのは珍し

最新シャッター設備のある私の自宅
（北側シャッターを閉めた状態）

いことだと思います。私は現在国内で頻繁に発生している水害や風害を鑑みた時に、住宅の窓の防災性能を強化する必要性を訴えていますが、私の思いを汲んでくださったのが文化シヤッターです。本来のシャッターの既存価値を大きく変えて、ありとあらゆる可能性への挑戦を実践しています。私は住生活環境の変化を感じた時に次から次へと発想が浮かび、そのたびにこの自宅をリフォームし続けています。この家は「サグラダ・ファミリア」のように生涯完成しない家なのかもしれません。

窓、換気、断熱、AI、インターネットに及ぶすべての分野を私自身で実証実験をしています。皆さんにとって、今はまだ当たり前ということでも、すでに実証実験で近未来を体感している私からすると、これからの家づくりでは非常識な、当たり前ではないことがたくさんあります。ここでは、これから当たり前になるであろう、いくつかの例を挙げてみましょう。

採光と換気ができるシャッター

家は間取りやデザインを考えてから造られるものです。窓や建具もそうです。ですが、窓を設置する際に、カーテンをつけるために必要なカーテンレールなどの後付け設備が、窓周辺のデザイン性を阻害します。

しかも夜になると、当たり前のように窓の周辺を「カーテン」が塞いでしまいます。「そんなの当たり前ではないですか」と皆さん言われます。でもそのたびに私は、「そうかな？　でもカーテンは窓周辺のこだわり空間を無造作に1枚の生地で隠してしまうし……」、「しかもカーテンやブラインドは、部屋の内側に10センチくらいセリ出してくる分、空間の邪魔になってしまう……」と、数年間この問題について悩んでいました。

閉めた状態の一般的なブラインド

そこでひらめいたのは、「カーテンを外につける」というアイデアです。そうすれば、建築設計士やデザイナーの意匠性も損なわないわけです。「であるなら、シャッターを改造するしかない！」と思い立ち、現在、ご縁のあった文化シヤッターで、日夜さらなる商品の開発やカタログ製作などを多岐にわたり行っていらっしゃる開発企画部長の奥正治さんと、ＩｏＴプラットＨＯＭＥ仕様の「外付ブラインド」と、防災機能の高い「未来のシャッター」を話し合い、形にしています。

カーテンレールも通常、遮光をするには窓枠内部では収まらずに、窓枠の上に壁付け設置しなければなりません。眠りを妨げないように、または隣人からの視線をカットするために、という意味合いがあります。ＩｏＴ制御の必要はなく、自らの手で開閉するのが当たり前です。また家の内側に設置するものですから、防犯、防音、断熱などの住宅性能には一切関係がないため、設計基準にも含まれていません。

つまり、「ノンカーテン」住宅を実現するにあたっては、必要に迫られて開発する会社はないため、誰かが今のカーテン以上の利便性を追求する役割を果たさなければなりません。それを

左）スラット内部にウレタン材を充填しているのでスリット部が伸び縮みすることで換気と採光を実現

右）閉め切った状態は防災性能の高いシャッターに早変わり

文化シャッターが担い、「マドマスター換気採光モデル」「外付ブラインド」が出来上がりました。

前頁（P94）の写真をご覧ください。右はシャッターを閉め切った後に「しめる」と「あける」を同時に押した換気採光窓の状態です。スラット（開閉する横長の板のような部分）の間のスリットから日射取得しています。しかもスラット内部にはウレタンを充填してあるため、閉め切れば断熱壁にも早変わりして冷え切った冬の夜でもとても暖かく過ごせます。

図表　スリット開閉で換気ができる

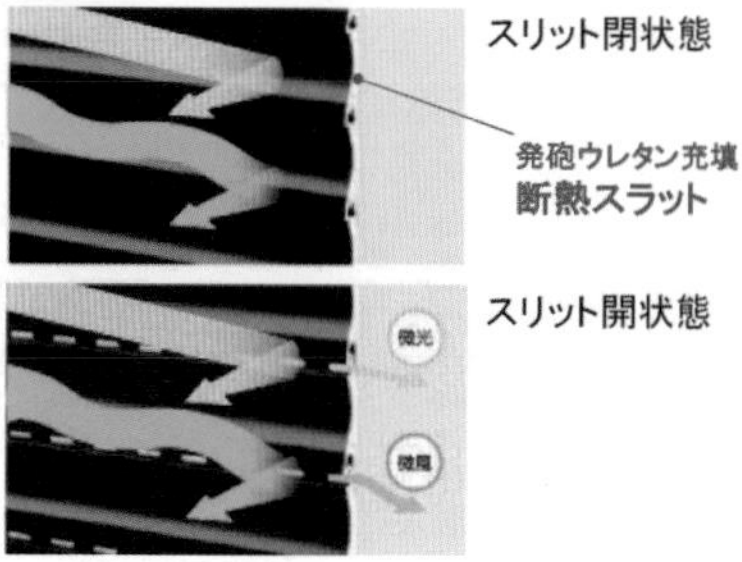

（出典）文化シャッター

スラットをつなぐために開発されたスリットが伸び縮みし、通風用の穴も横長に薄く開いていることで、締め切った後でも換気ができる仕組みになっています。これにより夏場は暑さを侵入させないばかりか、かすかな採光と換気性能が併用できる、新型コロナウイルス対策の換気にも最高の外付けシャッターです。この「マドマスター換気採光モデル」を採用することで、2021年から施行される「改正建築物省エネ法」で省エネ性能が低い住宅でも、かなりの気密性能向上に貢献してくれると期待しています。

外付けのブラインド

「マドマスター換気採光モデル」の写真を見た方のなかには、日中シャッターを閉めると部屋が暗くなると言われる方もいると思います。そういう方には、こちらの文化シャッター製の「外付ブラインド」をオススメします。

ガラスとガラスの間に、ブラインドが入っているお風呂などの目隠し用の窓は見たことがありますか。外付けのスライド調整紐で角度を調整できるので、閉めきらなくても性能を発揮します。開発当時は画期的な商品として話題になり、いまだに採用されています。ガラスの内側にブラインドが挿入されているため掃除も楽です。それと同じ構造で目隠し部分がシャッター素材になっているのが外付ブラインドです。

窓にはカーテンではなく外付ブラインドを設置（90度）

浴室に採用されているYKKのブラインド入り複層ガラス

2020年は、10月半ばになってもまだ総雨量が500ミリを超える大型台風14号が日本列島に接近していました。よくシャッターがない家では飛来物が窓ガラスに直撃した場合、ガラスが凶器と化す場合があるため、養生テープを窓ガラスに貼る作業をしたり、合板ベニアを窓周りの壁に打ち付けたりしているシーンを報道ニュースで見かけます。そうした材料費と手間代も台風が来るたびに発生するわけですから家計も大変です。この「外付ブラインド」は、断熱、採光、換気、防風、防水、遮熱、耐風に加え、プライバシー保護、デザイン性、日射遮蔽、日射取得という「カーテン」+「防災」+「性能」という「一石十鳥」くらいの可能性を持ち備えています。

閉め切る（0度で使用）と暴風・防水対策にも

シャッターは命を守る

このように、これから家づくりをされるなら自然災害と正面から向き合う防災（耐風・洪水）対応型のカーテン（=シャッター）という家を守ってくれる武器も絶対に必要です。特に台風が巻き込む風によって高速で飛んでくる凶器からも家族の命と家を守らなければいけません。そして水害から家を守るには防水性能があるものを選ぶことも大切なのです。

POINT

通常のカーテン、ブラインドは建物の内側に設置するので遮光しかできない割に、費用もかかります。また、耐風性能がないことで、台風のたびにガラスを保護するテープや養生壁を必要とします。窓にはカーテンではなく外付ブラインドを採用することで、防水・耐風性能により自然災害から家を守れるだけでなく、日射遮蔽、日射取得、換気、断熱、防犯、防火などたくさんの恩恵を受けられます。

左）45度、右）90度の角度で風量や日射量の調整ができる外付けブラインド

今までの「シャッター」は、「窓の外側にあって、必要な時に下ろして使う、閉めた後は家の中が暗くなってしまう」という防犯がメインのものでした。視点をもっと広げて、窓の性能とカーテンの役割も合体させて「サポート窓（窓だけでは達成できない利便性があ

るもの）」と捉えることが大切なのです。

シャッターがあれば隣家の延焼などの防火にも役立ちますし、河川の氾濫などによる水害からも窓の損傷を防ぎ、大型化する台風の暴風からも家を守れます。私たちにとって最も大切な家族の命を第一に考えた家づくりに必要なのです。

利便性の高い暮らし

ＩｏＴプラットＨＯＭＥ（住宅内のすべての設備がインターネットにつながることでＥＶ車やスマートフォン同様にＡＩ制御システムのつながりにより利便性の高い暮らしが実現できるスマートハウス）では、Ｖ２Ｈ（電気自動車で蓄えた電気を、家の電気として使うための装置）、蓄電池、エコキュートなどの電源、給湯タンクをガレージ内に設置しており、これらは非常時の重要な設備ですので、濡らすわけにはいきません。

そこで登場するのが文化シヤッターの「止めピタ」と

「止めピタ」を下ろした状態

いうガレージに浸水する水を未然に防ぐための防水シートです。私の家のガレージは、車を2台駐車できます。このガレージを止水しようとすれば、土嚢袋が70袋も必要です。砂を入れれば1袋あたり20キロという重量。設置も大変ですから数日前から準備をしなければなりません。まして自治体が土嚢袋を配ってくれても入れる砂がありません。ですがこの「止めピタ」なら女性でも設置や撤去が5分以内で簡単にできるうえ、土嚢設置の10倍以上の止水効果が実証されています。

POINT 「Smart2030零和の家®」では、非常時を見据えてエコキュート、蓄電池やEV車の充給電ができるV2Hをガレージに設置します。そのためガレージのシャッター下からの浸水を防ぐ必要があるので、「止めピタ」という浸水防止シートを用意してください。女性でも簡単に止水できます。

2020年12月に入り、妻がインナーガレージの利便性を私に伝えてくれました。以前の家はカーポートだったため、真冬は三女を高校に送る10分前から暖気運転で車内を暖めるという余分な作業がありました。ですが、今の家のガレージは断熱材が施工されているので寒くなく、さらにシャッターのスラットにも断熱材が充填されているので二重で寒さ対策ができています。妻も三女を高校まで送っていた去年の寒さを思い出したのか「やっぱりガレージっていいね。ガソリン代も無駄遣いしないし」と喜んでいます。余談ですが、ＥＶ車で暖気運転をする場合、リーフでは専用のアプリを開いてスマートフォンからCO_2を排出することなく車内を暖めることができます。「アイドリング・ストップ」という燃料車の場合には制限がかけられますが、ＥＶ車は充電された電気がモーターを回しますからエアコンを制御できるのもありがたい点です。

ＨＥＭＳ（家庭での電気を節約するための管理システム）と連動すれば、外出先から全シャッターを開閉できるのも便利です。わが家では日の出とともにシャッターが開き、日の入りとともにシャッターが閉まるよう設定しています。これがＩｏＴプラット

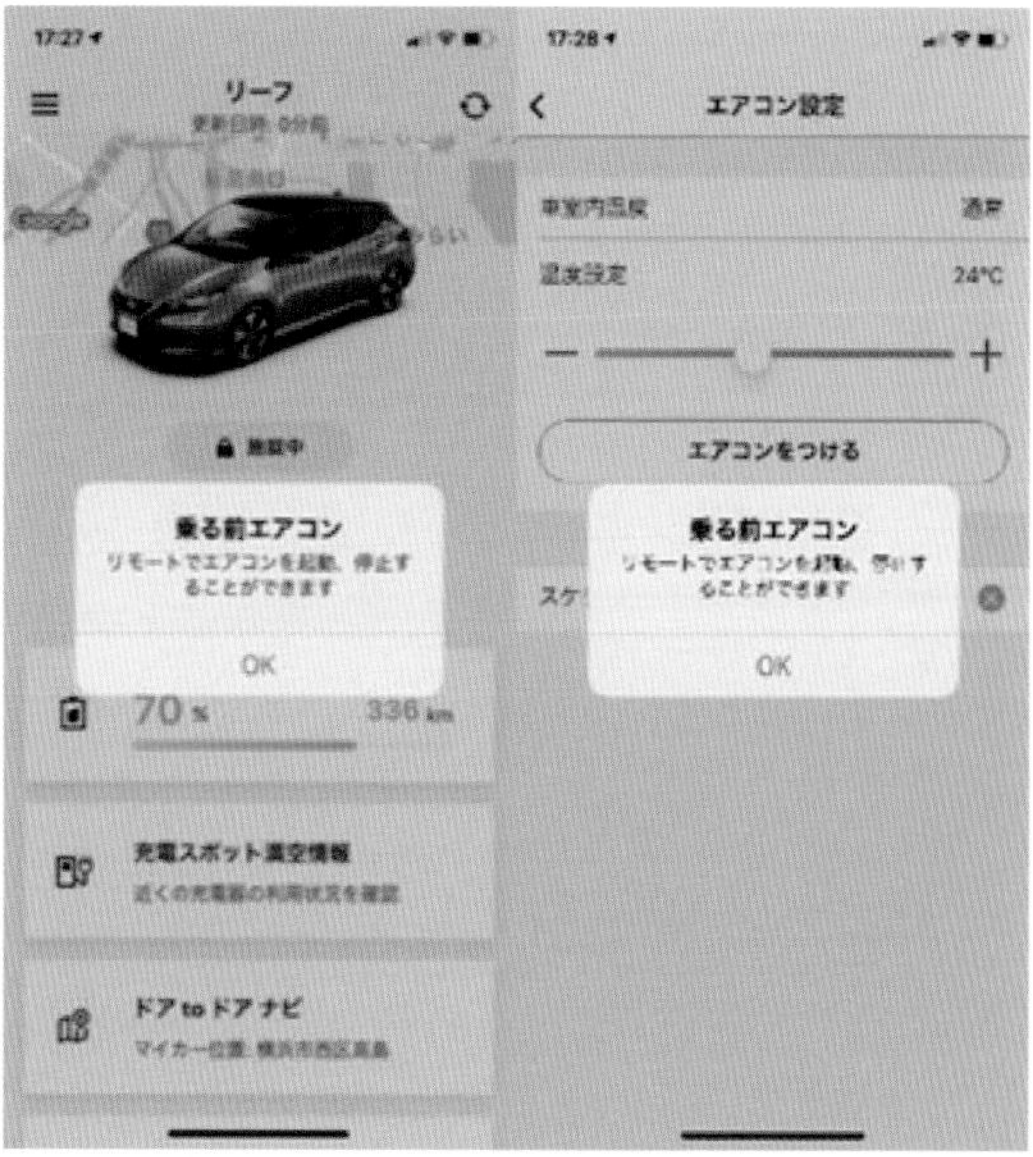

リーフは専用アプリからエアコンの設定が可能
（出典）メディオテック社

ＨＯＭＥの利便性能です。今後も文化シヤッターと共に顧客の満足度アップに貢献する予定です。

また、私が監修しているメディオテック社のミルエコＤＰというＨＥＭＳとの連動で、制御機能付き電動シャッターを遠隔で操作できますので、防火、防災、防犯性能が著しく高いＩｏＴスマートハウスが実現できています。

04 健康で長生きできる換気を考える

ヒートショックが発生しない健康で快適な正圧空気環境

第三種換気システムの排除

この項は家づくりの根源に関わるもので、私が提案する「5つの約束」（①健康を第一に考えた理想の温湿度と正圧の空気環境、②省エネ性能の高い再生可能エネルギー自給率100％、③地震・水害・暴風から家族の命を守る、④家の資産価値を担保する省エネ性能表示、⑤急速に変化する住生活環境に対応できるIoTプラットHOME）の第一項目にある最も重要な内容です。

そもそもなぜ住宅は、断熱性能、気密性能を高める必要があるのでしょうか？　それは住宅内全箇所の温度・湿度を年中一定に保てるようにするためです。それには家中の開口部という壁に開けた穴を極力なくす必要があります。この国の断熱性能の基準には、延床面積に対してどれだけ隙間があるかを示す「C値」から考える「品確法」がありますが、

「ZEH基準」を導入した現在は、「家をまるごと断熱材で包み込む」、つまりハッサクの分厚い皮のような「外皮」で住宅を包み込んで高断熱化を実現する方法を推奨しています。

　私が思う理想の断熱方法はさらに一歩進んで、基礎の内側の「スラブ」というコンクリートの一番底から壁を伝って屋根の内側の小屋裏まで、すべて断熱材で包み込むというもの。もっとわかりやすく言うと、生まれる前のひな鳥にとっての卵のように、家の内側全部に隙間がない状態、断熱材に包まれている状態です。そこで次に重要になるのは、家の内側全箇所を断熱材で埋め尽くした時、ど

図表　負圧と正圧の比較

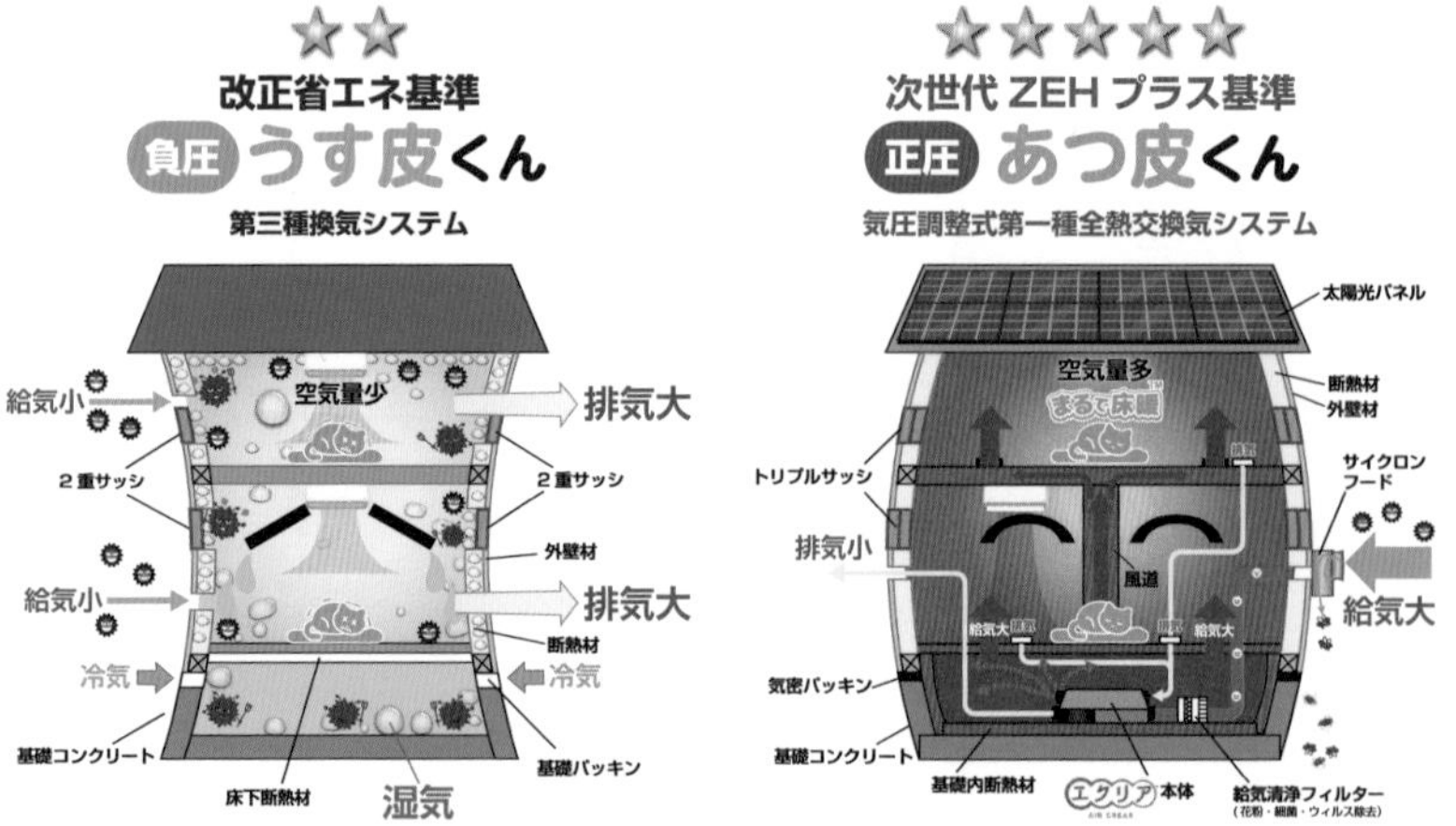

左）給気量は少なく、排気量が多いため負圧という空気不足になりやすい第三種換気の家の状態　右）給気量が多く排気量を自動調整し、正圧で全室同温湿度を保つエクリアで管理された家の状態

うやって呼吸するかということ。実際の卵の殻というのは、外側は硬く、内側は柔らかい不思議な構造です。被膜と呼ばれる薄皮が前述した「透湿防水シート」（P73）のように卵内に空気を通し、湿度管理をしています。

住宅に採用される換気システムはいくつかありますが、最もシンプルで多くの住宅に見られるのが「第三種換気システム」です。これを先程の卵で説明しましょう。家が呼吸できるように、卵に丸い穴を2か所開けたとします。ですが、穴を開けただけでは空気は滞留してしまいます。そこでひな鳥は羽を使って空気を外に出さなくてはいけません。これが、住宅でいうところの「ファン」です。このような装置を使って換気をする仕組みが「第三種換気システム」だと思えばいいのです。

出ていく空気は羽を使ってコントロールできますが、問題は入ってくる空気（自然換気）の量です。第三種換気システムでは、入ってくる空気は自然の風に任せますが、ご存知のとおり風は気まぐれです。どの方向から吹いてくるか見当もつきません。開けた穴に対して正面から吹けば卵に入ってくれます。しかし方向によっては、穴を通過してしまい、入ってきません。卵で言えば、殻の外から親鳥が風を入れないと空気不足になります。

後に記載しますが、「健康に暮らせる家」とは、入ってくる空気量が多く、出ていく空気量が少ない正圧の換気環境を叶えた家です。それを実現するには、入ってくる空気と排出される空気量を機械で調整すればいいのです。冬は外気が冷たいので、そのままの空気を卵の中に入れればひな鳥は凍え死にます。また真夏も熱過ぎて、そのまま空気を入れてしまえば熱中症で水分不足になり息絶えます。これが空気を機械で調整しない「第三種換気システム」だと思ってください。親鳥は、卵の中が熱くなったり冷たくなったりしないよう、風を遮る蓋をしたくなるでしょう。しかし、蓋をすれば空気量が減って呼吸ができなくなります。こんなに理不尽にもかかわらず、大昔から採用されている換気方法が「第三種換気システム」なのです。

私は常々、「壁や基礎、小屋裏だけでなく、開口部となる窓なども断熱性能を高めることが重要だ」と伝えています。しかし、断熱性能を高めれば高めるほど、換気計画をしっかり立てないと空気は家の中に滞留してしまいます。つまり、断熱性能

第三種換気はヒートショックの原因

A 給気ファン

B 排気ファン

（出典）エスイーエー　アプローチブック

と換気性能は同時に考えなければならない重要なポイントなのです。これから皆さんが会われるであろうビルダーの中には「断熱材バカ」と呼ぶべき、材料だけにこだわったビルダーも混ざっていることをお忘れなく。

私がオススメする「第一種全熱交換気システム」については後ほど詳しくお伝えします。

POINT **断熱性能は、断熱材や工法だけでなく、窓や換気法と同時に考えることが重要です。**

建築後のランニングコストを理解する

家を建てた後、一番支払いたくない費用は「メンテナンス」をするための維持費(ランニングコスト)でしょう。この費用をなぜ払わないといけなくなるのかというと「家自身が病気を発症」してしまったからです。またそのまま放置していると、「住んでいる人をも病気にする」からです。

「外壁に黒いカビが付着している家」を見かけたことはありませんか。こうした現象が起こるのは、住宅内の空気量、換気量不足が原因で「壁の中」という見えない部分に「結露」が発生し、断熱材が常に湿った状態になり黒カビが発生しているためと考えられます。

　この外壁材の劣化は、1年を通して比較的寒い、建物の北側の壁に多く見られます。こうした問題を紐解くと、換気（家が呼吸）するための空気量が不足していることが原因のほとんどです。そして、間取り、工法、外観を好きなように建てられるという「我流自由設計」にも問題があります。家を新築する人のほとんどが「ド素人」です。建築主である皆さんが、万人受けするプランから逸脱した家を建てる時に問題は起こりがちです。失敗しないためには、皆さんも勉強するしかないのです。どんなに価格が安くても、建てた後のメンテナンス費用、光熱費というランニングコストなどが多く発生する家を建ててはいけません。

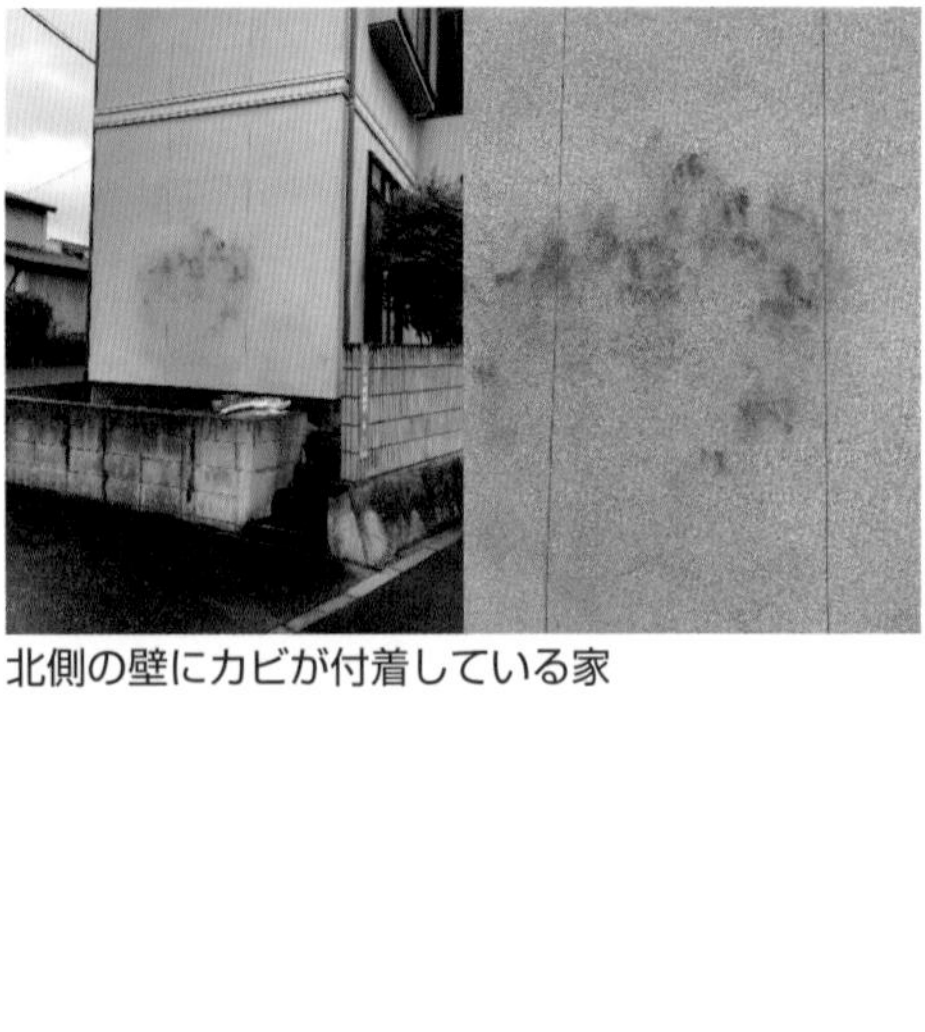
北側の壁にカビが付着している家

　また、このように建ててから「家の病気」が発症した理由や原因を知っているビルダーが非常に少ないという事実もあります。外皮計算すらできない建築士が50％もいるのです。例えば先程の黒カビの原因について、「通気層」に関しては詳しく説明しましたが、建てた家に何らかの不具合が発生している場合、往々にしてその原因はひとつだけではないのです。外壁材の劣化の場合、仮に外壁材を修繕したとしてもまた、同じ場所に同じ問題が発生するということは、家づくりにおいてありがちです。

建てた後にクレームのない家を供給できる優秀なビルダーには共通点があります。それは、自分の家を自分の会社で建てた経験のある人がいること、もしくは常に引き渡した家に対して神経を使ってくれる人がいることです。お客様に引き渡した家が気にならないビルダーを選んだ時点で失敗と言えます。大切なのは巡回メンテナンスをしてくれることだけではないのです。そもそもメンテナンスの必要が少ない家を造れる技術力があるかを見極めなければいけません。

こだわりすぎるのも問題ですが、ひとつとして同じ環境下で建てられる家はありません。その地域や土地の気候風土なども大きく影響するので、一つ一つ柔軟に対応できるビルダーに依頼することが明暗の分かれ道。そして人間と同じように家も歳をとることを考慮して、その家の環境に適した経年劣化の対策をしてくれるかが重要です。

私は20年この業界で生きていますが、まだまだ先人の知恵には頭が下がります。そして経年劣化対策にも先人の知恵を生かすことができます。例えばウッドデッキを造れば、ペンキを塗るのは必須。そうしないと木は早く腐ります。たまに発生する弱い地震でも、経年すれば断熱材の種類によっては下へずり落ちてしまうので、補強が必要です。

これからの家づくりは長期優良・ＺＥＨ住宅が絶対です。予算がない、所得が足りないのなら家を所有しない方がいい場合もあるのです。それが建てた後の維持費というランニングコストに押しつぶされる不幸な人生を送らないための秘訣です。

既にお伝えしましたが、私は今住んでいる家以外に、築12年の大手ハウスメーカーの家を所有しています。当時の価格を登記簿謄本から割り出すと、坪当たり１００万円もした家です。さすがに建物の経年劣化を全く感じません。ただしエコーネットライト規格（ＩｏＴを実現するためさまざまな電気機器に対応している共通の通信規約）になっていない設備はほとんど交換しました。それはＨＥＭＳ（家庭で使う電気を節約するための管理システム）を介してＡＩで制御できないからです。自分が造った家に自分自身が住んでみて、はじめて採用した建材や設備、設計の良し悪しを心から実感できるものです。

国内でこの「Ｓｍａｒｔ２０３０零和の家®」を波及するうちに、もう一度、家を新築して暮らしたいと思う気持ちが強くなり、とうとう58歳で人生４回目の家を建ててしまいました。いい家は住めば住むほど満足感が募ります。

POINT **建てた後のランニングコストを正確に計算しましょう。メンテナンスフリーで何年暮らせるかも、しっかりとビルダーさんに聞くことが重要です。**

家が原因で亡くなる疾患「ヒートショック」

「ヒートショック」という現象があります。家じゅうの温度、湿度が一定にならない住宅に暮らすことで発症する恐ろしい疾患です。家の中を移動する際、急激な温度変化が起こることにより、血圧が大きく変動して失神や脳梗塞、心筋梗塞などを引き起こしてしまうのですが、トイレや脱衣所などで起こることが多いのです。

近年、入浴関連死に関する啓発が積極的にされています。入浴関連死とは、その名の通り入浴中に死に至ってしまうものを指します。人口動態統計によると、浴槽内での溺死及び溺水は、2019年には5166件ありました。入浴関連死としては年間1万9000件ほどあると推計されています。入浴関連死は高齢者に、そして特に冬が圧倒的に多く、自宅で発生しています。脱衣所と浴室の温度差に伴う血管収縮と拡張の影響から、臓器虚血に至るのではないかと考えられています。

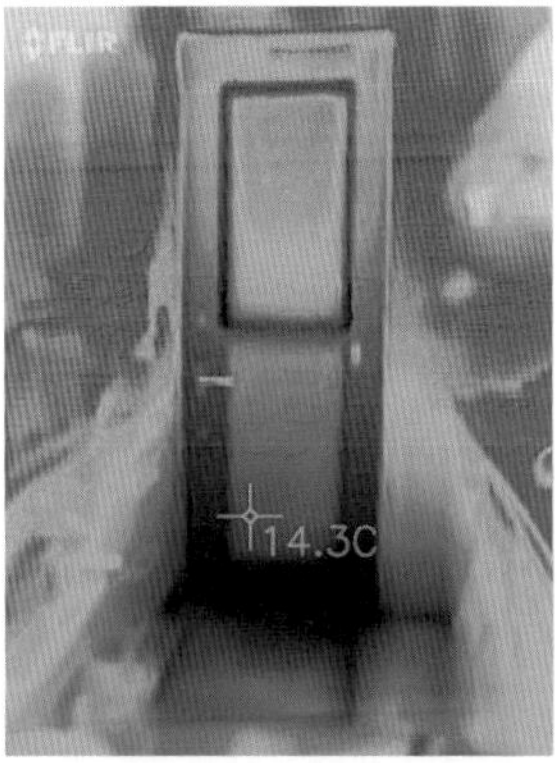

大手ハウスメーカーで建てた以前の家の脱衣所をサーモカメラで撮影したもの。湯気で壁が赤くなり、足元は真っ青に。ドアの向こうが浴室

また、冬は心筋梗塞や脳梗塞、脳出血などの血管病変が多くなってくる時期。浴室内死

亡はお風呂の設定温度が42度を超えると増加します。これは浴槽内で高温による熱中症を発生することが原因のようです。寒い時期は特に、熱いお湯につかりたくなりますが、41度のお湯であれば、10分間入っても体温は38度以下に保たれます。問題は風呂の温度を42度以上にしないと寒く感じる住宅を建てたとき。入浴後、脱衣所が寒いとさらにヒートショックまで起きやすくなります。一昨年前、私もヒートショックを体験したのでわかります。脱衣所が真冬に寒くなるような家を造った建築主であるあなたにも責任があるのです。

以前の家は脱衣所が寒すぎて、冬になると脱衣所に設置している排気口をキッチン用ラップで塞いでいました。脱衣所が寒すぎて浴室から出るには勇気が必要です。湯上りの体を拭いてパジャマを着る作業は浴室でないと凍えるほどでした。当時は、「このままこの家で暮らせば絶対に早死にする」と感じていました。

実は、ヒートショックは北日本より西日本で起こることが多いのです。それは、暖かい西日本の断熱基準の緩さが原因です。家に温度ムラが発生する最も大きな原因は、「第三種換気を選択してしまうこと」にあります。私は絶対に設置してはいけない換気設備は「第三種換気システム（死捨て無）」であると声を大にして伝えているのですが、「換気設備の大切さ」を十分に理解しているビルダーは、まだ多くありません。

なぜなのかというと、この換気設備に関して、建築事務所の「確認申請」の項目には、交換する空気量、消費電力程度しか基準がないからです。

２０２１年４月から施行される改正建築物省エネ法では、こうした換気設備に関しても踏み込んだ数値が必須になります。国もヒートショックのない住宅に着手したと言えそうです。しかし説明義務化だけで、適合義務化ではないのです。

「我々は国が管轄する建築事務所の許可をもらってこの家を建てたのだ。文句があるなら国に言え」と思っているビルダーが多いことに、私は憤りを感じます。それに、すでに第１章のＺＥＨの項でもお話ししたように、せめて外皮熱貫流率を0.6以下という気密性能にさえしていれば、発症件数はもう少し減っているはずなのです。

「正圧」の空気環境で暮らす

紙パックのお茶にストローを入れて飲み続けると、お茶がなくなる時に容器が「クチャッ」と潰れますよね。このお茶パック内の空気量を住宅内の空気量だと思ってください。お茶をストローで飲む（住宅内の空気が排気される）と、

パック内の空気量が住宅の空気量
（イメージ）

お茶の量と同じ分、容器がしぼんでいき(排気される分だけ空気が不足する)、このように空気不足になり容器はしぼみます。

実際の住宅においても同じことが言えるのです。空気は目には見えませんから住宅内にどれだけの空気量があるのか測定しない限りわかりません。それがわが家を見学してもらうと理解できます。まず、住宅内が静かであることに気づくでしょう。床を靴下が擦る音まで聞こえます。そしてどの部屋も同じ温度、湿度です。家づくりで気圧のことをいうと「結構専門的だな」と思うかもしれませんが、健康に暮らすための絶対条件ですから、ここでしっかりと覚えてください。一般住宅に多い第三種換気システムは、外の温度・湿度という熱さや寒さをそのまま住宅内に取り入れるため、家の中の温度・湿度が外の環境と同じ温度、湿度になりやすいのです。

気圧は常に一定になろうとする性質があるので、高気密住宅を建てた場合、外気圧は隙間を探して家の中に入ろうとします。反対に、室内の空気環境をコントロールし、機械(ファン)で室内に空気を吸い込み続ければ風船が常にパンパンになったような状態になるので、外気圧は侵入しません。そして室内から排気される空気量が住宅内に入ってくる空気量より少なくなれば、風船は膨らみ続けるわけです。そうすると、室内の気圧は外の気圧より高くなります。この風船が膨らんだ状態の空気環境を「正圧」と言います。一番わかりやすいのが「ドーム球場」です。

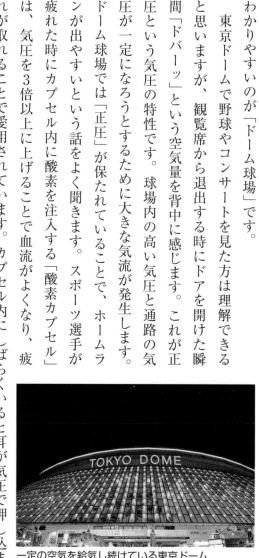

東京ドームで野球やコンサートを見た方は理解できると思いますが、観覧席から退出する時にドアを開けた瞬間「ドバーッ」という空気量を背中に感じます。これが正圧という気圧の特性です。球場内の高い気圧と通路の気圧が一定になろうとするために大きな気流が発生します。ドーム球場では「正圧」が保たれていることで、ホームランが出やすいという話をよく聞きます。スポーツ選手が疲れた時にカプセル内に酸素を注入する「酸素カプセル」は、気圧を3倍以上に上げることで血流がよくなり、疲れが取れることで愛用されています。カプセル内にしばらくいると耳が気圧で押し込まれ、そのまま横になっていると深い眠りに誘われます。私の体験では二日酔いの時に酸素カプセルに入ると、かなり体が回復しました。私は医者ではないので詳しいことはわかりませんが、正圧の環境を整えているわが家では、睡眠時の眠りが深いです。特に妻はもともと頭痛持ちでしたが、低気圧が近づいた時でも頭痛の症状が出なくなりました。

一定の空気を給気し続けている東京ドーム

「エクリア（Ａｉｒ Ｃｒｅａｒ）」という気圧調整式第一種全熱交換気システムは、ダクトパイプで各部屋に圧送する給気方法とは違い、毎秒2.5メートルから6メートルの空気を換気ユニット本体から直接基礎内へ供給（SAサプライ・エア）しています。毎秒2.5メートルから6メートルと給気量に違いがあるのは、外気の温湿度の違いをパナソニック製の換気ユニット本体がIAQ制御により自動で運転モードが切り替わるからです。

家じゅうにきれいな空気を充満させる仕組みは、次のようになっています。まず、換気ユニットから直接ダクトレスで基礎内に給気された空気は、基礎内を充満させた後、逃げ場を探してキッチンの食器棚後ろに造作された幅2.7メートル、奥行き30セン

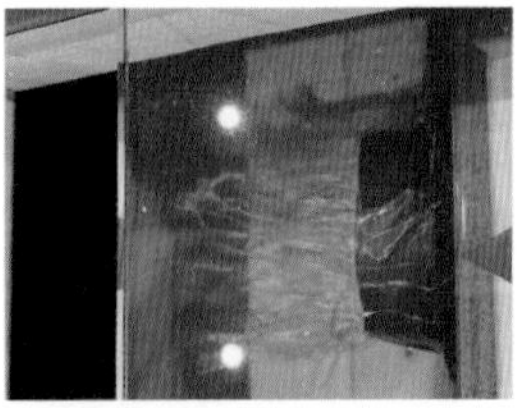
基礎内に毎秒2.5メートルから6メートルで給気

キッチンの壁の後ろにある風道

基礎から2階床下まで空気を送る風道内部（下は基礎）

2階床に設置している「給気口ガラリ」

アーキフロンティアホーム吹き抜けと廊下の手すり

チ以上の「ふかし壁」という風道を通過し、1階天井裏と2階床下の空間へ持ち上がります。その空間をさらに空気でパンパンにした後、逃げ場を探して2階床に設置された給気口ガラリから空気が放出され続け、2階全室を充満します。居室のドア下のアンダーカットという隙間から廊下へ空気が放出されます。その後、廊下にある吹き抜けと隣接した手すり下の隙間から「吹き抜け」へと空気が流れ込んで1階と2階の空気が合流します。

トイレと脱衣所には、住宅内の空気を吸い込むための排気用（RAリターン・エア）ガラリを設置することで、給気された空気はその排気用ダクトから換気ユニット本体へ戻ります。汚れた空気だけが外に排気（EAエキゾースト・エア）されてエアコンが創り出した冷気暖気はそのまま住宅内に戻されます。家に取り入れる空気量を多くして、家から排気される空気を少なくしないと、ドーム球場の空気や風船は縮んでしまいます。そうならないようにするには、換気ユニットが別々に動く2台のモーターが必要なのです。これについてはこの後詳しく説明します。

できることなら皆さんに住宅販売のトップセールスマンレベルの知識を身につけてもらいたいですから、頑張って読み進めてください。

「正圧」をうまく取り入れる

４人家族の家では平均して1日10リットル以上の湿気を出しますが、第三種換気システムでは空気の処理能力が足りていないのです。第三種換気システムの空気の取り入れ口（室外吸い込み口〈ＯＡ〉アウトドア・エア）は、自然任せで開口部の位置や方角もまばらですし、隣地に家が建っているような風通しの悪い環境ならば、さらに吸い込み量（空気を住宅に取り入れる量）は減ってしまいます。

つまり、家の中に取り入れる空気は自然任せなのに、室内のファンは24時間運転させて排気しているので、家の中は常に空気量の少ない「負圧」の状態となっています。こうなると家の中の空気は停滞してしまい、場所ごとに温度差ができてしまうのです。本来なら空気の取り入れ口は開放したままにしなければならないのですが、冬の寒さ・夏の暑さがそのまま流入するのを防ぐため、第三種換気システムの家で暮らしている方のほとんどは、この外気吸い込み口を閉め切っています。当然ですが空気は淀み、湿気は増え、臭いも発生します。このことが原因で壁内結露が発生してしまいます。ヒートショックや、外壁材・断熱材に発生するカビの原因にもなるのです。すべては家が呼吸できていないことによります。

図表　家族の健康には換気が大切

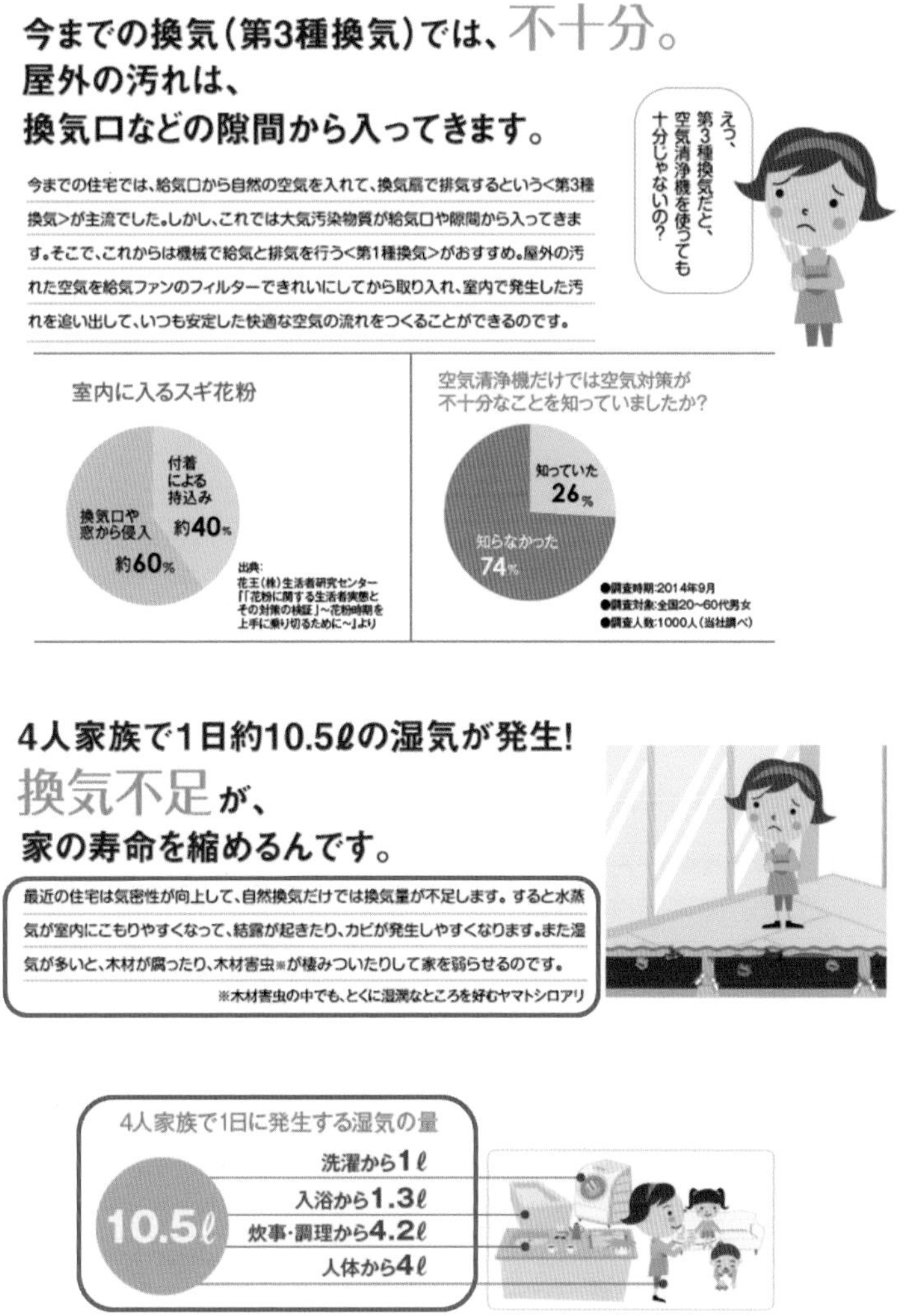
今までの換気（第3種換気）では、不十分。
屋外の汚れは、
換気口などの隙間から入ってきます。
えっ、第3種換気だと、空気清浄機を使っても十分じゃないの？
今までの住宅では、給気口から自然の空気を入れて、換気扇で排気するという<第3種換気>が主流でした。しかし、これでは大気汚染物質が給気口や隙間から入ってきます。そこで、これからは機械で給気と排気を行う<第1種換気>がおすすめ。屋外の汚れた空気を給気ファンのフィルターできれいにしてから取り入れ、室内で発生した汚れを追い出して、いつも安定した快適な空気の流れをつくることができるのです。
室内に入るスギ花粉
付着による持込み 約40%
換気口や窓から侵入 約60%
出典：花王（株）生活者研究センター「「花粉に関する生活者実態とその対策の検証」～花粉時期を上手に乗り切るために～」より
空気清浄機だけでは空気対策が不十分なことを知っていましたか？
知っていた 26%
知らなかった 74%
●調査時期:2014年9月
●調査対象:全国20～60代男女
●調査人数:1000人（当社調べ）
4人家族で1日約10.5ℓの湿気が発生！
換気不足が、
家の寿命を縮めるんです。
最近の住宅は気密性が向上して、自然換気だけでは換気量が不足します。すると水蒸気が室内にこもりやすくなって、結露が起きたり、カビが発生しやすくなります。また湿気が多いと、木材が腐ったり、木材害虫※が棲みついたりして家を弱らせるのです。
※木材害虫の中でも、とくに湿潤なところを好むヤマトシロアリ
4人家族で1日に発生する湿気の量
10.5ℓ
洗濯から1ℓ
入浴から1.3ℓ
炊事・調理から4.2ℓ
人体から4ℓ

（出典）パナソニック株式会社「スマートウェルネス換気をはじめませんか？」より作成

特にコロナ禍で、厚生労働省は「窓を開けて空気の入れ替えを30分おきにしてください」と、健康管理を訴えています。しかし実際は、第三種換気システムの場合、換気をすると夏は冷房で冷やした空気が逃げ、冬は暖房で暖めた空気が逃げるので、みんな億劫になってしまいます。また、夏の熱気と冬の冷気が直接流入する第三種換気システムでは、冷暖房負荷が必要以上にかかるうえに空気不足になり、健康面においてもいいことは全くないのです。

POINT

外気温の影響を直接受ける第三種換気システムでは、家の中に大きな温度差が生じ、ヒートショックが起こります。また、部屋の暑さや寒さを理由に、第三種換気システムの給気口を閉め切ることで、空気、換気不足も発生します。

下の図を見るとわかる通り、第三種換気システムの場合、冬で考えると、換気口、窓などの開口部付近が極端に寒く、暖房機器周辺が極端

図表　第三種換気は寒さや暑さがどんどん入る

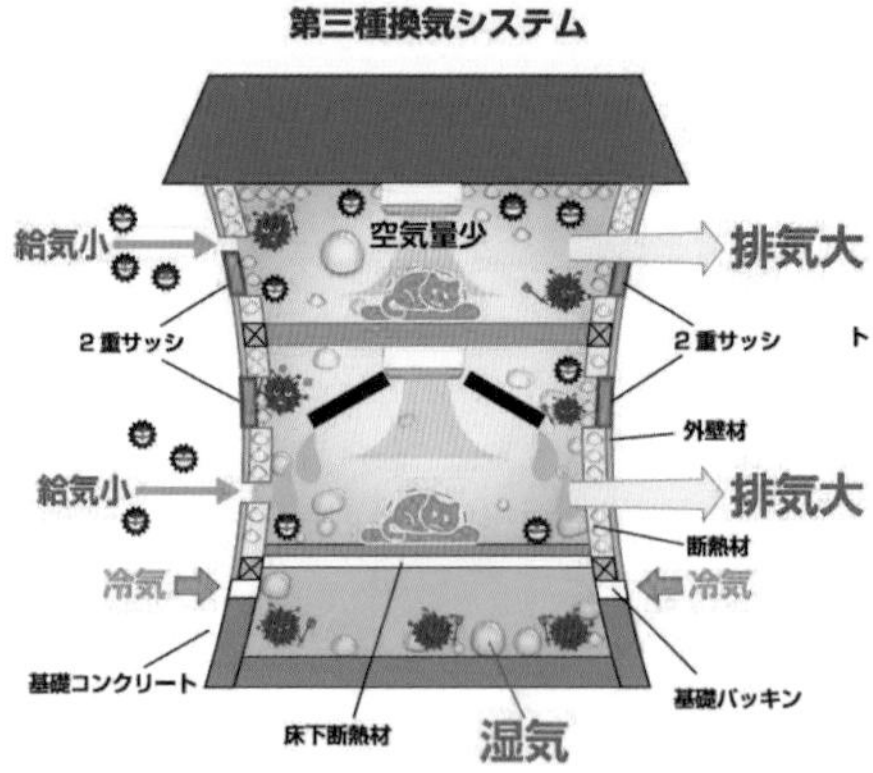

（出典）エスイーエー　アプローチブック

に熱いということになり、家の中で寒暖差が生じています。これは「ヒートショック」が起きやすい環境です。

この第三種換気システムは、「24時間換気設備」という別名がついていますが、先程もご説明した通り、暑さ寒さを回避するために室外吸い込み口を閉め切ってしまうことで常に負圧の状態となり「ヒートショック発症機」と化します。それなのに、なぜ多くのビルダーは、この第三種換気システムを採用するのでしょうか。答えは簡単です。換気性能よりも仕入れ価格の安さや断熱性能だけにこだわり、空気環境については勉強していない顧客（ビルダーを含む）が多いことから、ビルダーの餌食になっているのです。

後の項目で詳しくお伝えしますが、私が推奨する換気方法はこの「正圧」を住宅内にうまく取り入れたものです。パナソニック気調式換気システムをベースに、ノースビルドジャパンがダクトレス工法で一邸毎に換気計画設計する、北海道の厳寒地で研究開発された「気圧調整式第一種全熱交換気システム」の「エクリア（Ａｉｒ Ｃｒｅａｒ）」を使用したものです。

気圧調整式第一種全熱交換気システムに切り替える

気圧調整式第一種全熱交換気システムでは、給気、排気ともに外気の温湿度、住宅内の温湿度を計測するパナソニックＩＡＱ制御で換気をします。そのため、空気の循環がとても安定しており、室内を「正圧」に調整するのも簡単です。ただし、第三種換気システムに比べて高価になりますが、私は未来のランニングコスト（メンテナンス費、医療費など）を考えた場合、かえって割安になると考えています。

下の図は、私が5回目に購入した大手Ｍホームの家の２０２０年8月中旬から9月中旬の１か月の消費電力の数字です。最近よく耳にする「全館空調」と呼ばれる換気システムの家ですが、工場などで使う動力での電力契約なので、１か月で

図表　わが家の１か月の消費電力（2020年8〜9月）

Direct Power

プラン名	低圧電力(動力)
対象期間	2020/08/18〜2020/09/14
契約電力	6kW未満
引落し予定日	クレジットカード会社の指定日に準ずる
ご請求予定金額	49,751円（税込）
ご使用量	1915 kWh

（出典）メディオテック社

1915キロワット時以上という最悪の自家消費電力になっています。この全館空調のためだけに、おおよそ5万円も電気代を支払う家なのです！ 築12年とはいえ、大変な金額です。

この空調は大手空調会社の独自開発製品で、1階Aゾーン、2階Bゾーンという分け方で、家の至る場所を2台の空調が管理しています。この本体は、2台とも2階の小屋裏に設置されています。そこからつながる太いダクトは、まるでアナコンダのように何重にも重なり合い、どのダクトがどの部屋へつながっているのか全く分かりません。しか

左）2.4メートルの天井にあるOA　右）蓋を開けて筒状のフィルターを引き出す

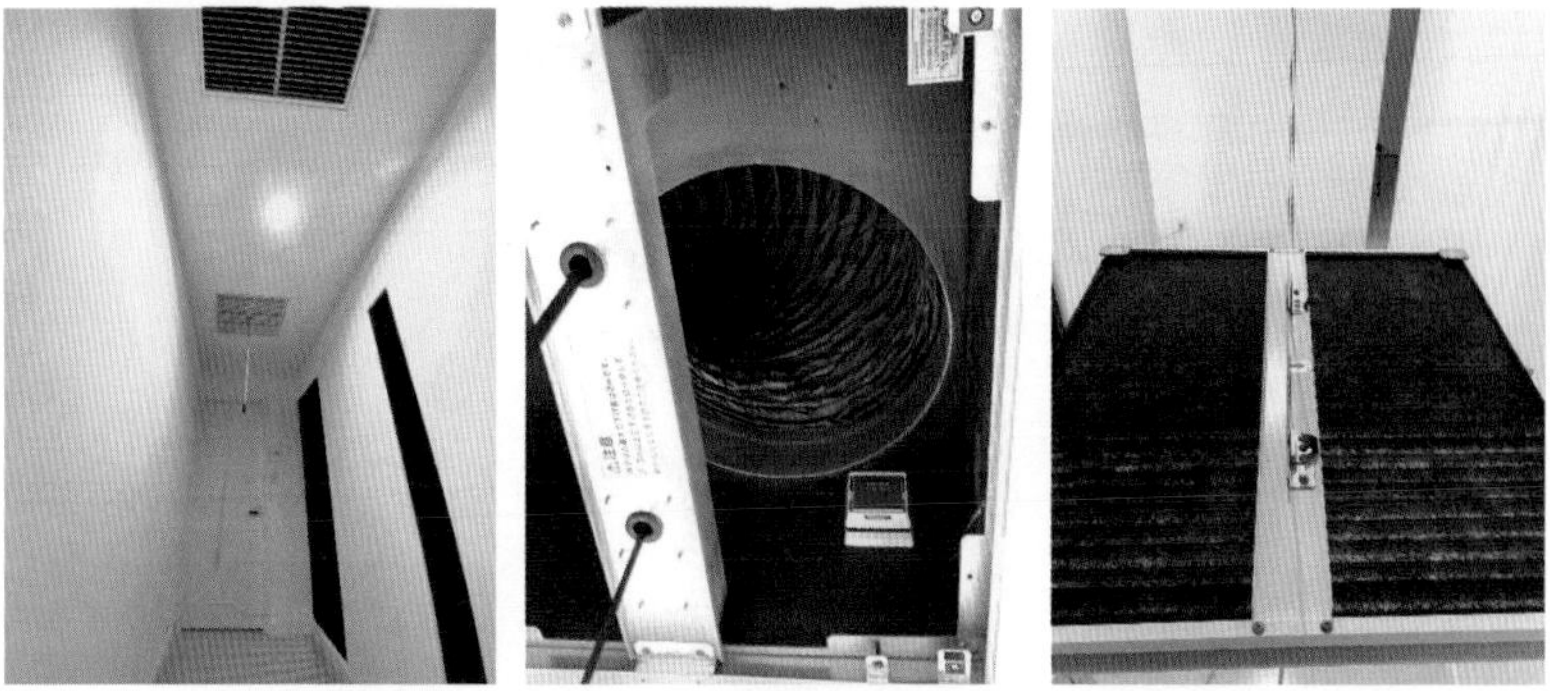

左）2.4メートルの天井からフィルターを吊り下ろす　中）住宅内の空気の吸い込み口（RA）　右）掃除機をかけた後のフィルター

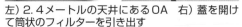

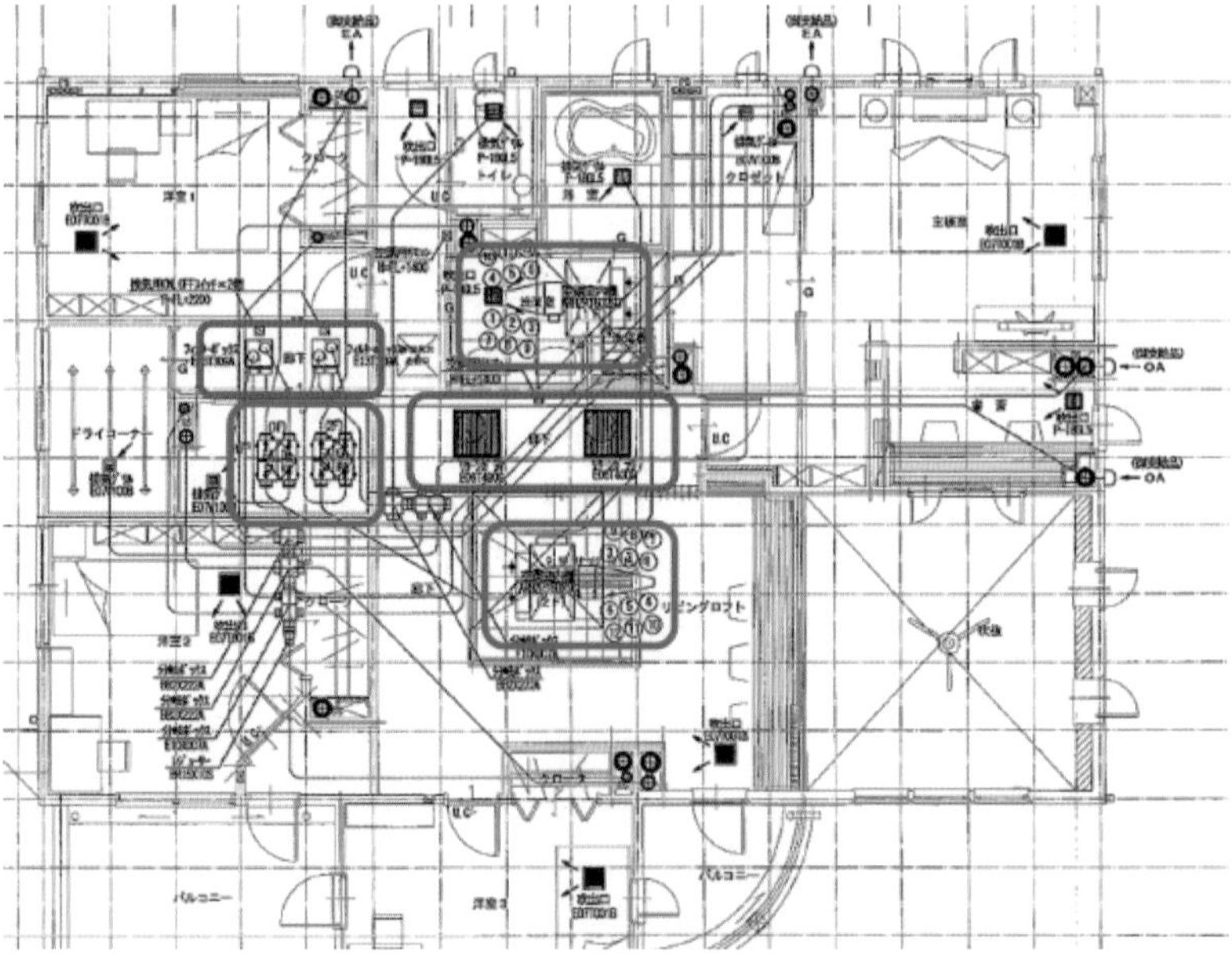

全館空調の図面

空調室内機と第一種換気システムが２セットＡゾーンＢゾーンと設置

もこの空調設備と別に、第一種全熱交換気システムがそれぞれに2台接続されているという有様です。

こうした事例は床暖房を標準仕様で販売をしているハウスメーカーに多く見られますが、そもそも「電気料金が高くなるから床暖房は使用していません」というもったいない話も聞きます。つまり、性能も大切ですが、消費電力を考慮した換気設備の選択が重要であることをお伝えしておきます。

前頁（P124）の図面は、現在住んでいる大手ハウスメーカーの換気図面です。この家の2階の小屋裏には、全館空調の換気ユニットや空調設備に大蛇のようなダクトが張り巡らされています。青の枠線にある全館空調機と換気ユニットは1階と2階用に2セットあり、1か月の電力使用量（動力という工場などで使う電力）は1か月で2000kWh、約5万円かかります。2021年4月に施行される改正建築物省エネ法の基準から考慮すれば、適合はむつかしい空調設備でしょう。暮らす人のことなど、全く考えられていません。

そして、この家のメンテナンス係である私の作業は、1か月に2回ほど、妻や娘では作業できない2.4メートルある2階廊下の天井から室内吸い込み口（RA）の2か所、外から外気を取り入れる吸い込み口（OA）の2か所を開けて清掃作業を行わないと、ほこりが溜まるため換気性能が落ちて光熱費が上がってしまうのです。

気圧調整式第一種全熱交換気システムを選ぶポイント

北海道北見工業大学とパナソニック、ノースビルドジャパンの新宮玲先生の共同開発によって完成した北海道型住宅に採用されている「エクリア」という空気環境技術についてご説明します。

わが家でもこの気圧調整式第一種全熱交換気システムを設置して1年以上の実験をした結果、メーカーのカタログにある換気性能以上の効果があることがわかりました。私は実際に第一種全熱交換気システムに関して既に4社以上の製品を自宅に設置してきましたが、満足できたのは、このパナソニック製の気調システムを駆使した「エクリア」だけです。

換気ユニットで重要なのは、「正圧」というヒートショックを抑制できる空気環境を作り出す換気本体の風速と風量です。そして、設置後のメンテナンスをできるだけしなくても済むように考えてあるかどうかです。通常の住宅では基礎内に空気が通う床用断熱工法を採用するために、第一種全熱交換気システム本体を1階の天井裏に設置する場合が多いのです。2回目の家で体験しましたが、脚立を準備して最低でも2週間から1か月に1回は、フィルターに詰まった虫やほこりをクリーニングしなければファンの音が大きくなり効果を発揮しません。この清掃をできるだけしなくてもいい全館空調を探し求めていました。

それともうひとつ重要なポイントは、エアコンがもしも故障した場合でも、メーカーが無料でメンテナンスをしてくれる設置基準であることです。そうしたさまざまな設置後の問題にぶつかっていくなかでたどり着いたのが、ノースビルドジャパンの「エクリア（Ａｉｒ Ｃｒｅａｒ）」でした。

メンテナンス法やダクトにも注目

私の2回目の家で採用した換気システムは、1階の天井裏に換気ユニットが埋め込まれていて1台のモーターで空気を取り入れるタイプでした。近くに田んぼがあったため、外気吸い込み口からは昆虫や蚊などが入ってしまい、月に1回は脚立を出して天井のフィルターを外して、換気ユニットに付着した昆虫、ホコリを掃除していました。換気ユニットが天井にあるためフィルターのカバーを開けたとたん、昆虫の死骸、ホコリが頭や顔に落ちてきて大変な目に遭いました……。

通常設置される第一種換気システムのデメリットには、この換気ユニットのフィルターの清掃のわずらわしさがあることをぜひ理解してほしいと思います。

　そこでオススメなのが、「エクリア」とつないで使える直径15センチの断熱材入りの室外吸い込み（ＯＡ）サイクロンフードです。このフードを排気（ＥＡ）口と違う方角の壁に設置します。なぜなら同じ方角の外壁に、室外吸い込みダクトと排気ダクトを設置すると、住宅内から排出される汚れた空気を再び近くにある室外吸い込みダクトが吸い込んで

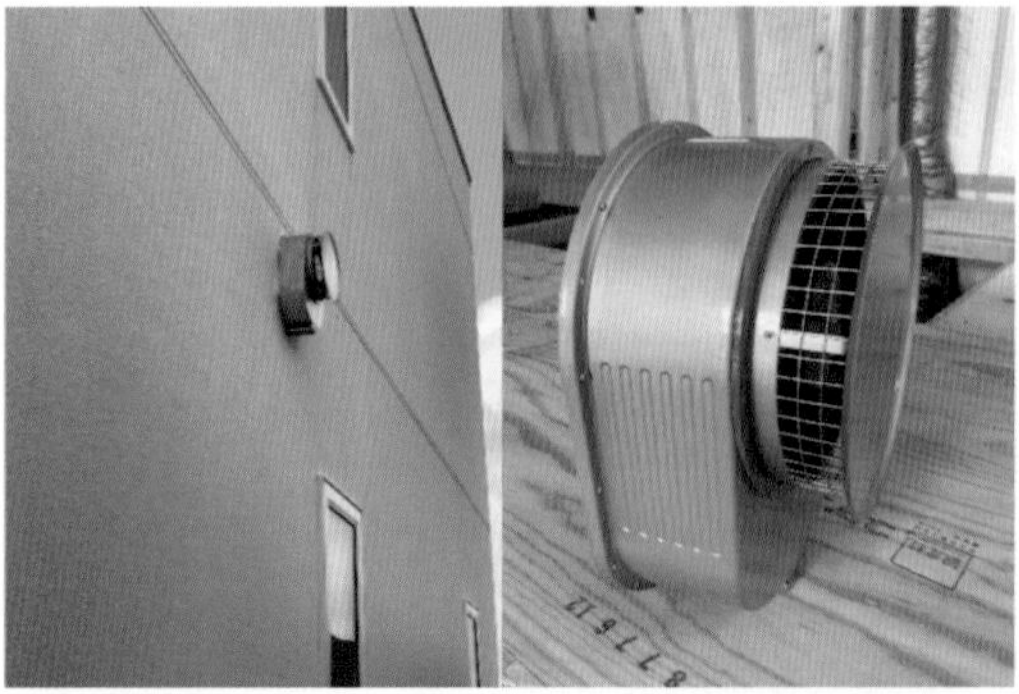

給気する際に虫などを粉砕するサイクロンフード

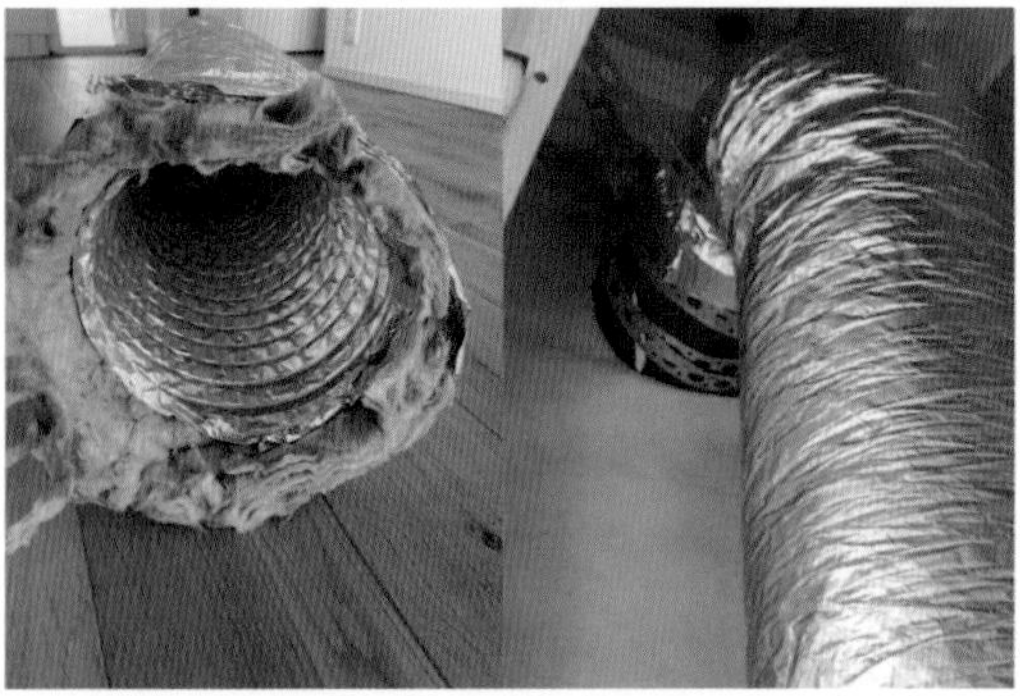

左）室外吸い込み（OA）、右）室内吸い込み（RA）、排気（EA）に採用されている断熱材入りダクト

虫などが一切付着していない給気清浄フィルター内部

しまうからです。

　この室外吸い込みサイクロンフードがどうすごいのかというと、「エクリア」の換気ユニット本体では、外気を吸い込む力で下図のように渦巻のような気流を発生させることができ、換気ユニット本体の給気モーターの吸い込む力はアップするのに電力は全く使われません。

　その証拠に前頁（P128）の下の写真をご覧ください。わが家はサイクロンフードから外気を取り入れていますが、築1年でもこのように、フィルターには虫などが全く付着していません。また0.5マイクロメートルまでの細菌やウイルスなどを除去できる給気清浄フィルターは、PM2.5や花粉なども除去してくれます。

　外気を住宅内に給気する際は、ダクトというホースの性能も大切です。

　次頁の写真はエクリアに使用されている直径15センチの断熱材入りの室外吸い込み（OA）、室内吸い込み

図表　サイクロン式給気フードの仕組み

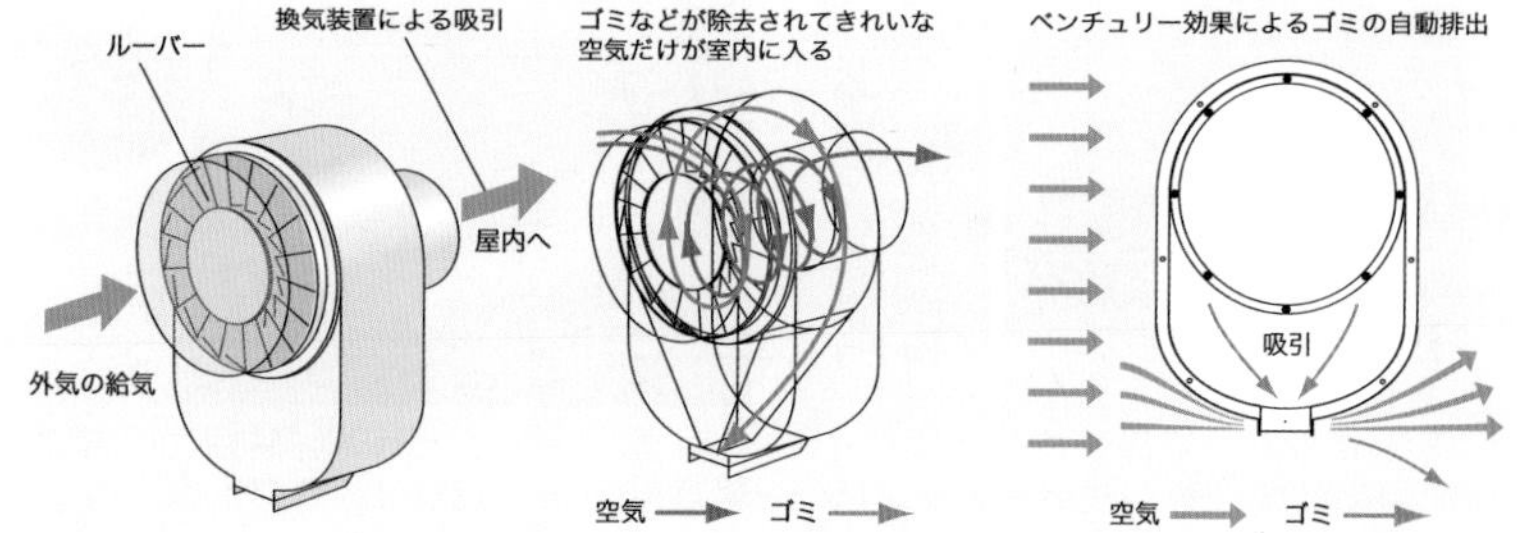

（出典）日本電興株式会社

（ＲＡ）、室外排気（ＥＡ）用ダクトです。右は一般住宅によく使われるキッチンホイルのようなアルミでできている直径10センチの給気用（ＳＡ）ダクトです。このダクトを基礎や天井裏の隙間に、ホース状に何本も設置するのが、通常の第一種換気システムの工法です。

こうした第一種全熱交換気システムの場合、換気ユニット本体から離れた部屋に設置した給気口ガラリの風量を計測すると確実に風量が下がっています（下記写真参照）。そうなると空気の圧送量が減ることで部屋ごとの温度、湿度に変化が発生します。国内のほとんどはこのダクト式工法です。メンテナンスも考慮すると維持が大変だということを覚えておいてください。

一年を通したＩＡＱ制御による湿度・温度調整

ご存じのように日本には四季があり、外から取り入れる天然の空気の温度・湿度は一定ではありません。

住宅内をはうように設置される直径10センチの給気ダクト。通常はチャンバーで給気を各部屋に分岐するため風量が落ちる

（左）直径15センチの断熱材入りの排気・給気用ダクト（右）10センチのアルミ製の排気・給気用ダクト

春の4月、5月、6月。秋の10月、11月くらいだと、外の気温と住宅内の設定温度が同じくらいの日もあるでしょう。これ以外の月は寒い、暑いわけですから外気を直接住宅内に取り入れることはありえません。つまり、外気をそのまま住宅内に取り入れることが、そもそものリスクの始まりなのです。花粉やウイルス、PM2.5なども直接住宅内へ給気されるとなれば大変です。外の暑さ、寒さは自然現象ですからどうしようもありません。ではこうした問題をどう解決するのかをご案内してまいります。

まず、ダイキン工業が行ったアンケートを見ていきましょう。次頁に示

（出典）エスイーエー　アプローチブック

すのは全国の男女529人に聞いた「換気に対する意識調査」の結果です（2020年10月ダイキン工業調べ）

・「自分の家で換気ができている」と思う人は、83・9％。

・「冬場、自分の家で窓開け換気をしたい」と思う人は、75・0％。

下記のように、「あなたの家では、換気ができていると思いますか」という質問に対して、「十分できている」31・2％と「どちらかというとできている」52・7％をあわせて、自宅で「換気できている」と考えている人は83・9％にのぼりました。

これは半年前の2020年4月に実施した換気の実態調査に比べて、換気を「十分できている」、「どちらかというとできている」をあわせて9.4ポイント増えていました。新しい生活様式のひとつと

図表　換気に対する意識調査

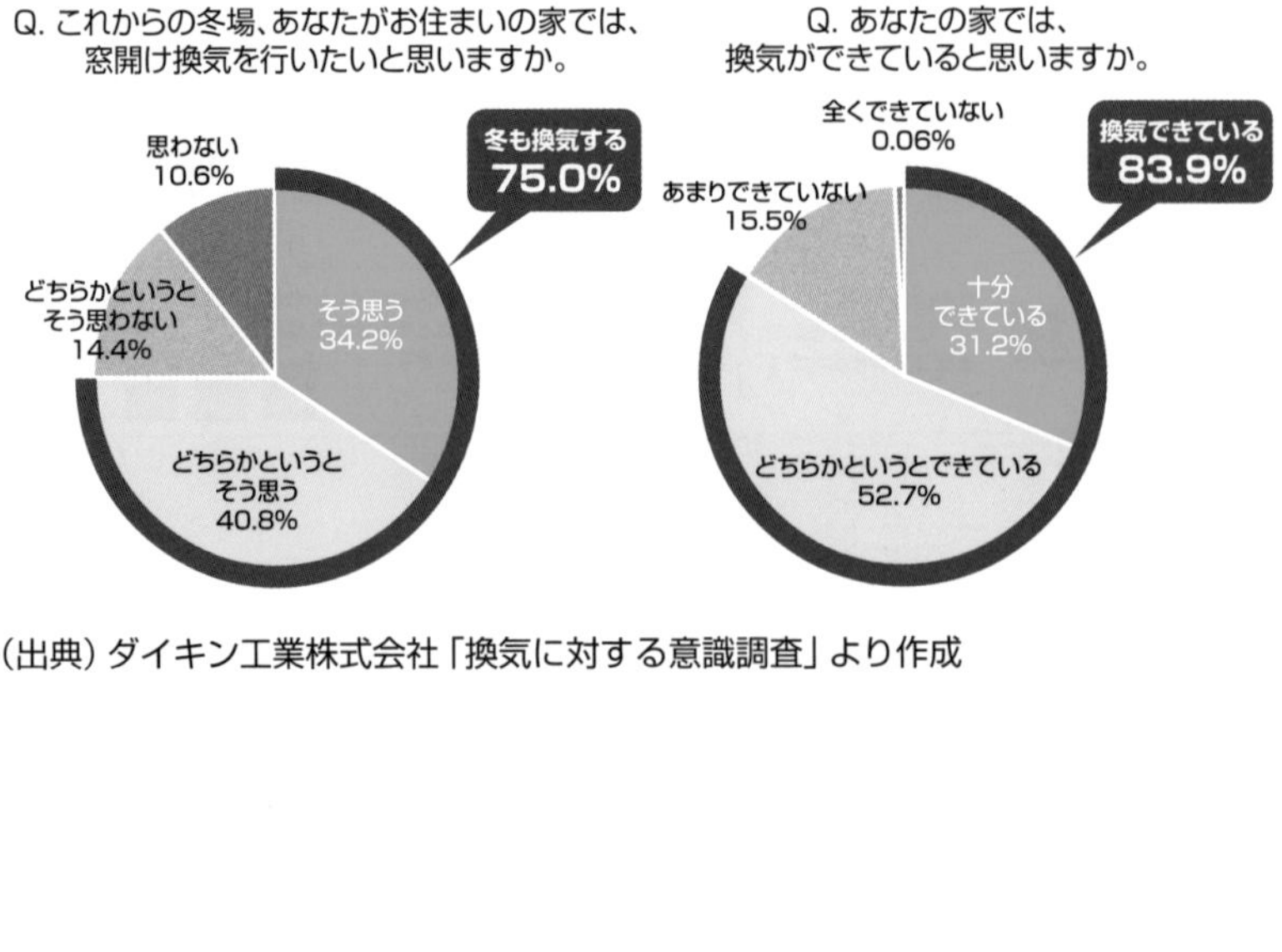

（出典）ダイキン工業株式会社「換気に対する意識調査」より作成

して、換気が習慣化していることがわかります。

「冬場、あなたがお住まいの家で窓開け換気を行いたいと思いますか」という質問に対して、「そう思う」34・2％、「どちらかというとそう思う」40・8％と、「冬も換気をしたい」と思っている人が合計75・0％にのぼり、4人に3人が窓開け換気をしたいと回答しました。

気圧調整式第一種全熱交換気システム「エクリア」とは

下のモニター画面は、パナソニック気圧調整式第一種全熱交換気システムを採用したわが家の「エクリア」の2020年1月18日16時の画面です。

左の写真は、外気温が7度で湿度は69％。中央の換気マークは「X」上になっており、「湿度コントロール」で熱交換をしていることを告げています。さらに右の住宅内の温度モニターをご覧ください。黒い■は外気温、□は住宅内の温度、＋は基礎内部の温度を表示しています。

このように外気温が変化しても、一日中家を一定の温度

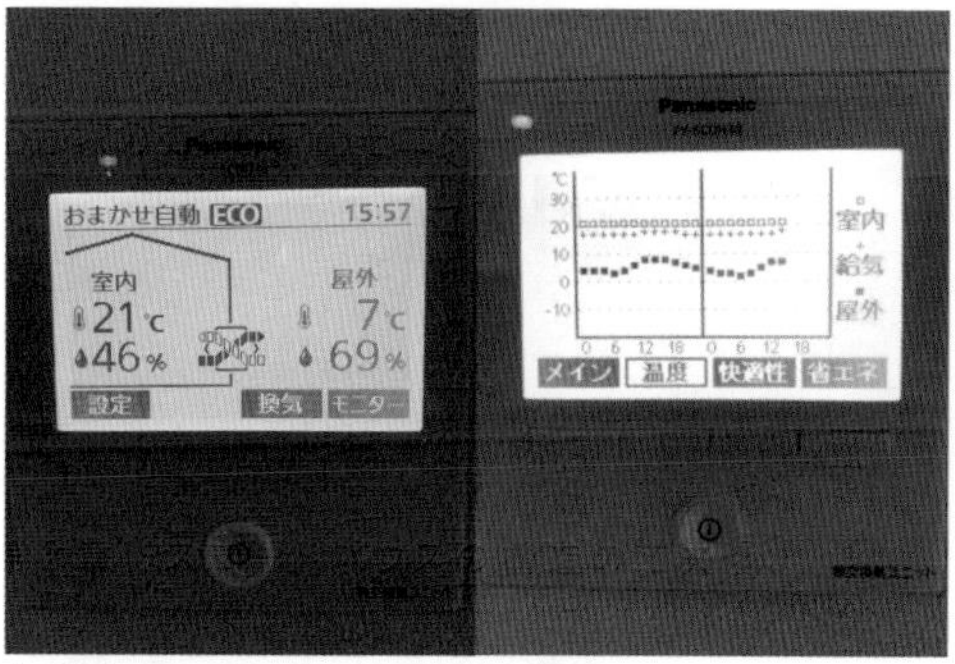

わが家のエクリアのモニター画面

に保つことができるのです。その秘密は「湿度」。空気中の湿度を下げられれば、冷気温度は上がって寒さは和らぎ、逆に暑い時は温度が下がります。

人は寒くて手がかじかんだ時に「はあーっ」と口から温かい息を吹きかけます。熱いうどんを冷ます時には「ふーっ」と冷めた息を吹きかけます。では、紙を巻いて筒状にした穴に冷気を思いきり「ふーっ」と吹きかけるとどうなるでしょうか。実は、持っている筒状部分が熱くなるのです。これは息に含まれた水分を紙が吸うことで、手に持っている部分が温かくなるという原理です。つまり、外が真冬で寒い場合、住宅内にその冷えた空気を直接採り入れるのではなくて、潜熱と言う空気に含まれる湿気を取り除いて採り入れることで冷気の温度が上昇するのです。また真夏も同様に、湿度の高い暖気をそのまま住宅内に吸い込めば、エアコンはフル稼働で冷房運

図表　全熱交換素子の構成

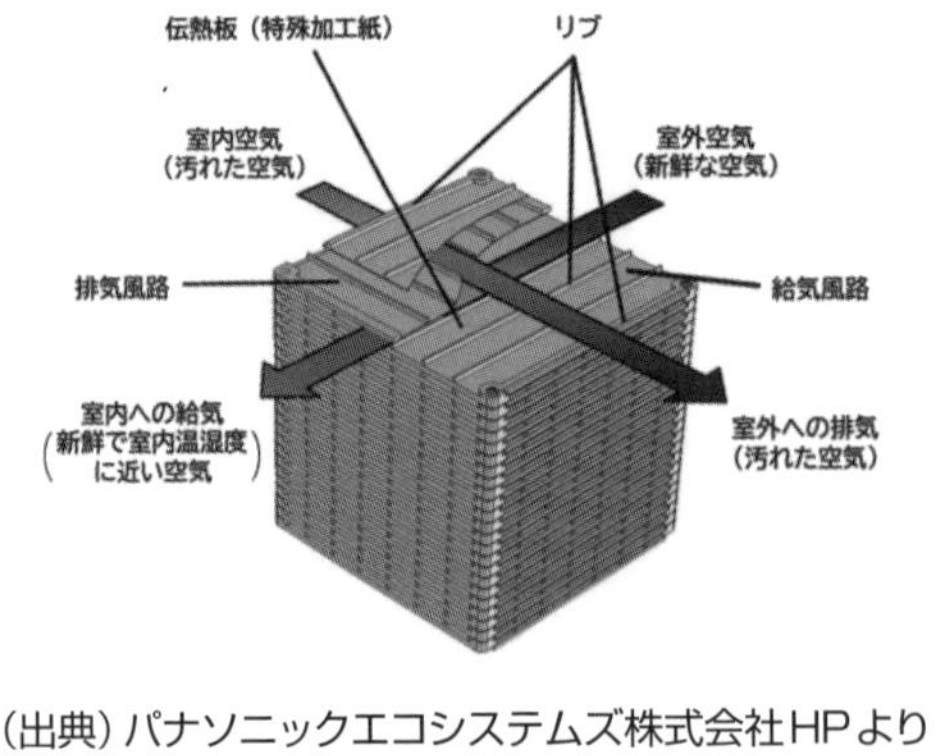

（出典）パナソニックエコシステムズ株式会社HPより

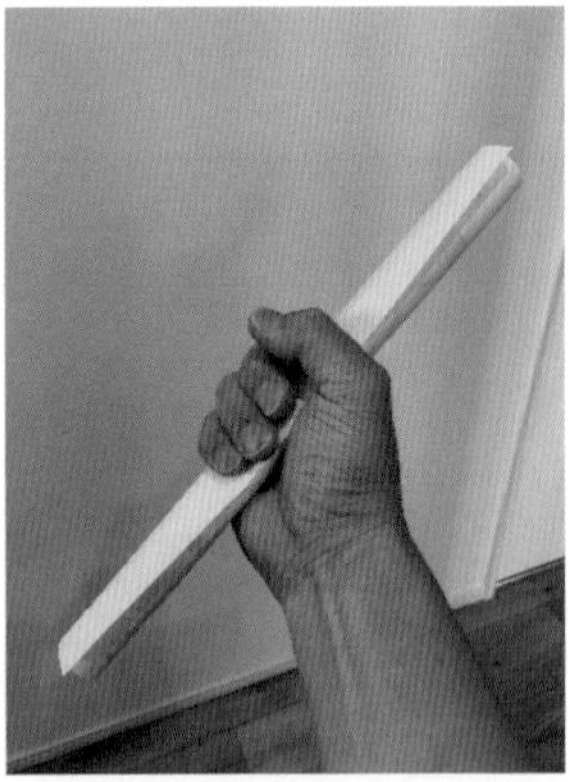

紙の筒を丸め息を吹き込むと手の部分が熱くなる

転し続けるでしょう。これも換気ユニットの対向流全熱交換素子というフィルターを通過させることで湿度と温度が下がります。

下の写真は、換気ユニット本体のカバーを外した内部の写真です。私のモデルハウスではこうしたエクリア本体の実機をご覧いただけます。

この写真の中央にあるのが、先程説明した「紙の筒」にあたる、「対向流全熱交換素子」という大きなスズメバチの巣のようなものです。実際の蜂の巣も、年中同じ温湿度を維持できています。それは六角状の同じ間隔で幾層にも配置された巣穴に、蜂の羽で風を送るから。同じような仕組みをこのエクリア本体も用いています。熱交換素子は複数枚の「伝熱板」という特殊加工紙で間隔を空けて構成されています。室内の汚れた空気と室外の新鮮な空気を伝熱板の間に交互に流すことで、換気を行いながら伝熱板を介して熱と湿度を回収します。ポイントは外気に含まれている湿度の水分授受速度を速めていることと、この特殊加工紙の厚みを65マイクロメートルまで細密化できていることです。

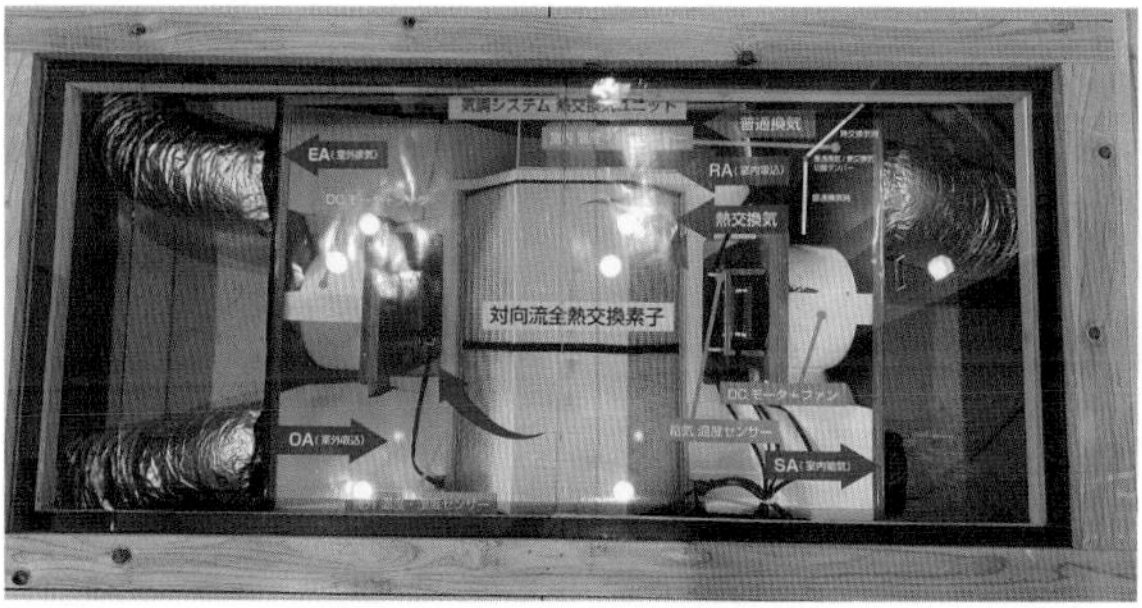

換気ユニット本体の内部（上越中央展示場）

熱交換時の消費電力についても、モーターが2台もあるのに熱交換時で0・175キロワット（300時間運転）という超省エネ性能なのです。

左下の写真は、わが家の2020年5月13日のエクリアのモニターです。「＝」状の記号は普通換気を示しています。■が示す外気の温度と□が示す室内の温度の開きが小さい晩春や秋になると、湿度調整せずに室内にきれいな空気を取り入れる「普通換気」と、湿度調整をした適温を住宅内に取り入れる「熱交換気」のどちらを行うべきか、換気ユニット本体に設置された2か所の温度センサーと湿度センサーが判断します。このようにそれぞれの換気を繰り返しながら理想の空気環境を維持してくれるのが、ＩＡＱ制御の機能を搭載した第一種全熱交換気システムなのです。

ここで注意すべき点は、花粉やウイルスなどが混じった空気を住宅内に給気しないことです。

「花粉は『春一番』が吹く春先に多く発生する」は遠い昔の話です。花粉は年中私たちの暮らしを脅かす時代なのです。

第三種換気システムでは、温度・湿度を調整していな

IAQ制御により春秋は熱交換をしない。白い矢印が給気量で黒い短い矢印が排気量。この状態で正圧を維持できている

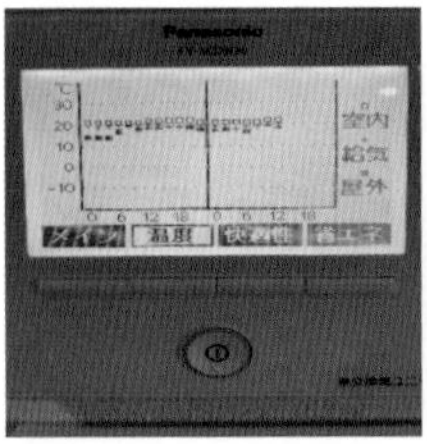

■が外気、□が住宅の温度、＋が基礎内の温度を示している

い外気を住宅内に取り入れてしまいます。よって、外気の花粉やウイルスなども直接住宅内に取り入れることになるので、寒さ、暑さ、ジメっとした湿気はもとより、偏西風に乗ってやってきた黄砂、PM2.5、さらに下の表のように年中発生する花粉、ウイルスをも住宅内に侵入させます。こうした人体に悪影響を及ぼすものを直接外気吸い込み（OA）口から家の中に取り入れてしまう第三種換気システムはろくなものではありません。このエクリアでは「普通換気」でも、給気清浄フィルターが0.5マイクロメートルという細菌まで除去しますから、家の中では「マスク」を外しても鼻がムズムズしない

図表 花粉カレンダー（関東エリア）

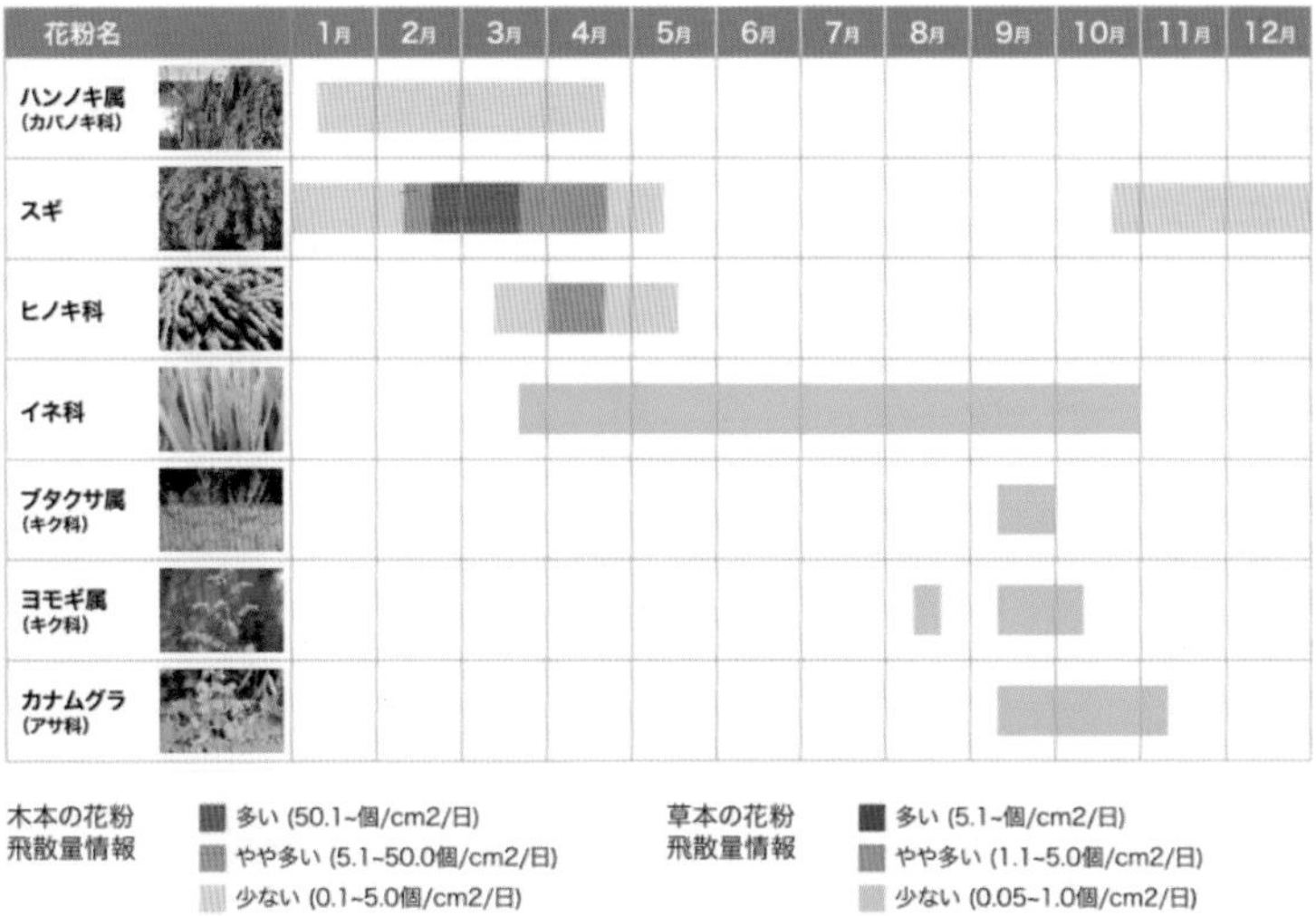

（出典）日本花粉学会会誌2020；65（2）55-56より改変

のです。

住宅内の空気量を一定に保つ（＝正圧を維持する）ためには、外から取り入れる「給気」量を多くして、家から排出される「排気」量を少なくしなければなりません。簡単にわかりやすくお伝えするなら、先ほど説明した「東京ドーム」のようなイメージです。常に一定の空気を給気し続けて風船を常に膨らませているような住宅です。あるいは、先程ほどお話しした酸素カプセルの中で暮らすというイメージがぴったりかもしれません。

家に取り込む給気用モーターが一定の給気量を保ちながら、家から空気を外へ出す排気用モーターが住宅内の空気量を調整して排気します。その判断をするのはＩＡＱ制御装置のセンサーで、給気用モーターと排気用モーターに指示を送ります。これが「おまかせ自動」ＥＣＯ運転です。

沖縄でとれる魚が北陸でとれたというニュースがありましたが、これは海水温度の上昇が原因と考えられています。今の時代は、このように地球温暖化により過去の気象データが当てにできなくなってしまいましたから、気象データに頼らず、今この瞬間の外気温と湿度をリアルタイムで計測して住宅内の温度、湿度を最適化しなければ意味がありません。つまりその都度、気候を測定して最適な空気環境を創れる空気防衛型住宅性能が求められる時代に突入したのです。

花粉やウイルスから健康を守る

突然ですが、2030年の空気環境はどれだけ改善されていると思いますか。現在世界は新型コロナウイルスにより死亡者が増加し、2021年3月7日現在、国内の新型コロナウイルス感染症の感染者は43万5456例、死亡者は8251名となりました。入院治療等を要する人は1万2154名、退院又は療養解除となった人は41万7018名となりました。しかも感染ルートがわからないうえに住宅内感染が増加しているという危険水域まで到達しています。ＧｏＴｏトラベル事業も一時停止になり、通勤、外食、外出も制限がかかっています。感染と経済の活性化という難しい問題に対し、国民は不安なまま選択を迫られています。住宅内感染が問題視されている中で、厚生労働省は真冬でも窓を開けて換気をしっかりするように国民に注意を促しています。

医療崩壊が現実となった今、家族一人が感染して自宅療養を余儀なくされた場合、部屋の仕切りと廊下が少ない賃貸物件では、他の家族への感染リスクが増します。厚生労働省では居住空間における空気の入れ替えを30分ごとにするようにと、厳しい難題を私たち国民に呼びかけています。この作業はなかなかできることではありません。ワクチン接種が一体いつになるのかも不透明な中で、イギリスで急速に感染拡大している新たな変異種が日本でも発見されたという報道に衝撃が走りました。

家族の記念日は毎年レスランなどで楽しく過ごしていたという人たちも、今はおうちで祝うしかないという、悲しい現実に向き合いながら日頃の「感染予防型住宅」を真剣に考慮する必要性を感じています。家にいる時間が増えた今、換気という人間の呼吸、ひいては生命にも直接かかわる家の空気環境を第一に考えることが重要視されているのです。換気性能の重要なポイントは外気の寒さ、暑さを感じないまま、知らないうちに家じゅうを換気できることなのです。神経質に30分ごとに1回、給気窓と排気窓の2か所を、5分以上開けて空気の入れ替えをするという非日常的な暮らしを習慣化するには限界があります。

感染リスクが高まる「5つの場面」
場面① 飲酒を伴う懇親会等
● 飲酒の影響で気分が高揚すると同時に注意力が低下する。また、聴覚が鈍麻し、大きな声になりやすい。
● 特に敷居などで区切られている狭い空間に、長時間、大人数が滞在すると、感染リスクが高まる。
● また、回し飲みや箸などの共用が感染のリスクを高める。
場面② 大人数や長時間におよぶ飲食
● 長時間におよぶ飲食、接待を伴う飲食、深夜のはしご酒では、短時間の食事に比べて、感染リスクが高まる。
● 大人数、例えば5人以上の飲食では、大声になり飛沫が飛びやすくなるため、感染リスクが高まる。
場面③ マスクなしでの会話
● マスクなしに近距離で会話をすることで、飛沫感染やマイクロ飛沫感染での感染リスクが高まる。
● マスクなしでの感染例としては、昼カラオケなどでの事例が確認されている。
● 車やバスで移動する際の車中でも注意が必要。
場面④ 狭い空間での共同生活
● 狭い空間での共同生活は、長時間にわたり閉鎖空間が共有されるため、感染リスクが高まる。
● 寮の部屋やトイレなどの共用部分での感染が疑われる事例が報告されている。
場面⑤ 居場所の切り替わり
● 仕事での休憩時間に入った時など、居場所が切り替わると、気の緩みや環境の変化により、感染リスクが高まることがある。
● 休憩室、喫煙所、更衣室での感染が疑われる事例が確認されている。

（出典）内閣官房「感染リスクが高まる『5つの場面』」

まして睡眠中は絶対に無理です。この点、エクリアは2時間に1回家じゅうの空気をすべて入れ替えてくれます。さらに、ダイキンの「うるさらX」エアコンは、国内で唯一きれいな空気を住宅内に取り入れられるエアコンです。エクリアとダイキンのエアコンのダブル稼働で、2時間に1回の換気を行うことができれば、常に新鮮な空気環境で暮らせるのです。

黄砂や花粉、PM2.5、そして今回の新型コロナウイルス。このような予測不可能な事象に取り囲まれて暮らす現代では、大げさに言えば「外気防衛型住宅」にしない限り「健康」は維持できないかもしれません。これからの家づくりは、断熱性能に加えて、換気性能という空気清浄化がとても重要です。

第三種換気ステムの外気吸い込み用給気口（OA）は、壁に開けた穴に直接換気口を設置して薄いフィルターを付ける程度ですから、細菌、ウイルス、花粉、排気ガスなどの空気中に存在する病原菌を侵入させないことは不可能だと考えるべきです。

05 暖かく、涼しい暮らし方を知る

エアコンは脇役である

ここまでは住宅内に侵入する外気や、家の熱を逃さない方法を中心にお伝えしてきましたが、ここからは熱源という冷暖房エアコンを駆使しつつ、皆に平等に与えられた自然の恵みである太陽を最大限に生かした家の〝暖のとり方&涼しい暮らし方〟について学んでいきます。ここで重要なのが、第1章でもお話しした、「パッシブ設計」という、エアコンの稼働率を極限まで抑えて、太陽や風などの自然エネルギーをそのまま享受する考え方です。

私が理想とする空気環境性能では、エアコンは脇役にすぎません。1台のエアコンを主人公にして年中負荷をかけ続ける全館空調という仕様を採用しているビルダーも多くあるなかで、私がこの項で最も伝えたいことは、断熱性能と空気環境は甲乙つけるものではなく、どちらも大切な要素であるということです。

乾燥は家にとっても人にとっても大敵である

日本には四季があります。夏は暑くて冬は寒いので、暖房と冷房が必要です。しかも夏は高温多湿で、冬は低温少湿という気難しい空気環境です。冬は病気の原因でもある乾燥（湿度が少ない）状態をいかに適切な湿度に変化させ、維持できるかが課題でした。それは「湿気」という空気に含まれる「相対湿度」との戦いです。第一種全熱交換気システムは相対湿度を下げて温度を下げたり上げたりするわけですが、問題は真冬の乾燥状態では、湿度が足りない状態が続くことです。「加湿器」を稼働させるという手もありますが、スマートハウスでは必要以上の電化製品の投入は省エネ性能から考えて、最後の武器として残しておきたいところ。そこで、「そもそもエアコンは、どこのメーカーのものでもいいのか？」という疑問について触れてみます。

私は自宅の快適さを追求するなかでの自分自身の体験談をベースに、また、私のクライアントの成功を祈って、日夜ビルダーに向けてコンサルティングを行っています。なので私がオススメする設備には、すべて明確な理由があります。

私の家にあるエアコンは、ダイキン製の「うるさらX」という機種です。このエアコンを選んだのは、私が監修しているスマートハウスでHEMSとつなげることで住宅内の温度が見える化でき、遠隔で設定温度を変更できるからです。実はこの家を新築するにあたり、エアコンを他社製からダイキン製に変えるきっかけがありました。それは以前の違うメーカーの製品では空気が乾燥しすぎて、全床に採用していた無垢材が反ってしまったことです。

　メンテナンスが必要になる家のトラブルで最も多いのは、クロスや珪藻土、そして木材の縮みです。特に高断熱、高気密住宅は、その原因はすべて「乾燥」にあります。住宅の乾燥をいかに回避するかを考えるため、私は自宅であり実験棟である上越中央展示場の使命を、「加湿器なしで湿度を50％から70％に維持できる空気環境の構築」としました。そこで、唯一ダイキンだけができる「無給水加湿機能」とはどんな優れたものなのかを実験するために「うるさらX」を2階吹き抜け

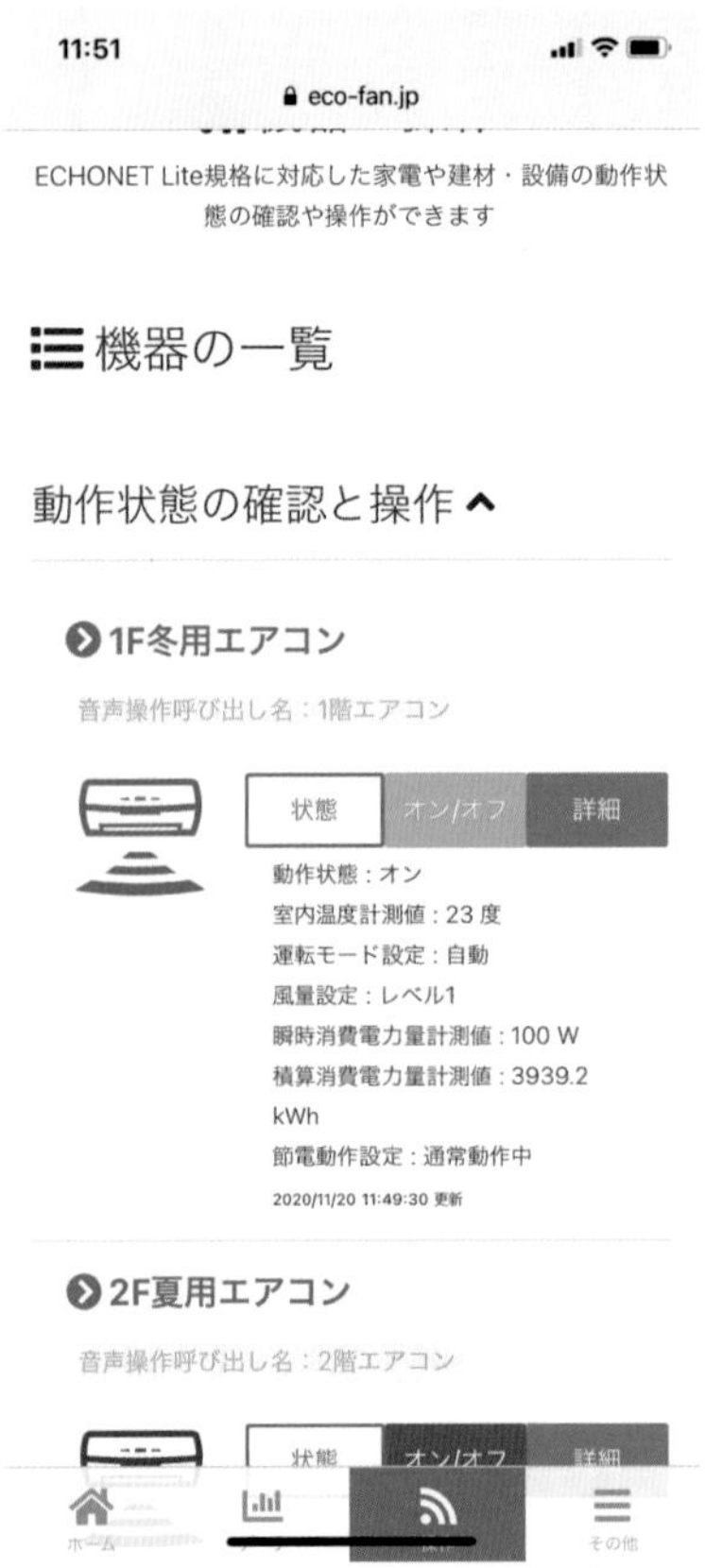

（出典）メディオテック社　ミルエコ（HEMS）の管理画面「Eco Fan」

に夏用1台、1階に冬用1台の計2台を設置しました。

ダイキン製の「うるさらX」は遠隔状態でHEMSから見ても家の温度を的確にコントロールしてくれるエアコンです。通常、壁や床の輻射熱(エアコンや太陽から伝わって温かくなった物質の温度)が体温より高い時には、壁から体へ放たれる電磁波が「暑さ」を感じさせ、その温度が体温より低い時には、体から壁へ放たれる電磁波が「寒さ」を感じさせます。この原理を利用した「AI快適自動」運転で「風向左右」ボタンを自動にし「センシング」という「エアコンの目」は真冬に掃き出し窓を開けた場合、寒さを検知してエアコンの風向を自動で開けた窓に向け、暖気を送風します。これにより、室内に温度差が生じません。

このような独自開発した最新技術を有効利用して、さらなる利便性を追求するダイキンの姿勢は天晴れです。ですから私が供給している全館空調式は、別名「熱源分離型ダクト

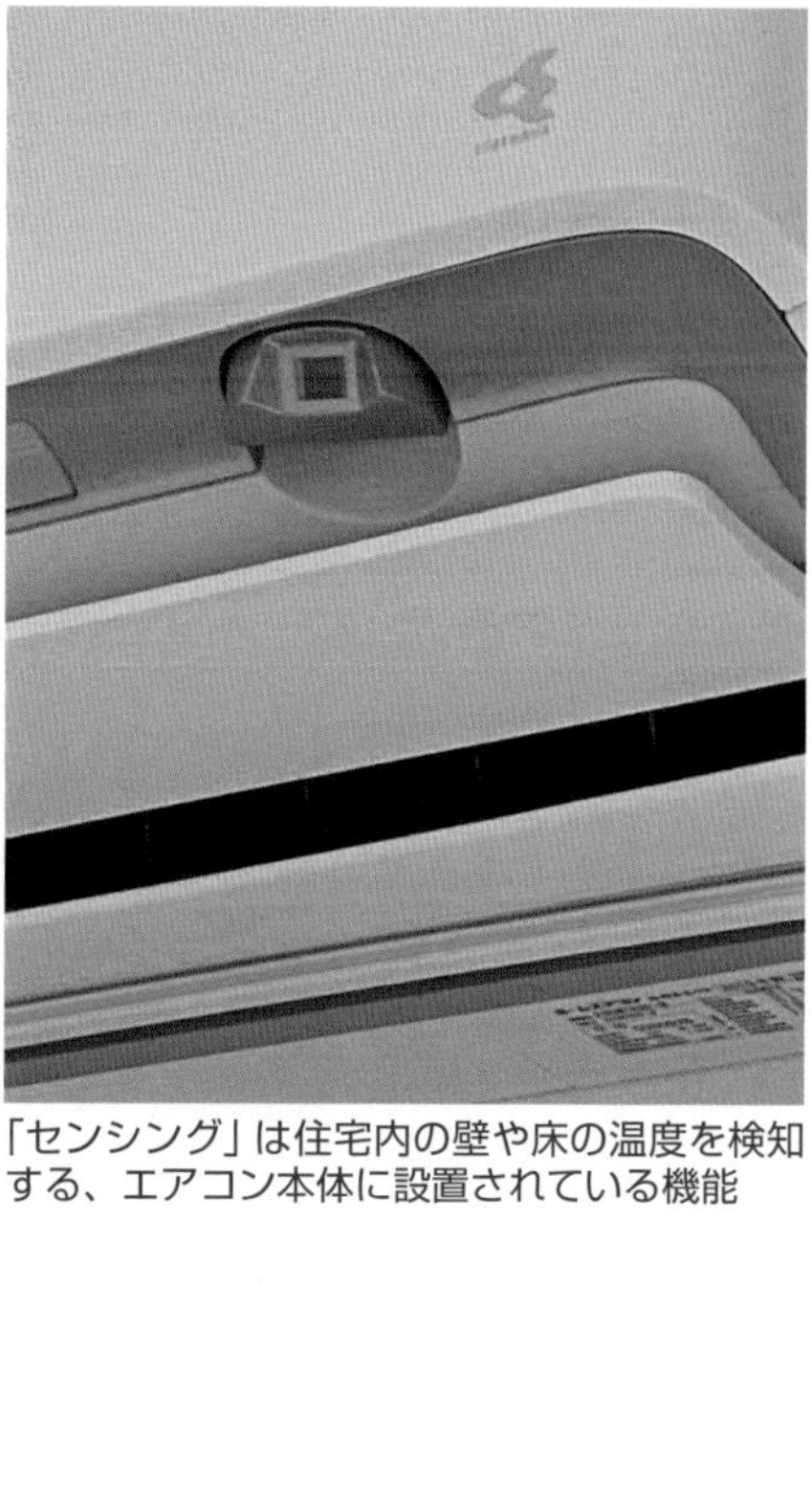
「センシング」は住宅内の壁や床の温度を検知する、エアコン本体に設置されている機能

レス全館空調」とでも言えばいいのでしょうか。

ここでこの「うるさらX」を採用するほかの理由もお伝えします。それは下の写真にあるような室外ユニットのファンの上部へ、加湿ユニットからのゴミ、花粉、ウイルスをはじいた清潔な水分子を無給水で取り入れるという画期的な技術を持っていることです。

一般的なエアコンは室内機本体と室外機をつなぐ2本の配管を使って冷媒を循環させています。車で言うなら「内気」マークです。冷媒を介して熱を上げたり下げたりしているだけで、外気を取り入れているわけではありません。この「うるさらX」は通常冷媒をやり取りする2本の配管以外に、「外気を取り込む」ためにもう1本の換気用給気ダクトがあります。

画期的な技術は室外ユニットのファン上部に

乾燥する冬季にどうやったら「湿度」を増やすことができるのかは、長年の問題でした。第一種換気システムは湿度を下げて温度コントロールできる優れものです。しかしながらどうしても乾燥が進んでしまうので「最後の武器である加湿器は取っておいて、他に何かいい方法はないのか……」と右往左往していたところ「無給水加湿」というダイキン製のエアコンに出会いました。さっそく某メーカーのエアコンと取り換えて、2019年9月から実証実験に入りました。

家には加湿器を設置し、加湿器の「水」がなくなったらエアコンの設定が悪いという判断基準を設けて、「加湿暖房」「AI快適自動」運転を駆使し、ありとあらゆるパターンを繰り返してみました。さらに全国で建築されたこのモデルハウスのオーナー様、ある時は引き渡し後のオーナー様など協力を得て、HEMSデータを含めた検証をさせていただきました。

うるさらXの加湿の仕組みはこうです。「加湿ローター」という室外機の上部に設置された円形の装置に「水分子」を付着させ、右半分のヒーター部分で水分子を温めて冷気から水分を創出し、室内に給気します。あまり高温に設定しなくても、ZEH基準のスマートハウスなら気密性能が高いので22度に設定してリモコンの「加湿」ボタンを押した後、「湿度」ボタンを「美肌」に設定します。そうすることで風量調整はできなくなります。音は多少うるさく感じますが、自家消費電力はさほど上がりません。こうした実験を重ねていくうえで大切なことは、やはり住宅の気密性能が高いことです。エアコンはON、OFFと電源を切るのではなく、常時運転をしたまま住宅内の温度を一定に保つことで

図表 「うるさらX」の加湿の仕組み

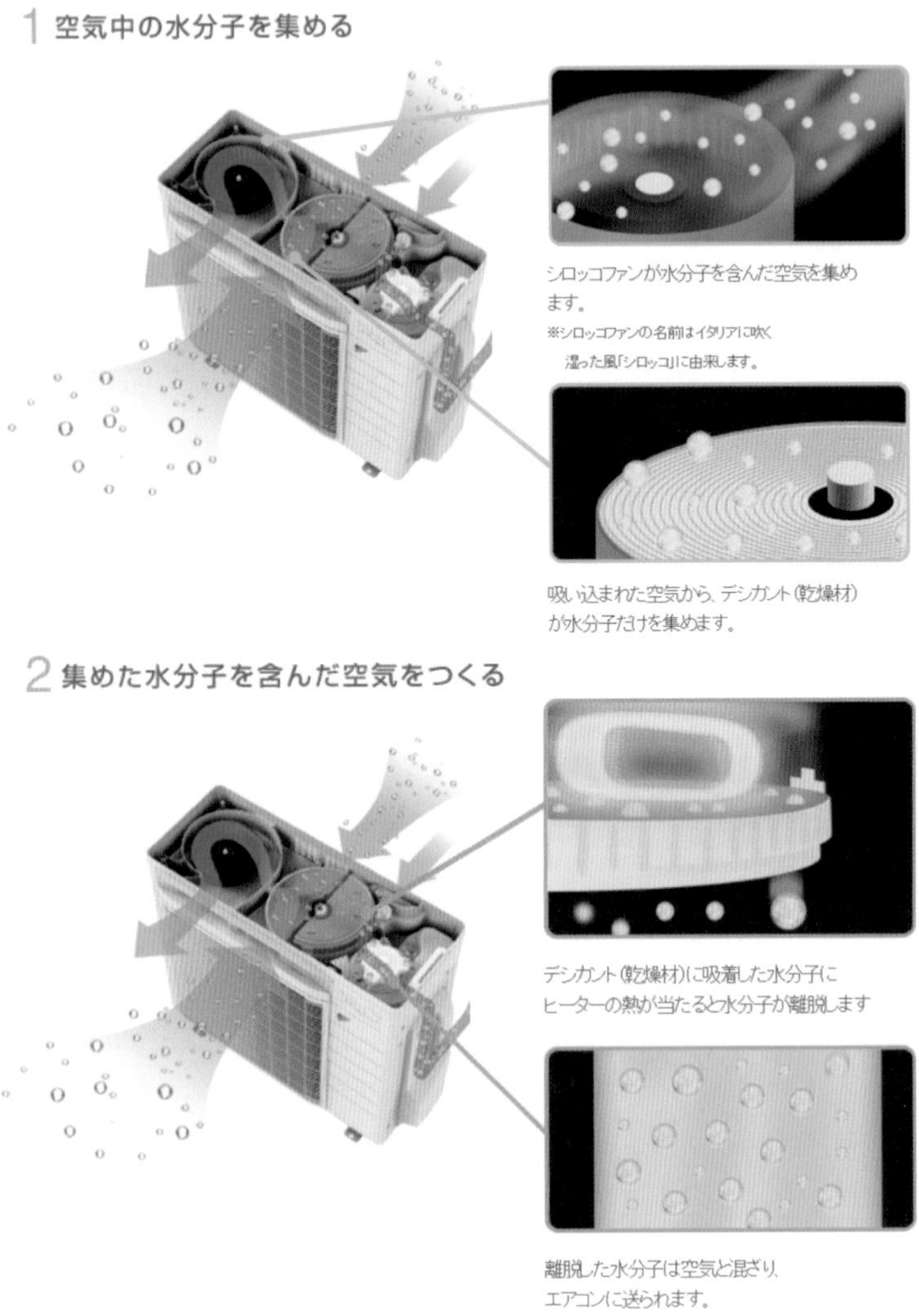
1 空気中の水分子を集める
シロッコファンが水分子を含んだ空気を集めます。
※シロッコファンの名前はイタリアに吹く
湿った風「シロッコ」に由来します。
吸い込まれた空気から、デシカント（乾燥材）が水分子だけを集めます。
2 集めた水分子を含んだ空気をつくる
デシカント（乾燥材）に吸着した水分子にヒーターの熱が当たると水分子が離脱します
離脱した水分子は空気と混ざり、エアコンに送られます。

（出典）ダイキン工業株式会社

自家消費電力を抑えることができます。

そうこうしながら、手探りで運転モードや温度、湿度を調整していると、加湿器の水が劇的に減らないようになり、加湿器なしで湿度50％台を維持できるようになりました。

「うるさらX」は、給気機能は備えているものの、排気機能がないため「室内吸い込み排気ダクト（RA）」を備えた「まるで床暖™（エアコンの吹き出し口の真下に室内吸い込み口（RA）を設置して、換気ユニット本体から吹き出す給気（SA）が直接暖気で全室の床を暖める装置）」を併用したところ、最も効果がありました。室内吸い込み口（RA）は排気ダクトのフィルターを外せば吸い込み口の風量を調整できます。つまり、給気した空気を加湿しながら部屋を暖める「うるさらX」、逆に排気もしながら部屋を暖める「まるで床暖™」、そしてIAQ制御を搭載し、部屋全体を適切な温度に管理する気圧調整式第一種全熱交換気システム「エクリア」を融合させれ

加湿器なしでも湿度は50%台を維持

ば、快適な温度と湿度を保ったまま家中を換気できるということを発見したのです。

「うるさらX」エアコンは、吹き出し口をダランと舌を出したように「垂直気流」運転にすることで風を真下に吹き込み、足元から空気を温めています。たった1台の200ボルトエアコンが「エクリア」のダクトレス工法と融合して最適化された空気環境を提案してくれています。気密性能の高さなど、何一つ欠けてもこの空気環境は創ることはできません。

ここに興味深い画像があります。この写真では

上）アーキ・フロンティアホームの「うるさらX」、中）サーモグラフィーによる正圧の画像（暖気は吹き出し口のみ）、下）通常の暖気の流れ（暖気だけが写る）

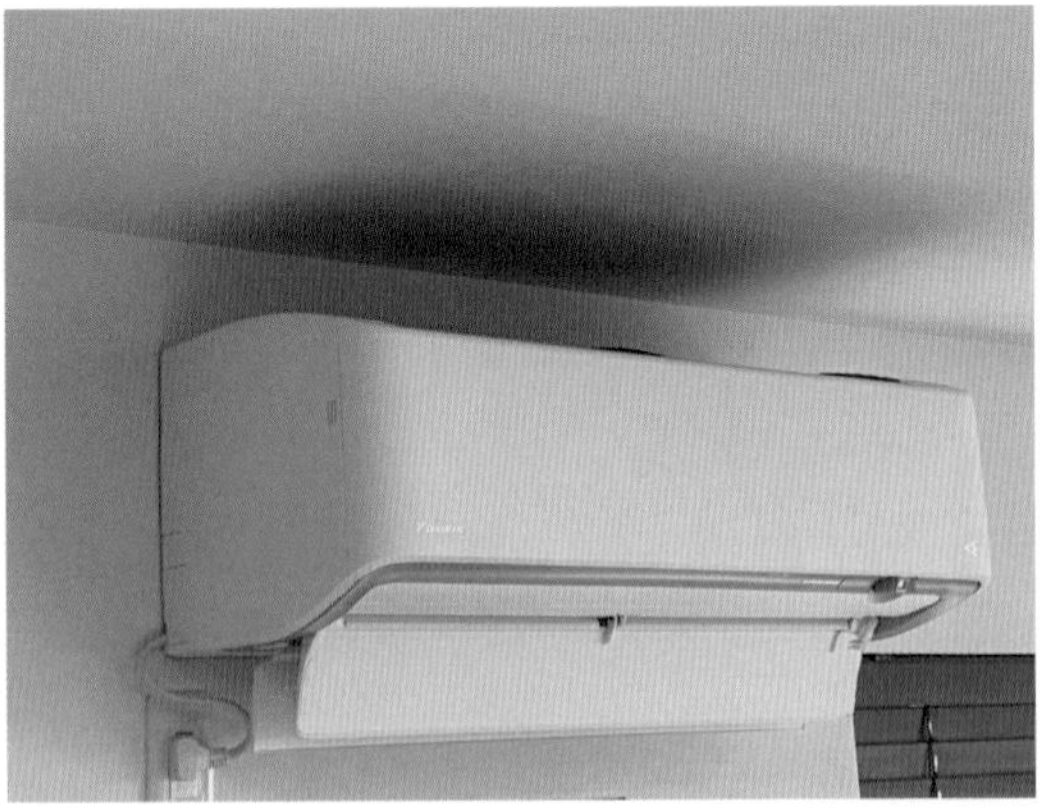

ダイキン「うるさらX」の暖房時の垂直気流（上越展示場）

「うるさらX」は垂直気流で真下に暖気を放出しています。左の赤い部分はテレビ画面とFIX採光窓が冬の陽光を採光している箇所です。エアコンの真下には「まるで床暖™」で採用している室内吸い込み口（RA）があります。通常なら真下に下りる暖気の帯がこのように写りこんでもおかしくありません。しかし、実際はエアコンの吹き出し口だけが赤く写り、真下に下りる暖気の帯が写っていません。これが「正圧」のなせる業だと感動しました。空気がパンパンになっている住宅内ではエアコンも暖気を吐き出した瞬間に混ざり合うという現象です。家じゅうに温度ムラがなくヒートショックが起きていないことを証明しています。

正しいエアコンの選び方

エアコンを選ぶ時に皆さんは何を基準に選んでいますか。設置する部屋の広さだけを考えて「ここは何畳だから、一つ下のスペックでもなんとかなるから○○にしようか」というような選択をされていませんか。

スマートハウスの最新モデル「Smart2030零和の家®」では、エアコンは1階の吹き抜けの上下に設置された冬用1台、夏用1台だけです。エアコン1台で家全体を賄うとなれば、かなり広い畳数のスペックを想像するかもしれません。確かに最近の全館空調では、飲食店の天井などにある店舗用の大きな業務用タイプを提案されるハウスメーカーもいますが、そんな必要はありません。エアコンを2台に分ける理由にもなりますが、暖かい空気は上昇し、冷たい空気は下降する原理を生かして、暖房用エアコンは吹き抜けの1階に、冷房用エアコンは2階に設置することで、1台でも効率的に家の温度、湿度を快適に保つことができるからです。

コロナ禍以前は、全国のビルダーへ出向いてコンサルをしていましたが、東と北と中がつく電力会社のエリアでは「暖房重視」であることが分かります。そして私が住むエリアは東と北が付く「東北」電力管内です。そのような、冬は寒く、積雪を意識しなければならないエリアとそうでないエリアでも、発売されているエアコン自体にはそれほど大きな性能の差はありません。積雪地で他のエリアの暖房器具と大きな違いがあるとすれば、室外機の雪風対策くらいでしょうか。

ただし、通常同じ機種のエアコンを選ぶ時、100ボルトか200ボルトを選択することになりますが、メーカーが寒冷地向けに推奨するのは200ボルトのものであることが多いのです。また、部屋の畳数によっても推奨するタイプが異なります。ダイキンの「うるさらX」の場合、100ボルトと200ボルトの境界は14畳になります。

ですが実際は、寒冷地であろうと１００ボルトのものを購入する人が多いという実態があります。それは、ガス併用型住宅に住んでいる人が多いことが原因です。オール電化住宅と違い、２００ボルトの通電をしておらず、１００ボルトの比較的低効率のエアコンしか使用できないからです。

下記のダイキンの14畳タイプの性能表示をご覧ください。

１００ボルトも２００ボルトも暖房時は5.0キロワット、冷房時は4.0キロワットの能力です（能力の説明については、次頁のＣＨＥＣＫの説明を確認してください）。しかし、その下の小さな文字で記載されている（ ）内を見てください。１００ボルト仕様が暖房時の最大能力7.5キロワットに対して２００ボルト仕様は

図表 14畳タイプの性能表示

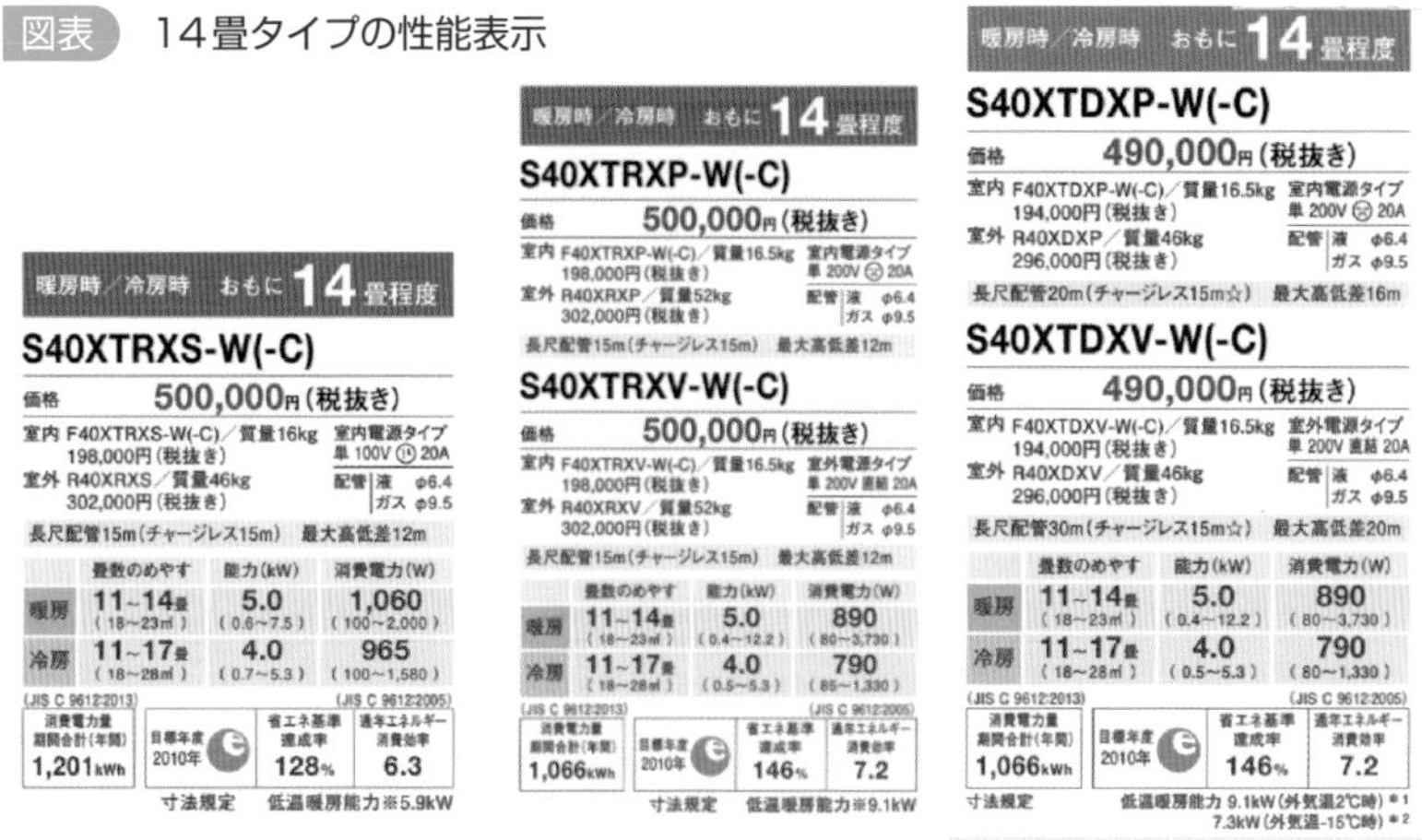

（出典）ダイキン工業株式会社

暖房時12・2キロワットと倍近く高くなっています。これは消費電力に大きな差が出ていることを示しています。隣の欄に目を移すと、暖房5.0キロワットの場合、100ボルト仕様は1060ワット（1・06キロワット）の電力を消費することを示していますが、200ボルト仕様はわずか890ワット（0・89キロワット）の消費電力で運転しています。

最大値では3・73キロワットの電気で12・2キロワットの能力があるので、200ボルト仕様の方が低電力で高能力を発揮できるということになります。オール電化住宅では200ボルト電力を採用しているので、電費性能が優位になります。

CHECK エアコンの能力（キロワット）とは？

真夏の冷房時に、室内が27度で外気が35度の時、1時間あたりにそのエアコンが室内から除去する熱量です。暖房時では室内が20度で外気が7度の場合に1時間でどれだけ暖められるかを指しています。

能力は、通常畳数でエアコンを選ぶ際の基準にもなっていて、2.9〜3.6キロワットのものは12畳、3.7〜4.5キロワットのものが14畳向けとされています。

新潟の場合は、寒冷地用のエアコン14畳タイプは1万円定価が低いので「スゴ暖」14畳がいいかもしれません。換気の項目でお話した、気圧調整式第一種全熱交換気システム「エクリア」にとって、エアコンは熱源という重要な役割を果たしている脇役です。冬用1台、夏用1台で1年を通して2台同時運転はしません。一方、第三種換気システムを採用している家では、各部屋にエアコンがなければ家の温度調整ができないのです。そうした電費性能の悪い家を買わないことが大切で、光熱費が高くなってしまうのは、間取りと換気性能と断熱、気密性能という住宅のすべての性能を確認しなかった建築主の責任でもあります。そこで大切になるのは、第1章でもお話した「ZEH」基準以上の家に住むことなのです。繰り返しになってしまいますが、熱を逃さないことと熱をつくること、この2つは切っても切り離

（出典）ダイキン工業株式会社「スゴ暖DX」

せません。ちなみに私の家は寒冷地に建っていますが、18畳タイプの寒冷地仕様ではなく通常のエアコンを使用しています。それでも快適に過ごせるのです。

POINT スマートハウスの電源は、標準仕様が200ボルト。よってエアコンは200ボルト仕様を選択しましょう。しかし、第三種換気システムを採用してしまえば全室にエアコンを設置しなければ温度、湿度管理ができません。これからの家はコロナ禍を見据えて、気圧調整式第一種全熱交換気システムを選択することが重要です。ダイキン製「うるさらX」との融合で室内の湿度管理も同時に行うことをオススメします。

「まるで床暖™」という新しい発想

皆さんは「冷えは万病のもと」ということわざを聞いたことがあるでしょうか。人間は余程の暑さでないかぎり、死ぬまでには至りませんが、寒さが原因で起こるヒートショックにより家の中で亡くなる方は交通死亡事故の人数より多いのです。そこで「Ｓｍａｒｔ２０３０零和の家®」では、光熱費と設置費用の高い床暖房設備を採用することなく「まるで床暖™」が標準仕様で設置され、足元から暖気が家じゅうを包み込む、真冬でも超省エネ性能の暖かい家を提供することを目指しました。それは床の表面温度を自由に変えたい、という当時としてはとてつもない発想から生まれたものでした。

真冬の暖房の一番の悩みは乾燥です。ダイキン製の「うるさらX」は、先ほどもお伝えしましたが、冬の外気を室内に取り入れる際、室外ユニットのファンの上部にあるトランペットのような形状の「加湿ユニット」から外気中の水分を取り込み、住宅内に給気するという画期的な機能を備え持っています。無給水加湿できることで乾燥を抑え、肌の潤いや風邪の発症の原因でもある、のどの渇きをも抑制します。また、暖房時に上昇して通常

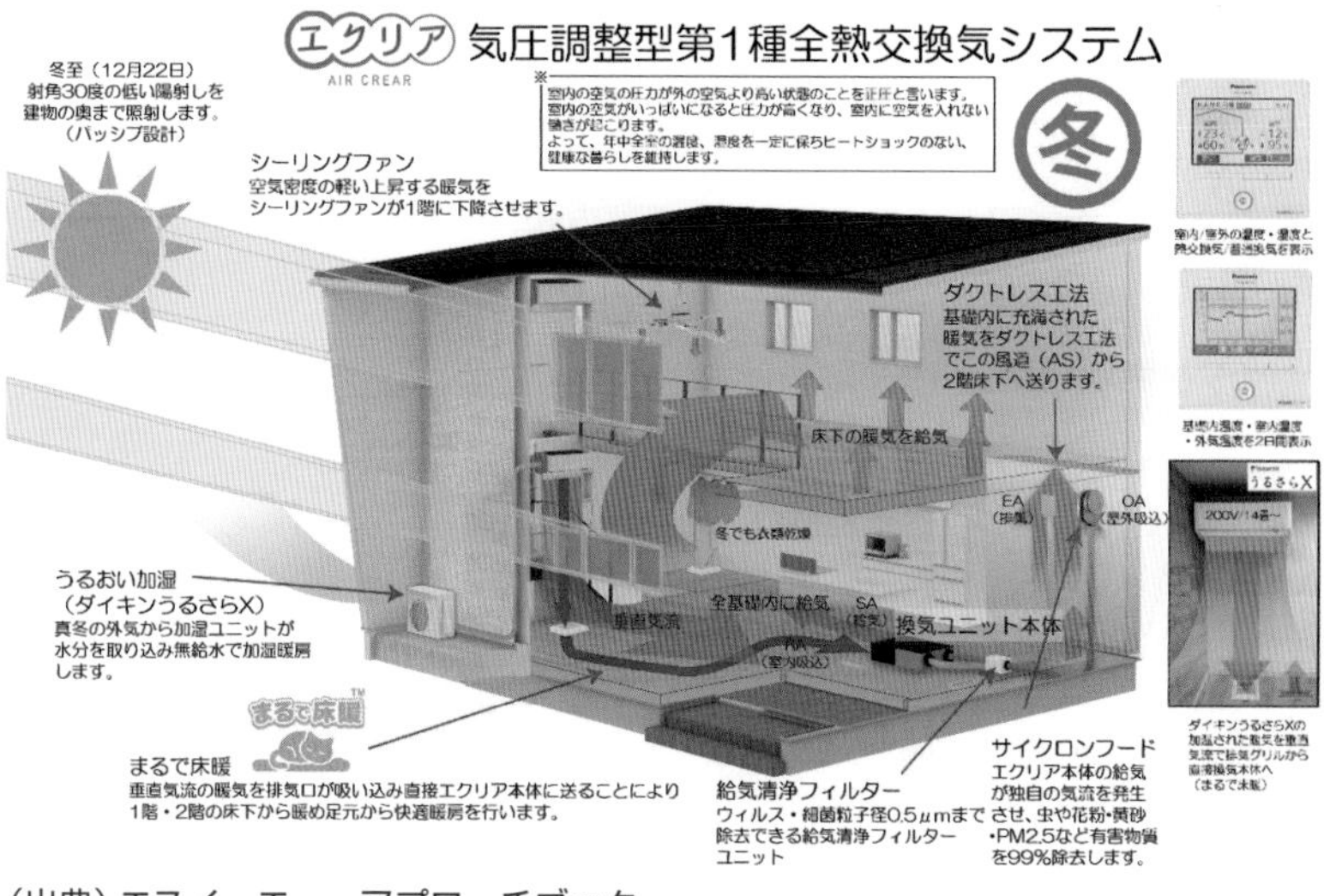

（出典）エスイーエー　アプローチブック

天井にこもる暖気を、真下に下降させる「垂直気流」で足元から温めてくれる画期的な技術を搭載しています。

パッシブ設計を取り入れる

太陽の光を味方につけコントロールする

パッシブ設計の基本コンセプトを表すとしたら「家づくりは夏と冬を旨とすべし」となります。屋根の庇を伸ばして夏の直射日光を家に入射させず、冬の射角の低い暖かい太陽の光を日射取得用窓から吹き抜けを通して建物の奥まで入射させるのが、パッシブ設計の家です。

軒や庇で直射日光を遮り、吹き抜けで採光する

外観デザインが真四角のボックスタイプの家は軒の庇の出がないので、直射日光を入射させてしまいます。そうなれば、当然のことながらエアコンは音を立てて高出力で運転

し続けるでしょう。当然、冷房の負荷は上がり、電気料金も高額になります。6月22日ごろの夏至以降、太陽の角度は低くはなりますが、80度近くある真夏に降り注ぐ陽射しを家に入れないようにするには、日本の伝統住宅文化である切妻という屋根の軒の出で陽射しを遮るという家づくりがとても大切だと思います。夏になるとホームセンターでは、日陰

図表　自然の恵みを活かすパッシブデザイン

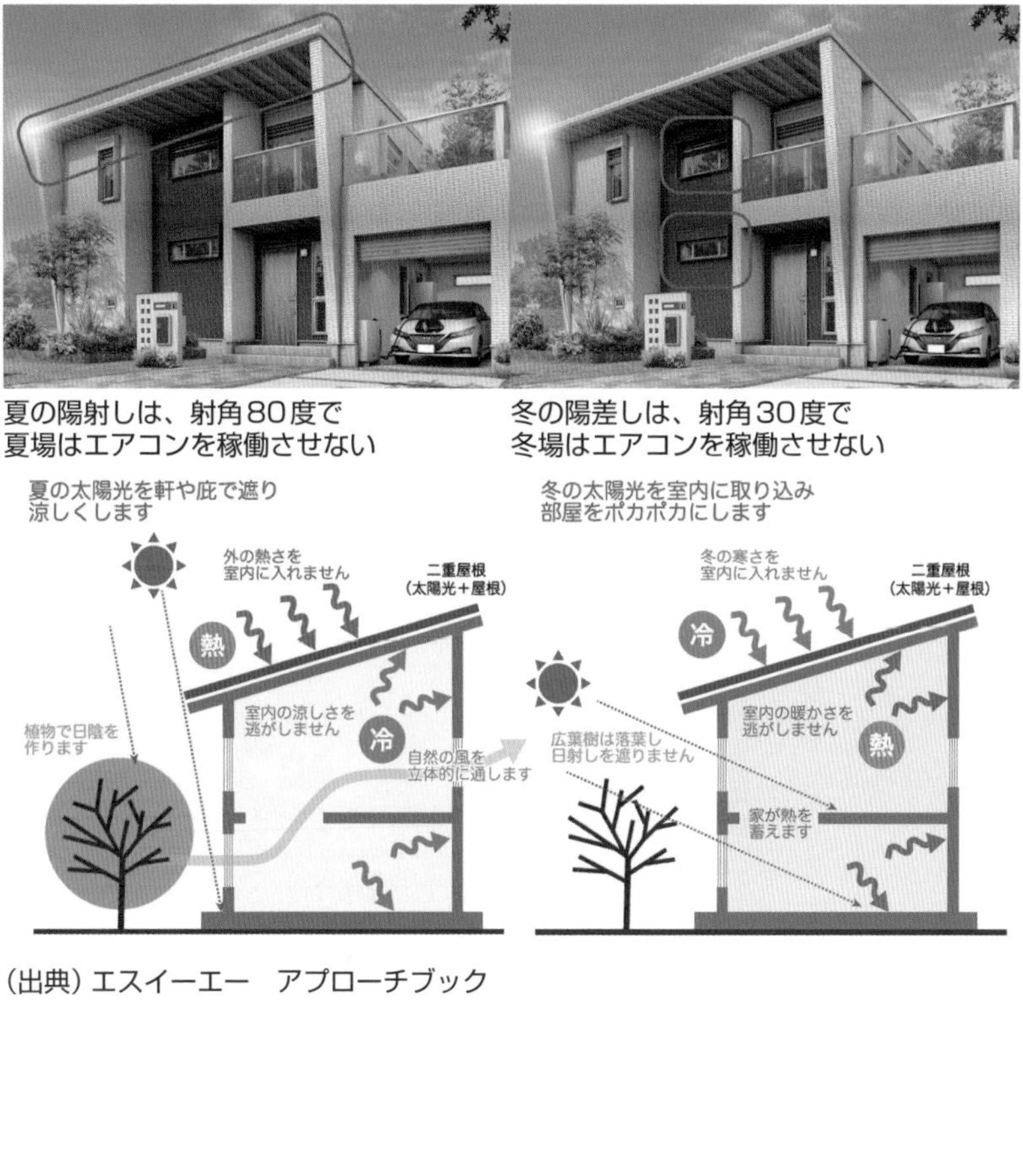

夏の陽射しは、射角80度で
夏場はエアコンを稼働させない
冬の陽差しは、射角30度で
冬場はエアコンを稼働させない

(出典) エスイーエー　アプローチブック

を作るためのシェードがよく売れますが、まさに直射とアスファルト道路から反射される輻射熱対策です。また、家の中を覗かれないようにするための古くからの日本文化の才知です。しかし余分な出費であることは間違いありません。シェードそのものが劣化もします。夏が終われば収納する外用物置もいるでしょう。

前項（P87）でもお伝えしましたが、南接道の立地に住宅を建てる場合、太陽の光を家に取り入れる採光計画で、南側には掃き出し（窓の下部が床まであるタイプ）の引き違い（左右にスライドさせて開閉する）窓を設置する家が多いのですが、接道から家の中が丸見えになるのを嫌がってカーテンを閉め切っている家が少なくありません。

奈良県大和高田市　奈良アシスト郷原稔政社長の「G-Smart 2030零和の家®」

採光するための掃き出し窓は、家の中を覗かれないようにカーテンを閉めることで、実際は日射遮蔽窓になっているのです。こうなってしまう要因は、採光窓の面積だけを考えた非日常的な建築基準法にあります。「この窓にカーテンを付けるなら、日射量が足りないので建築確認申請は受理できません」と、建築事務所も現実の暮らしを伝えるべきです。

現実的に考えて、掃き出し窓をカーテンなしで使用するには、誰からも覗かれない広大な敷地が必要です。当然覗かれないようにカーテンを閉めるので、日中でも照明を点灯することになり、日中も高い自家消費電力が発生します。

南接道に住宅を建てる場合は、基本的に接道側にはガレージと玄関ドアと吹き抜けを設けて〝覗かれない位置〟に2層の採光窓を設置することで、日中に照明を点灯しなくても明るい空間ができるのです。

2層の採光窓（FIX）と吹き抜けは外から覗かれないまま採光ができる（広島県福山市　アーキ・フロンティアホーム）

POINT **家づくりは土地の環境が重要です。接道から土地を見るだけではなく、実際の土地に立って建てた家の中から３６０度周囲を見渡し、どこに何を持ってくるかゾーニン**

グを考えましょう。既に隣地に建物がある場合、既存建物の窓と新築する窓の位置を変えるなど、設計図と照らし合わせて判断をしましょう。

「Ｓｍａｒｔ２０３０零和の家®」の展示場の来場者に「吹き抜け」を見せると、「わー」と驚く方が多いです。

「吹き抜けって、冬寒くないですか」

「寒くないです」

「えー、どうして？」

……こんなふうに見学会は始まります。そして私はいつも、こう問います。「吹き抜けを寒いと思っているのは、吹き抜けが寒いからではなく、家そのものが寒い家だからではないですか？」と。

私はスマートハウスを建てた後も、新築前から暮らしている大手ハウスメーカーの戸建て分譲住宅に10年近く暮らしていました。下はその家を

以前の大手ハウスメーカーの住宅。左はサーモグラフィーカメラで撮影。暖房時、足元は冷たく暖気は吹き抜け天井にこもっている

撮影したサーモグラフィー画像です。暖気が吹き抜けの高所にこもっていますね。なぜだかわかりますか？　理由は家に給気される空気より家から「排気」される空気が多い、「負圧」という状態の家だからです。

この家の設計ミスは、吹き抜けを日中陽射しの弱い北側に配置したこと、吹き抜けに接する箇所が廊下ではなく部屋に面した「壁」であること、第三種換気システムのため換気不足が発生していることの3つです。

南に面した掃き出し窓は庭に大きな広葉樹を植えて視線を遮っていますが、この家では妻はレースのカーテンを閉めきったまま、半分はカーテンで視線を遮断しています。下の写真の通風穴は掃き出し窓の上部に設置している換気のための窓枠シャッターです。「オート」「シメ」があり、このシャッターを左

掃き出し窓の枠に取り付けられた給気口。冬は寒いため閉め切っている。左は拡大。左右にシャッター状に動く

右に手で動かしながら選びます。冬は寒いので「シメ」にして換気を封鎖します。そうすると、どこからも給気できずに住宅内には断熱性能の低い壁や、窓枠、換気口という、ある意味欠陥部分の隙間から冷気が侵入してきます。暖房機のない部屋、玄関などは当然寒くていられませんでした。クローゼット内も寒く、湿気だらけです。

だから毎年置き型の除湿剤を24個くらい買い、1年に2回以上交換しないとすぐに水であふれていました。またサッシに貼る結露マットがなければならないほどの大変な結露水と熱伝導率の高いアルミ製2重ガラスのため、冬は寒くて窓にも近づけません。2階の天井には第一種換気システムなるものが設置されていますが、ファンの排気音がうるさいだけで効果は全くなく、夏は熱がこもりました。

前項でもお伝えしましたが、トイレや脱衣所は第三種換気で外気の影響をもろに受け、「ヒートショック」が起きるくらい寒いです。排気用換気口は真冬の外気が侵入するので、冬は排気ファンにサランラップを当ててコンセントを抜き、使用しません。それでも隙間から冷気が侵入しました。風呂上がりの脱衣所は、風呂から雪が降り積もる野外へ出たのかと思うくらい寒いので、浴室で体を拭いた後、下着は浴室内で着てから脱衣所へ出ます。出た瞬間、脱衣所は湯気で曇って前が見えなくなります。

雨や雪の日に、脱衣所に設置している物干しに洗濯物を干しても全く乾きません。なのに、天井近くに洗濯物干し用のポールがあります（笑）。暖房の効いていない和室、廊下、階段、玄関は寒いばかりで、家じゅうの外壁に接するクロスにまでカビが出てきていました。

外壁に接しているクロスのカビ

２０１０年に建てられた家でも、この程度なのです。当時、このエリアでは、同じハウスメーカーが分譲戸建て住宅を販売していました。ご近所の方々はこんな家に一生かけて住宅ローンの支払いと維持費を支払い続けるのですね（涙）。既に向こう三軒両隣の方はサイディングという外壁材を新品に貼り換えました。２００万円から３００万円かかったそうです。

利便性という立地条件だけを優先して建売住宅を買った結果が、メンテナンス費用というランニングコストが後から重くのしかかってくる状態につながります。住宅の価格を検証する際には、未来に支払うランニングコストも建築前からしっかり考えて、メンテナンス費用の少ない住宅を選ばなければいけません。そうしないと「住宅ローン破綻」という悲しい結果にもなりかねません。

これから家を建てようと思っているなら、「家賃並みの価格で夢のマイホームを」というキャッチコピーには要注意です。ローコスト住宅という言葉に惑わされず、イニシャルコストのほかに、「固定資産税」「光熱費」「メンテナン費」などの「管理費」のような「維持費」も必要であることを知っておいてください。せめて購入後20年間くらいのランニングコストを計上した上で、２０４０年になっても後悔しない家づくりをしましょう。住宅取得までは安価でも、暮らしてから大変な出費が必要になる家を買わないためには、正しい知識を身に付けることが重要なのです。

吹き抜けのメリット

私が推奨しているＩｏＴスマートハウスでは、どんな土地の形状でも全プラン「吹き抜け」が絶対条件です。なぜなら、吹き抜けは「採光」と「空気循環」と「光熱費削減」に絶対必要なものだからです。

狭い土地でも1坪の正方形の廻り階段にするのではなく、幅９００ミリの2坪のストレート階段にすることで、階段部分も吹き抜けスペースとして活用することができます。結果的に長さ３６００ミリ、幅１８００ミリの吹き抜けスペースが生まれ、１階と2階の空気の循環量が増えるのです。

　空気は温度が高くなると体積が増え、低くなると減ります。これを「シャルルの法則」と言います。つまり、温度が高くなると空気の密度が減って軽くなり、温度が低くなると空気の密度が増えて重くなります。だから、「暖気は上昇して」「冷気は下降する」のです。この原理を考えれば、1階の暖気は上昇して、2階の冷気は下降します。

　冬用暖房エアコンは吹き抜けの1階に、夏用冷房エアコンは吹き抜けの2階に設置さえすれば、吹き抜けを利用して暖気冷気はロスなく循環できます。真夏は2階の冷房用エアコンによる冷気が廊下から2階の各部屋へ行き渡り、廊下の手すりから吹き抜けを通って1階まで下ります。そして1階の吹き抜け下の排気用室内吸い込み（ＲＡ）ガラリから吸われ、換気ユニット本体で熱交換された新鮮な冷気が基礎内に給気（ＳＡ）され、1階天井裏の懐へ風道から持ち上げられ、1階の床に設置してある給気用ガラリから給気された後、吹き抜けという風の通り道でぶつかりあいます。さらに正圧という空気量が多い家で

わが家のストレート階段と3600ミリ×1800ミリの吹き抜け

ないと、温度差が生まれます。皆さんの設計された家に吹き抜けがない場合、この空気の動きは階段を伝うだけの空気量しかありませんので、1階と2階の空気の循環量は減り、遮断された状態になります。そうなると家に温度差が発生して2階の居室すべてにエアコンを設置しなければならなくなります。

広島県福山市アーキ・フロンティアホーム藤井浩治社長「Frontier-Smart2030零和の家®」

「Air Road＝空気の通り道」の役割である吹き抜けを設け、シャルルの法則にのっとってエアコンを設置する場所を考えれば、この家のように1年中快適に暮らすことができます。冬も夏もこの吹き抜けを利用した冷暖房計画であれば、イニシャルコストである光熱費はかなり削減できます。「エクリア」という気圧調整式第一種全熱交換気システムを「主」として考え、「従」として加湿できるエアコンを設置することです。

POINT **吹き抜けの役割は、①2層のFIX採光窓を取り付けることで、外からの視界をカットしながら十分な採光をし、太陽の暖かい光を建物の奥まで届けること。②効率的**

に家の中の空気を循環させ、暖房負荷を抑えることです。

自由設計という「落とし穴」

そして家づくりで最も大切なのは、間取りです。

「自由設計」という言葉に憧れる方々には水を差すようで申し訳ないのですが、家は空中には建ちませんから、限られた条件や物件ごとの長短両面をどう捉えるかが大切です。「その土地を選んだ瞬間、最適な間取りは既に決まっている」。そう思ってもいいかもしれません。家を所有するということは、固定資産税が毎年徴収される不動産を保有することですから、非現実的な憧ればかりを夢見るより、株と一緒で、高く売って利益を稼げる間取りの方がいいのではないでしょうか。できることなら家は3回建てましょう。「子育ての家」・「憧れの家」・「終の棲家」の3棟です。

時折、風水や高島易断という家相にこだわる方の家の設計依頼をされることがあります。私も2回目までの家はかなりこだわりました。それこそ地鎮祭の時は氏神様の土、酒、米を建築用地に撒いたくらいです。鬼門裏鬼門という丑寅、中未の方角には不浄物を持ってこないなど、規則の中で間取りを考えました。しかし不思議なこともありました。風水と高島易断では家の中心の概念が違うのです。出会う先生方によって言うことがバラバラです。一番大枚をはたいたのは、ヒスイ玉を建築地に埋めた時です。そのようにして先生方の指導の下で家を建てたのですが、私の人生は、その後苦難続きでした。それよりも大切なことは、自然の恵みというおひさまの恩恵を住宅に取り入れた「パッシブ設計」です。

これこそが「自然に逆らわない幸福になれる間取り」だと言い切れます。再三申し上げてきましたが、接道という住宅の侵入口はできるだけ、間口が広い場合は南北接道、間口が狭い場合は西東接道を選び、南側の壁を広くすることです。年間を通して照射量の多い南側が広い壁になる土地を選ぶことが後悔しない家づくりの基本です。都会暮らしで高層マンションを買う人は、駅からの距離など生活の利便性を最重要視します。戸建て住宅の場合はどうでしょうか。地方は車社会ですが、年々理想の土地を探すのは困難になっています。ビルダー経営も土地を仕入れて分譲地を造れる経営能力者が優位です。そう考えるとこの本も「賞味期限」があるのです。皆さんが建てたい場所を不動産会社が探してくれるような土地余りの場所ならいいのですが、大手デベロッパーが分譲する以外に土地がないという場合もあります。しかし

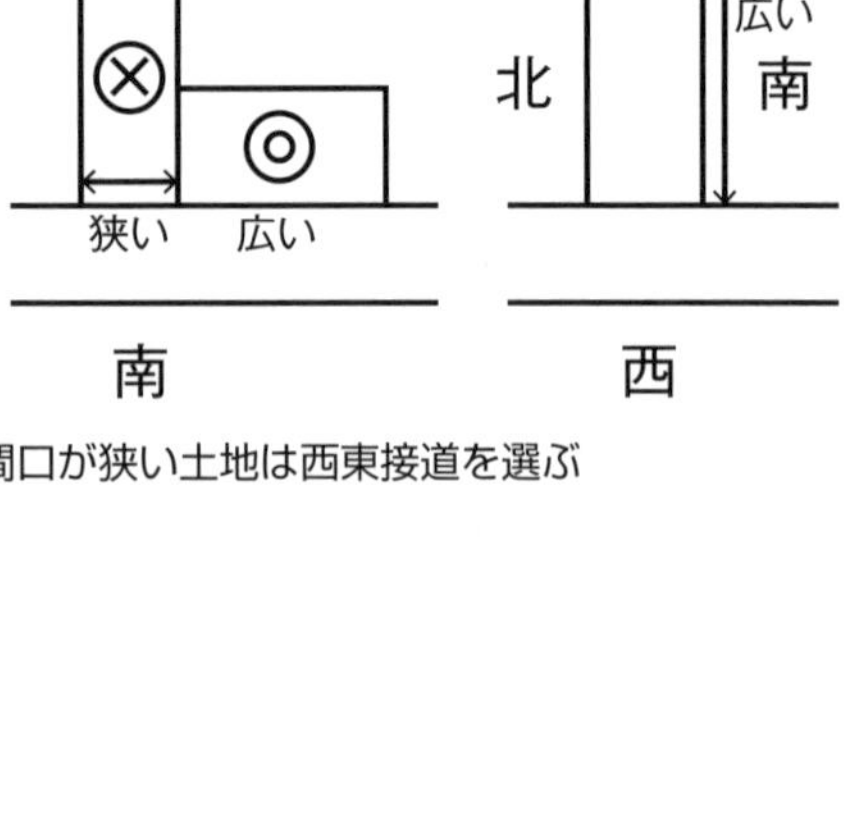

間口が狭い土地は西東接道を選ぶ

そうした場合は、建売住宅しか手に入らないことがネックです。現実的なお話をさせていただくなら、この本を読んだ皆さんにまずしてもらいたいことは、「理想の住まい」という間取り、仕様をある程度は決めること。そして、そのプランが当てはまる土地を探し続けること。最近では私のセミナーを聴き、家づくりのノウハウを習得され「このプランに合う土地を探してください」と聞いてくる方も増えてきました。この考え方でしたら理想の土地に出会える確率も高いのです。「私たちの次の代にこの家に暮らす人にとってもいい家であること」。それが自由設計の基本なのです。そしてリフォームをする人の共通点は、吹き抜けスペースを考えず、広いＬＤＫを設けた間取りにしたこと。そのことを知って最初から家を建てれば、リフォームをしなくてもいい家が手に入るのです。

POINT 自由設計とは、パッシブ設計を無視した「独りよがり」の家を造ることではありません。新しい価値とは、私たちが造った家が次世代にも喜ばれ、継承されることです。

コロナ禍によるキッチンの考え方

外出から戻った際、キッチンのタッチレス水栓なら消毒前の手でも手をかざせば自動で水が出るので、どこにも触れなくてすみ、安心です。建築当時は、特にコロナを意識したわけではなかったのですが、「先見の明」でもあったのでしょうか。非常に便利です。

コロナウイルスの感染拡大で、家の間取りは変わりました。いや変えさせられました。まず家に帰った時には玄関に設置された洗面での手洗いとうがいを励行します。テレワークスペースも必要ですし、通信教育・通信医療などを享受できるような家になれば、さらに未来にも価値がある家になります。

玄関には手洗い場が必須。
まずは玄関で手洗いを

左）側距・動体センサー式の水栓　右）手かざしセンサー

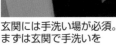

健康を第一に考える暮らし

ここまで、断熱と冷暖房の関係について見てきました。「断熱性能」を高め、さらに「パッシブ設計」によって、エコで快適な家づくりをする真の目的とは、「健康な暮らし」を長く続けることなのです。ぜひ健康寿命をいかに伸ばせるかを考えた家づくりをしてください。「健康な暮らし」は「幸福感」を倍増させます。少子高齢化の日本では「医療費の個人負担」がまだまだ上昇する懸念を払拭できません。私は、家を建てた後の「ランニングコスト」に「医療費」も入れなければならないと日頃から訴えています。

コロナ禍で「かかりつけ医」の立場が大きく変わりました。今まで当たり前に通っていた病院も、少しの症状なら他の患者との接触が感染リスクになるので、下手に診察できませんし、患者側にしても院内感染が怖くて病院へ行けません。

私は現在、自宅から遠隔で受診できるシステムの構築について、医療関係チームと話を始めています。サーモグラフィーカメラ付き診察用カメラを通して医者が診察してくれる「Ｗｅｂメディカル」というサービスです。

コロナ禍で既に臨床実験が始まっています。選択する家の条件に「オンライン受診」ができる家なのかを加えてください。これこそが住宅の新たなる価値ではないでしょうか。

デザインや素材は後からでも間に合います。「健康な暮らし」の大切さを、今一度お考えください。それには「通信設備」を利用できる「エコーネットライト規格」の設備を利用できるスマートハウスが必須です。

何度も言いますが、健康な暮らしには「正圧」の空気環境が欠かせません。スマートハウスは効率的に快適な空気環境を作り出すことにより「光熱費」まで抑えてくれますが、このような「一部分」を勉強するのではなく、節約以上の「選択の意味」「選択の価値」を十分学んでください。

断熱性能と空気環境を別々に考えてはいけません。お互いを連携させ、一年を通して家じゅうの温度を22度から24度台に保ち、湿度もコロナウイルスに感染しづらい相対湿度50%から70%台を維持できることが大切です。私たちは、住宅という「モノ」を買っているのではありません。設備や仕様や工法の向こうにある「快適な暮らし」を買うのです。

この章の結びに、もう1回繰り返します。

わが家は無垢材という自然材を床に採用しています。通常、高断熱、高気密住宅で無垢材を使用する時の大きな悩みは床材が乾燥で反って波打つことですが、わが家では反りません。家じゅうが乾燥しないからです。その理由は、①高性能断熱材、②エクセルシャノン製トリプルガラス樹脂窓、③気圧調整式第一種全熱交換気システムダクトレス工法、④

加湿できるダイキン製「うるさらX」、⑤パッシブ設計を取り入れているからです。①は当然外皮熱貫流率を高めます。②は気圧調整式第一種全熱交換気システムにより正圧の空気環境を実現します。③④は加湿と冷暖房、換気を叶えますし、⑤はパッシブ設計＋意匠性を駆使した間取りを手に入れられます。何一つ欠けてもこの理想の暮らしは達成できません。右下の写真は、わが家のエクリアのモニターが示す2020年10月11日の1階の温度、湿度です。前線の影響で外の湿度は78％です。この家の湿度は真冬でも50％から70％台というコロナ感染対策に適した湿度を維持できています。扁桃腺が弱い私にもベストな環境なのです。

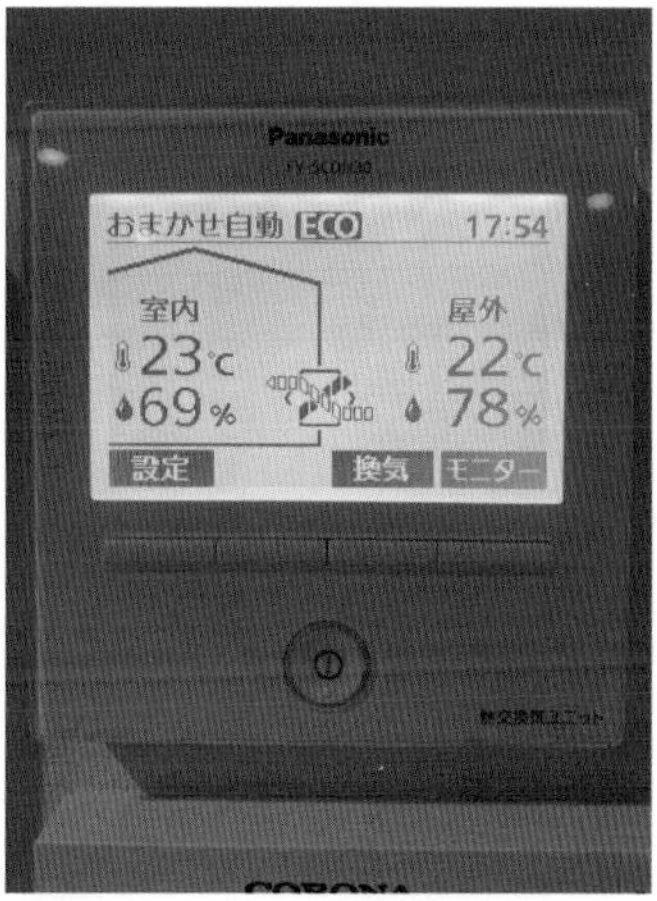

湿度60～70％が健康な暮らしの証明

POINT **健康な暮らしを維持するには、温度24℃、湿度50％から70％を維持した「正圧」という住宅内の空気環境が大切。それには計算された「吹き抜け」を全棟採用した「間取り」が重要な役割を担っている。**

第3章

電気を買わない、非常時でも停電しない自給自足の暮らし

06 電気を自給自足する必要性

東日本大震災が変えたこの国の電力

この項は、この本の「心臓部分」であり、私がなぜ「Ｓｍａｒｔ２０３０零和の家®」というスマートハウスを世に出したか、その理由の一番大きな部分ですので、詳細に説明したいと思います。

２０１１年3月11日、東日本大震災の大津波で東京電力福島発電所が被災しました。この震災が引き金になり、海岸沿いに立地するすべての原子力発電所（以下原発）の安全基準を原子力委員会が見直すことに。その結果、日本は「ベースロード電源」（後ほど説明します）であった原発をほとんど失い、いまだ再稼働の目途はたっていません。しかし、福島原発の正式な廃炉日も決定できない上に原発の置き土産である使用済み核燃料棒の最終処分場も決めきれていないというのに、世界の温暖化対策の流れを汲み、日本は「脱炭素」社会の実現を大義に「エネルギーミックス」へと舵を切り、原発再稼働の道を模索しています。「エネルギーミックス」とは、温室効果ガスを排出する化石燃料（石炭、天然ガス、石油）を燃やして発電する火力発電所を減らし、高効率火力発電所、二酸化炭素を排出しない再生可能エネルギー（太陽光発電、風力、水力、バイオマスなど）、そして原発を使ったエネルギーをミックスして使っていこうという考え方。しかし、使用済み核燃料である濃縮ウランの最終処分場も決定していない、さらに福島原発で出た放射能入り冷却水の海洋散布問題も解決していないなど、原発再稼働にあたっては問題が山積みです。

　ベースロード電源とは、「季節、天候、昼夜を問わず、一定量の電力を安定的に低コストで供給できる電源」のことです。

図表　原子力発電所の現状

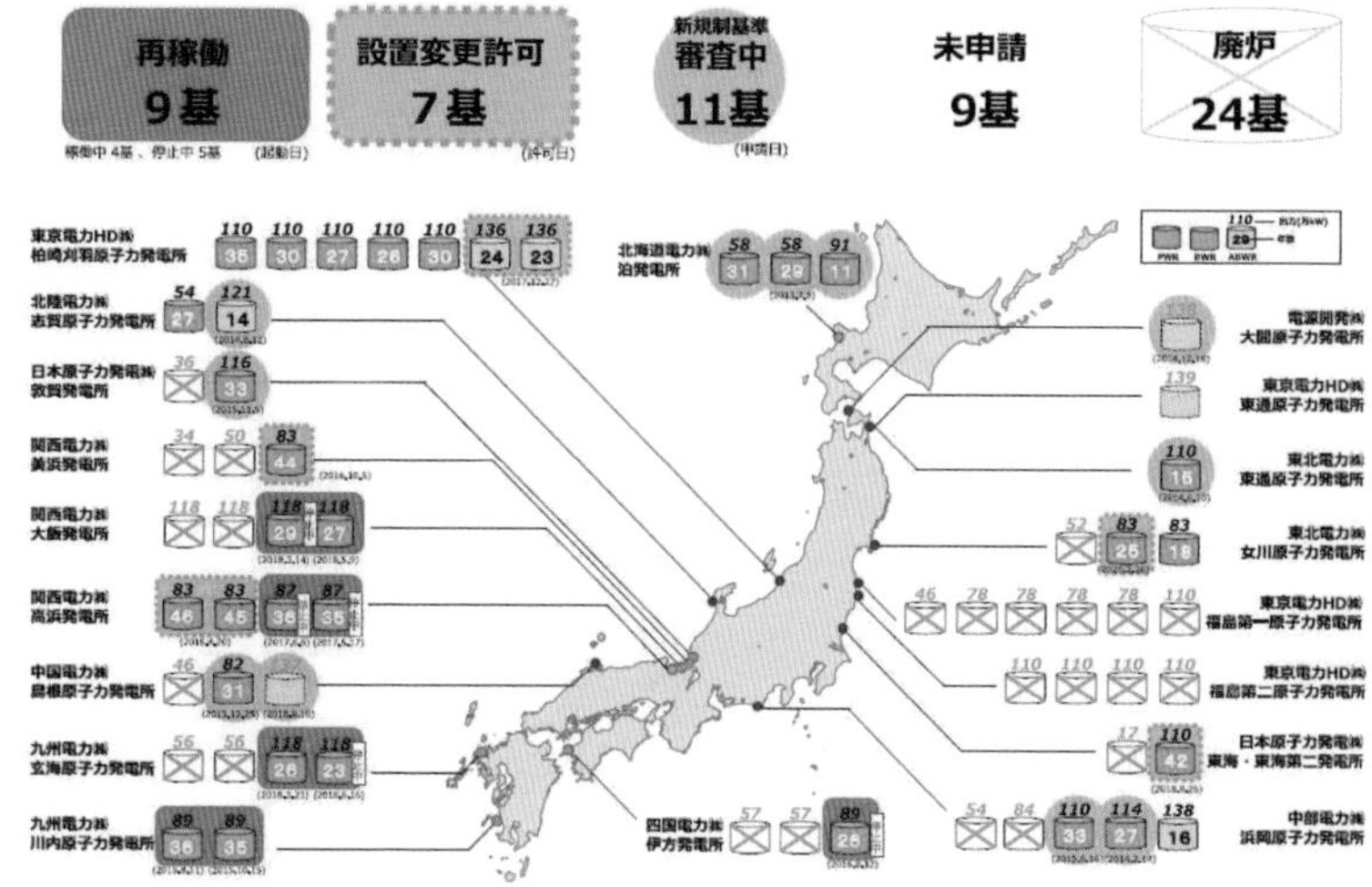

（出典）資源エネルギー庁「2050年カーボンニュートラルの実現に向けた検討」

脱原発か、二酸化炭素の削減か

国内の電源を牽引する火力発電所の中で、最もCO_2を排出する石炭火力発電が現在のベースロード電源になっています。しかし2019年12月11日スペイン・マドリードの気候変動枠組条約第25回締約国会議（COP25）で、小泉進次郎環境大臣は「CO_2を最も排出する日本の石炭火力発電所を少なくして地球環境に貢献します」とは、発言できませんでした。そのことで日本は2年連続の「化石賞」という不名誉な賞をいただきました。

そこには、原発停止後の真実が見え隠れします。発言に踏み切れなかった最も大きな理由は、国内すべての産業に電気が直結しているということです。

石炭火力からＬＮＧ天然ガスへの方向転換

ところが2020年7月3日、梶山弘志経済産業大臣が、記者会見で突如ある発表をしました。日本はコロナ禍で国内製造業が瀕死の状況下にあるにもかかわらず、国連が推奨する「脱炭素」社会に貢献すべく、発電効率の悪い石炭火力発電所を2030年までに100基程度休廃止し、高効率石炭発電所を新たに建設する、さらにＬＮＧ天然ガス発電の比重を大きくすべく、原発再稼働を踏まえて電源構成比を大きくチェンジすると言うのです。

もしコストの低い石炭火力から、CO_2を排出はしないものの石炭の約6倍のコストがかかるLNG天然ガス火力発電に変えれば、電気代が高騰するのは言うまでもありません。電気代が高くなれば「製造原価」「商品原価」「食品原価」という私たちの衣食住に関わるすべてのモノの販売価格が高くなるのです。そうなれば国民は消費行動を抑えて、日本経済はさらに縮小するでしょう。ただでさえコロナ禍不況から脱出をしなければならないのに。

日本がエネルギーミックスで火力発電を使用するということは、海賊事故が絶えない石油産出国のペルシャ湾周辺への自衛隊派遣を継続しなければならないということ。また、この石油産出国で戦争などの緊張が高まれば、安定した量の資源（石炭、石油、LNG天然ガス）が入らなくなります。もし、日本国内に「強制節電令」が発令された場合、電気は誰から先に供給すればいいのでしょう

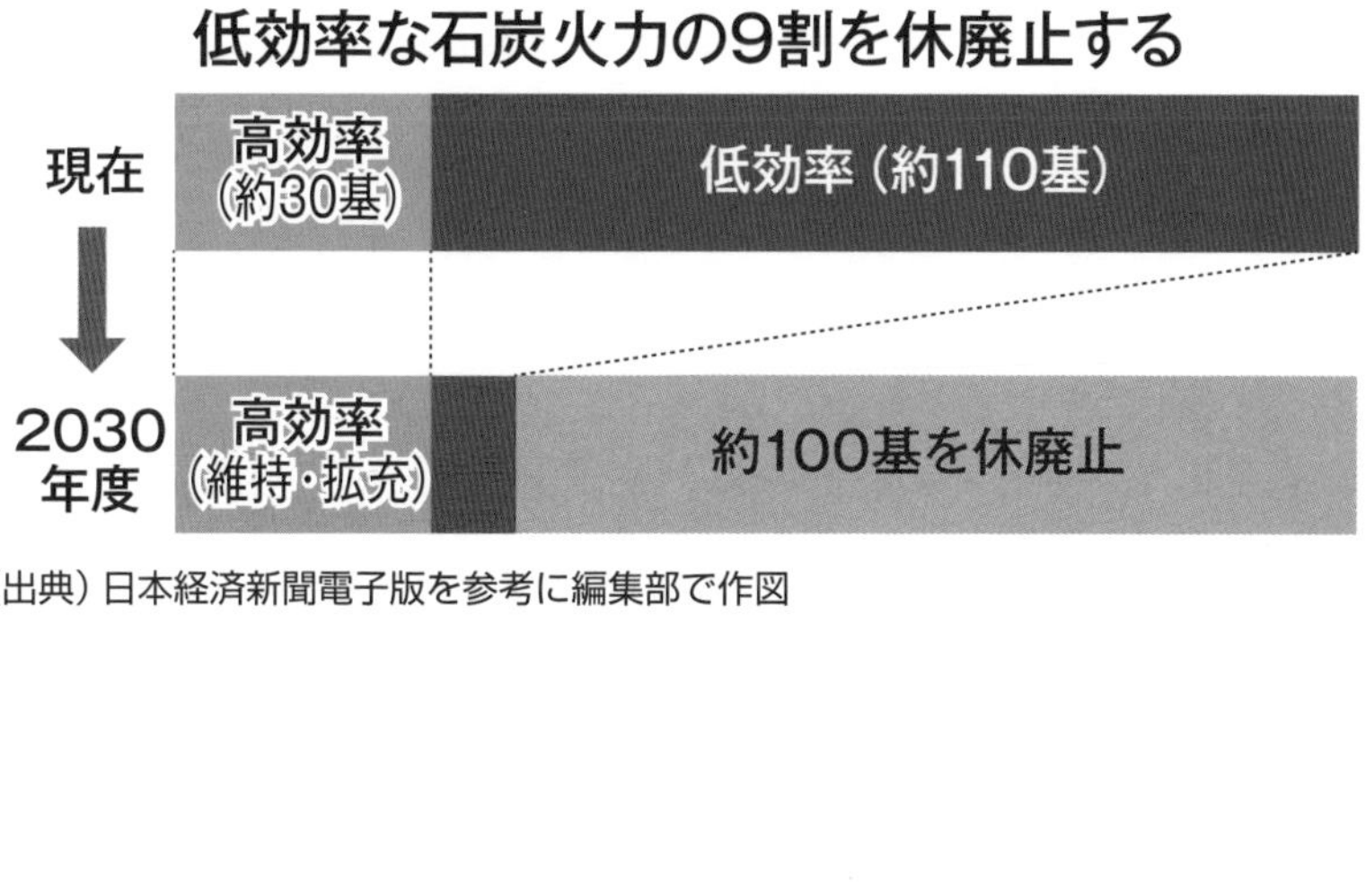

（出典）日本経済新聞電子版を参考に編集部で作図

か？

当然、コロナと戦っている医療機関を第一優先に、高齢者などのライフライン、交通、産業、教育……という順番で公的機関から供給され、個人消費である一般住宅は、老夫婦を優先して私たち中高年以下は後回しにされる可能性があります。さらに、テーマパーク、映画、遊興などの娯楽産業へは必要性から考えればさらに後の方になることでしょう。東日本大震災で経験した、足りなくなった電気を地域別に順次使用する「計画停電」と同じ状況は、いつ起きてもおかしくありません。

もう少しわかりやすく言えば、この国の経済を活性化させるには電気が重要で、わが国は今後、公的機関、生命維持など重要な機関へ優先して供給される電気とどう向き合えばいいのかを考える必要があるのです。であるなら、あなたがこれから造る家は、この国に貢献できる「防災性能の高い」「電気を買わない」「健康で暮らせる」「電気の自給自足ができる暮らし」を優先させなければならないのではないのでしょうか。

私たちの暮らす日本は、ＯＥＣＤ（経済協力開発機構）35カ国のなかでエネルギー自給率（自国の資源だけで発電できる力）が乏しい国だということはご存知ですか。

原発が停止して以降、火力発電を行うための燃料（石油、石炭、燃料ガスなど）を１００％海外から調達しているのです。この燃料という資源を輸入する際の基準価格は、燃料調整費として電力会社ごとに基準値が設定されています。仕入れの際、その時々に変動する輸入価格が基準価格を上回った場合、電気料金メニューにある「燃料調整費」が3か月後にプラスされているという事実をご存知でしたか。今すぐご自宅の電気料金検針票でご確認ください。現在は産出国で戦争が起きていないため燃料の高騰はありませんが、そもそもこうした資源の輸入価格は為替などの影響で上がったり下がったりするもので、一定した価格ではないことも知っておくべきです。

私が一番危惧することは、電気料金がこれからさらに高くなる可能性が高いということです。実は言ったとおりの事件が起こりました。

2020年12月後半から、日本卸電力取引所（JEPX）の市場価格が異様な高騰を続けています。2021年1月1日には100円／キロワット時を超え、12日の約定価格は200円／キロワット時、13日には250円／キロワット時に達しました。それまでの市場価格は平均しても8円／キロワット時前後でした。それが、いきなり30倍にもなったのです。こうした事実を踏まえて、私の住む大手ハウスメーカーの家は1月の電気料金が18万円を超えました（涙）。「卸電力価格が高騰しているため電気の使用量を控えてくれ」などと妻に言ったものなら、「あなたが勝手に電力会社を変えたから高くなったんでしょう」と夫婦げんかが勃発。今回の需給逼迫による高騰の要因は、液化天然ガス

（ＬＮＧ）を積んだタンカーがパナマ運河で待機させられ動けないことや新型コロナウィルス感染のために運河の要員不足、オーストラリアの天然ガス基地でパイプラインが動かなくなったこと、日本海側の寒波が長引き、供給会社が需要を読み間違えて天然ガス輸入量そのものが減っていたなど、高騰した理由を論じています。「この大手ハウスメーカーの家にも太陽光発電が設置されてさえいれば、18万円もの電気料金にはなっていないはずです。瓦屋根に設置する場合は、取付金具が割高になるため、すぐに太陽光パネルが屋根になっている「ＥＶ車対応ソーラーカーポート」をネクストエナジー・アンド・リソース社に発注しました。そして国が推奨しているＺＥＨなどの地球環境に優しい家づくりの推奨が、「温室効果ガス削減を一生懸命やっていますよ」というパフォーマンスとして世界各国に発信されていることです。

　詳しく見ていきましょう。次頁（Ｐ１８３）の図表が東京電力の燃料調整基準価格です。現在主力の石炭は１トンあたり７５８８円。それに比べて「CO_2削減に最も貢献できる」という理由で今後増やす可能性の高い、ＬＮＧ天然ガス発電所の燃料に使用されるガスの仕入れ金額は１トン当たり約5倍の３万５３３１円です。

　従来の石炭火力よりももっと高効率の石炭火力発電所が今後出現し、建設を加速するとしても、その建設費用も結局は電気料金に上乗せされるかもしれません。前述の通り、現在の国内の電気料金の大半はこのCO_2を最も排出する石炭火力発電所で発電されています。地球環境に優しい家づくりとは、今の石炭火力で発電される電気を買わない家に住むことなのです。

しかし、ＺＥＨや長期優良住宅を建てれば国から補助金を出すということを理由に、日本として「エネルギー自給率の高い住宅を推奨している」ということを世界にアピールしているというのも事実です。その補助金額が増えた分、日本は地球温暖化にこれだけ貢献しているという「カーボンマイナス（エネルギーの発電量と消費量をCO_2換算し、個々の企業や家庭からの排出量と発電量を相殺した結果、排出量がマイナスになること）」を強調したいのです。日本はエネルギーミックスで、ありとあらゆる最適化された電源を模索中であり、今現在「これだ！」という結論には至っていません。記者会見の報道を見る限り、記者が「どこの原発を再稼働する予定ですか」と具体的な質問をしても、梶山大臣は「できるだけ原発に依存しない

図表　東京電力の燃料調整基準価格

令和2年10月～12月平均の貿易統計価格	1klあたりの平均原油価格	28,869円	（原油換算1klあたり）44,200円＝基準燃料価格
	1tあたりの平均LNG価格	35,331円	
	1tあたりの平均石炭価格	7,588円	

※火力発電で発電した電気には「燃料調整費」が別途徴収されている
（出典）東京電力HP

状況で」というように明確な返答はしませんでした。これからの電源の在り方は「エネルギーミックス」となり、今までとは大きく変わるということを国民に発信すること自体に意味があったのでしょう。

POINT

日本が再生可能エネルギーの普及を加速させることは間違いのない事実です。２０３０年までに現在の老朽化石炭火力発電所を廃止して、高効率石炭火力発電所を増やし、天然ＬＮＧガス発電などに切り替えるため、未来に向け電力事情はさらに不安定になります。つまり、電力高騰のリスクは払拭できないため、購入する電力の少ない家を建てて、自宅で使用する電気は自家発電する以外に得策はないのです。

エネルギー削減設備は標準装備

私がこうした電力事情をビルダーにお伝えしても、「すぐにその状況にはならないでしょう」と言葉を返す方が多いのです。住宅ローンは35年返済で考える方がほとんどですが、２０２１年に家づくりをして、２０３０年になった時に「自給自足できない家」を建築した人は、毎月の住宅ローンの支払い途中で「太陽光発電」、「蓄電池」、「Ｖ２Ｈ」を簡単には設置できません。一度住宅ローンを借りてしまえば、35年間あなたの借入金額が

ＣＩＣなどの指定信用情報機関に「借金情報」として開示されるので追加融資は難しいからです。

住宅の追加設備を自動車ローンのようなクレジットを利用して借りる場合、契約の際、書類でしっかりと見てほしい箇所は、「現在の住まい」の欄の「アパート・戸建て・マンション」を選択した後の、「賃貸・所有」の部分。もし「所有」と書いた場合、残債があると「残金○○○○万円」と記載しなければなりません。昭和の時代は「自己所有」と書いただけで「信用できる」と捉えられていたのですが、令和の時代では、住宅を所有するということは残債額まで記載しなければならない「ネガティブ情報」になったのです。

さらにその家は「一般戸建て」、「ＺＥＨ」、「次世代ＺＥＨプラス」、「カーボンマイナス」でしょうか？　そして自給率は「１００・80・50・30・０」のどれでしょうか？……と聞かれる時代が来る来ないは別にして、住宅の価値は世界レベルで判断される時代になるでしょう。

深夜電力割引の上昇

原発停止の置き土産のひとつが「深夜電力割引」の値上げです。このことを説明する前にまず知識として押さえていただきたいのは、すべての発電所は「発電した電力」と「消費する電力」を同時に一致させること（「同時同量の原則」といいます）をしないと、停電（ブラック・アウト）してしまうということです。

原発は発電量調整ができないことがデメリットであり、無理に発電調整をして起きた事故が「チェルノブイリ原発事故」です。

図表　電力の需要と供給

（電力需給バランスが均等な時）

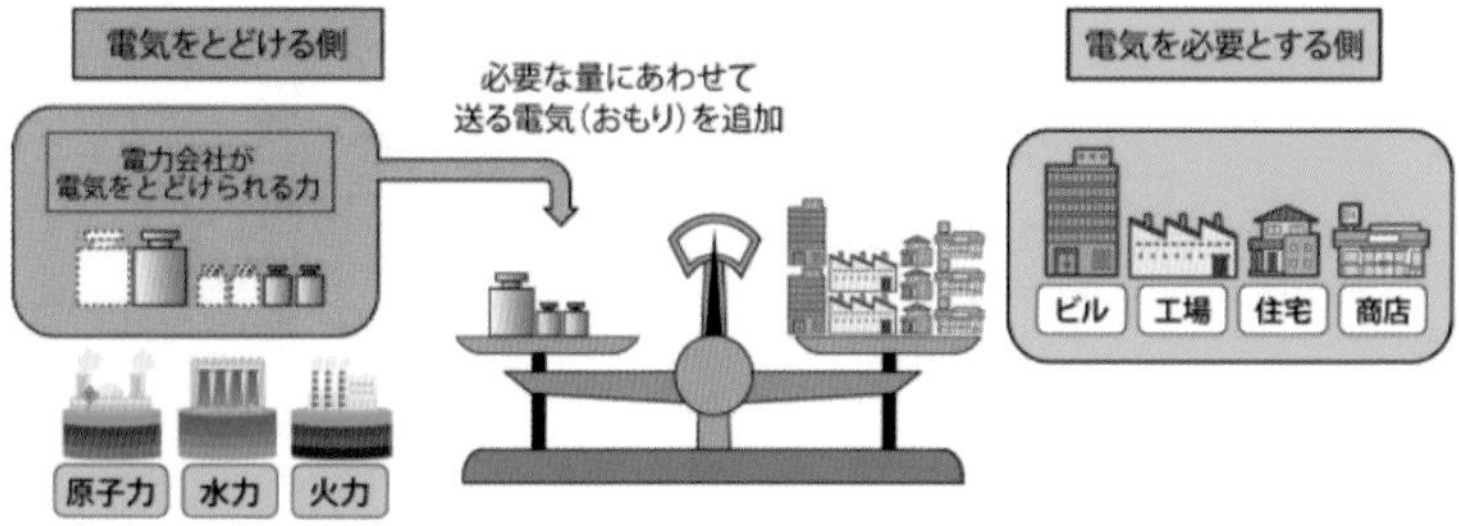

（需給＞供給となった時）

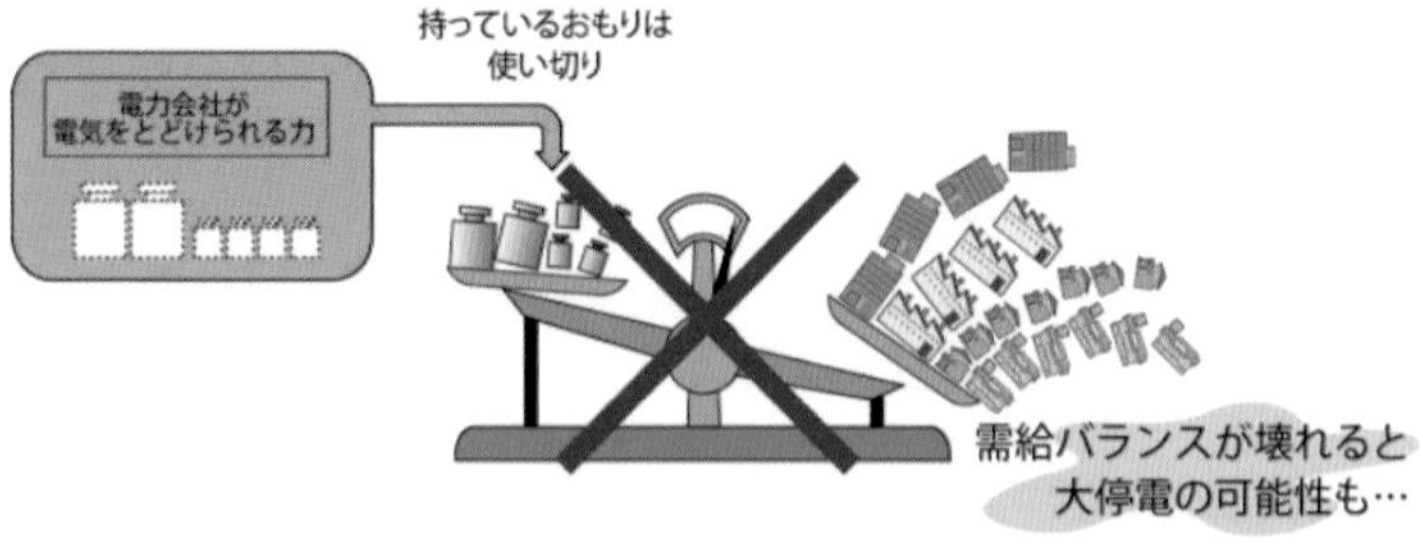

（出典）電力需要緊急対策本部（2011年3月25日）の参考資料を元に資源エネルギー庁が作成

津波被害と放射線被害の賠償内容が全く違った東日本大震災

福島第一原発がメルトダウンを引き起こし、水蒸気爆発が発生して噴煙を上げているテレビ映像を覚えていらっしゃる方も多いと思います。自衛隊のヘリコプターが海から汲み上げた海水を何度も福島原発の建屋に向けて放水しました。放射能を帯びた空気が北北西方向へ吹き、そのために故郷を失った国民がどれだけいたことか。大変悲しい、世界を震撼させた原発事故でした。

私のクライアントである福島県郡山市のアイビーホームの横田三郎社長もその犠牲者でした。当時小学生だったお子様の未来を考え、奥様とお子様だけは「放射能汚染が届かない」からと、暮らしたことのない群馬県へ移住されました。他にも新しい居住地を求めて、新潟県境の会津若松市にできた大型分譲地まで引っ越した方も多くいたそうです。

東日本大震災の際、「津波で被災」した方々と、「放射能汚染で被災」して避難された方々では、補償金と賠償金という「償い」に大きな差が出ました。他にも私が驚いたのは、放射能汚染で被災した方々が別の土地で住宅を新たに建築した場合は100％の住み替え費用が支払われたのに対し、建築しない場合は移住支援金しか支払われなかったことです。震災後の東北は建材、人材がともに不足して、建築バブル状態だったと聞きました。

津波の場合は、家の倒壊度によって賠償額が保険会社の判断に委ねられたという悲しい事実もあります。このように自然災害の「保証」と原発事故の「補償」では天と地の違いだったのです。さらに原発事故では多額の見舞金が支払われたことで労働意欲がなくなりギャンブルで破産する人が出たというような生々しい話も地元のタクシーの運転手さんから聞きました。

深夜電力割引がもたらした社会

発電所の「同時同量の原則」がある以上、発電調整ができない原発はみんなが寝静まって一定量の電力を消費できない深夜の時間帯でも、何が何でも電気を使わなければ停止してしまいます。そこで誕生したのが、「オール電化住宅」です。

このタイプの家では、ガス湯沸かし器のように使う量だけのお湯をそのたびに沸かして使用するのではなく、電気料金が安い真夜中のうちにエコキュート（自然冷媒ヒートポンプ給湯機）を稼働させて翌日使うお湯を沸かして貯湯タンクを満タンにします。このように、電力会社は率先して住宅会社などと連携を図り、日中購入するやや高い電気料金より深夜帯の電気料金を安くした「深夜電力割引」を設けてオール電化住宅を増やすことで、深夜の電気需要を増やすことにしました。

このような背景で、自然冷媒ヒートポンプ給湯機（現在はエコキュート）の拡販は２０００年から本格化しました。それでも電力供給量（発電）に対して需要（消費）量が足りなかったため、公共建物のライトアップなども始めることに。コンビニエンスストアが24時間営業化していったのもこの「深夜電力割引」が大きな原因です。

火力発電が代替え電源になったことによる値上げ

３・11以降、日本の深夜電力料金は被災前と比べて「倍以上」に値上がりしました。原発の代替電源であるベース電源を「石炭」火力発電に、ミドル電源を「ＬＮＧ天然ガス」火力発電に、ピーク電源を「石油」火力発電に変え、電力需要量に合わせて内陸部に点在する火力発電所の仕様を変えた結果です。

次頁（Ｐ１９２）の表は火力発電所の燃料を調達する際の燃料調整基準価格です。先ほどもお伝えしたように火力発電のリスクは電源である燃料をすべて海外からの輸入に依存していることです。そのため、電源である燃料資源を仕入れた時の輸入価格が高ければ、電力会社は規定に基づき電気料金を値上げするという、飛行機の「燃料サーチャージ」と同じ手法で運営されています。一番安い「石炭」で国内の現在の電気料金は設定されていましたが、今後主力の発電方法が「石炭」から「ＬＮＧ天然ガス」に変わることで電気料金の値上げをどうやって抑制できるのかが私の不安であり、今後の課題です。

皆さんは、電力会社の電力検針票に記載されている「燃料調整費」という項目をご存じでしょうか。この「燃料調整費」の基準価格は、国内10の電力会社ごとに異なります。２０１９年3月、関西電力は福井県の美浜原発の停止により経営が困難になることを回避するために、1キロリットルあたりおよそ4万５０００円だった燃料調整基準額を2万７１００円まで値下げしました。これにより、関西電力管内で電気を購入する方々は輸入価格の影響を受けやすくなりました。というのも、「燃料調整基準価格」が低い地域の電力会社ほど値上げ率が高いのです。今現在、1キロリットルあたり4万円以上の燃料調整基準価格は、需要の多い東京電力と、中部電力だけ。北陸、関西、中国、四国、九州は2万円台ですから輸入価格の影響を受けやすい地域であることと、今現在

図表　各電力会社の主な電気料金プラン（オール電化）

電力会社	基本料金	昼間（/kWh）	夜間（/kWh）	託送料金（/kWh）	燃料調整基準額（/kℓ）
東北電力（よりそう+シーズン&タイム）	1,980円	43.14円	11.43円	10.68円	31,400円
東京電力（スマートライフS/L）	1,716円	25.80円	17.78円	9.43円	44,200円
中部電力（スマートライフプラン）	1,487.04円	38.71円	16.30円	9.88円	45,900円
北陸電力（くつろぎナイト12）	1,650円	34.94円	12.50円	8.58円	21,900円
関西電力（はぴeタイムR）	2,200円	28.96円	15.20円	8.59円	27,100円
中国電力（電化Style）	1,650円	32.68円	14.87円	9.11円	26,000円
四国電力（でんかeプラン）	8,637.04円	32.49円	21.64円	9.47円	26,000円
九州電力（電化でナイト・セレクト）	1,650円	26.84円	13.21円	9.13円	27,400円

（出典）各電力会社のHPより作図　（2021年3月7日現在）

の燃料調整費がマイナスになっても、未来に向けてプラスに転じる可能性があることを十分認識してください。

今回の新型コロナウイルスの感染拡大により、さらに会社へ出勤できない人々が増え、自宅で仕事をする時間が増えたことで、企業や工場などの消費電力は著しく下がりました。需要という「消費者」が減ったということは、電力会社の経営も厳しくなり、リストラをするか、新しい収入源を探すかを選択しなければならないのです。

つまり、銀行がお金を貸す事業から、サービスを販売する事業まで幅を広げたように、電力会社は電気を売るだけでなく、原材料（企業が使う電気）のコストダウンという、使用する機械の消費電力まで考慮する新たなサービスを始めなければいけない時代になりました。

私がお付き合いをさせていただいている広島市にある再生可能エネルギー会社・ウエストホールディングスの吉川隆会長は「近い将来、住宅も、所有することに価値を見出す時代から、住宅が提供するサービスを買う時代へと変わるでしょう。大手電力会社も、私どもを含めた新電力会社も、社会責務を果たすための住宅を通した社会構造が必要です。今後も急速に変化する社会情勢に出遅れない住居、すなわち人間の根源となるエネルギー自給率の高い、素晴らしい暮らしを誰よりも先に提案してください」と私に提言されました。エスコ事業（省エネルギー対策を各企業や家庭に提案し、その実績に応じて対価を受け取るサービス）をはじめ、私のＩｏＴ住宅の知識の礎を築いてくださった師匠です。

現在、電力会社の売り上げは「テレワーク」の増加に伴い、日中の高い価格帯の住宅部門の消費電力の割合が増えています。では24時間同じ料金を提案している新電力会社にスイッチングすればいいのかについては、後ほど詳しくご説明します。電力会社は地球温暖化対策という国際社会と調和も大切にしながら、コストの低い石炭火力発電で経営を維持してきたのです。自動車などの製造業にとっても電気料金は製造原価に直結します。つまり、電気料金が上がれば国内で生産されるすべての製品の販売価格も値上げされることにつながります。

東日本大震災によってベースロード電源である原発を失った現実は、これからの国内経済に大きな問題を突きつけました。そもそも「原発安全神話」など存在しなかったのです。使用済み核燃料の最終処分場もいまだに決まっていないどころか、放射能汚染水を海洋投棄しなければ捨て場がないという現実を抱えたまま、電源構成比の都合で原発再稼働を誘発する議論が２０２０年7月3日の梶山弘志経済産業大臣の発言で始まっています。私は、むげに原発に反対する立場にはありませんが、日本が今どれくらいの電力を発電できる電源をいくつ所有していて、その中でCO_2を削減できる発電所がいったいいくつあるのか。それらをすべて公開してはじめて、足りない電力と全国民がどう向き合うか話し合う環境が整うのではないかと思います。

輸入価格が著しく低いからと、温室効果ガスを大量に作り出す石炭火力発電をメイン電源にしてきた日本を、世界は許しませんでした。原発の代替電源として、天然ガス発電を開始させるのでしょうか。2021年1月のJEPX（日本卸電力取引所）の価格の高騰のように、このままでは真夏の熱帯夜には冷房のための電力が逼迫し、酷寒の降雪時には暖房のための電力が逼迫するでしょう。そうした通常の発電量以上の電力が必要になった時のピーク電源として、今後はどんな方法で発電をするのか。太陽が出ていない時、風がない時に再生可能エネルギーという太陽光発電、風力発電は当てにできないからこそ、考えなくてはならないのです。

再生可能エネルギーの活用

再生可能エネルギー発電促進賦課金徴収制度とは

石炭、天然ガス、石油といった枯渇性資源に頼らないための新たな電源が、太陽光発電、風力発電、バイオマス発電などによる「再生可能エネルギー」です。原発停止により足りなくなった電力を補う再生可能エネルギーを促進するために、国は「FIT固定価格買取制度」という制度を作り、太陽光発電装置の設置を国民に委ねて、発電した電力の買い取りは国が負担するという法律を2012年にスタートしました。

「発電した電気を国が責任をもって買い取るので設置費用は国民が負担してください」という触れ込みで始まりましたが、この制度では電気を1キロワット時買うたびに「再エネ賦課金」という名目で、消費税のようなものを電気料金以外に国民から徴収しています。しかも、発電して電気を売った人だけではなく、装置を設置していない各世帯からも徴収しているのです。2019年度の買い取り総額は3兆5800億円に及び、国民の電気料金の支出の1割を超えています。2020年度は電気を1キロワット時買うごとに2.98円徴収されています。2021年は果たしていくらになるのか不安です。仮に毎月450キロワット時の電気を購入する戸建て4人家族だと、毎月1341円、年間で1万6092円も余分に支払っていることを認識してください。

もうひとつ危惧することは、この法律は毎年何か問題が起きるたびに法改正されていることです。既にお伝えしたように電気を買い取る電力会社には同時同量の原則があり、消費がない場合には買い取りを拒否できます。それを「出力制御」と言います。つまり、投資された太陽光発電設備は余剰発電（自家消費を賄い、それでも余った電気）で回収するつもりでも、今後余った電気を売ることで得る「売電収入」は、マッチングがうまくできずに得られない可能性があります。

さらに私が危惧するのは、国内に建設された原発の寿命です。原発は40年稼働したところで検査のため休止します。原子力委員会の新基準をクリアして再稼働しても残り20年で役目を終了するそうです。今後新たな原発を建設しない限り、２０７０年にはすべての原発は停止して廃炉になります。その廃炉の負担金も事前に貯蓄しておけるよう、電力会社は国からの命令で、電気を買うごとに使用する送電線の「託送料金」に、「電源開発税」という項目を上乗せして貯蓄しています。

原発がCO_2削減に貢献できる非枯渇性エネルギーであり、国産の安全なエネルギーだと豪語していた時代は終わりました。使用済み核燃料棒の最終処分場問題を後回しにして建設したツケを、今、そして次の世代も払っていくことになってしまったのです。

光熱費は家を建てる前に決まっている

２ＤＫなどの賃貸物件が手狭になったことで家を新築する方がいらっしゃいます。３ＬＤＫとなり部屋数が増える戸建て住宅は、光熱費も当然増えます。これからの家づくりでは、光熱費が上昇傾向にあるという事実を重視した家づくりが絶対条件です。こうした光熱費というエネルギーに関する知識のないビルダーから家を買ってしまうと、一生にわたって後悔することになるのです。

知識のないビルダーは、「賃貸であろうが戸建て住宅であろうが、みんな電気は電力会社から買うのだから、電気をどれだけ使おうが、電気料金がどれだけ値上がりしようがわが社には全く関係ない」と思っています。そしてそんなビルダーがいかに多いことか。建てた後の電気料金や自家消費電力は「その家で暮らす人の責任」であって、ビルダーの責任ではないというような、省エネ性能に重きをおかない無責任なビルダーには絶対に家づくりをお願いしてはいけません。適正な断熱性能を持つZEH住宅を建てれば、自家消費電力は抑えられ、健康に暮らせます。

まして、「電気料金が値上がりするのはあなただけではなく、他の世帯も平等です」なんて無責任なことを言うビルダーは今すぐ廃業するべきなのです。第2章で健康に暮らすための住宅性能を詳細に書きましたが、自家消費電力についてはその家族の暮らし方だけに依存するのではなく、最初から二酸化炭素を排出しない一次エネルギー削減住宅を設計することが大切です。家を建てる時は、そのことを理解しているビルダーと出会うことです。2021年4月からスタートする改正建築物省エネ法は、こうした無責任な建築士を国は排除する方針を決めたのです。

東日本大震災の翌年2012年から大々的に推し進められた「FIT再生可能エネルギー固定価格買取制度」。2012年は42円/キロワット時で買い取るという大盤ぶるまいだったことが、本来の再生可能エネルギーの普及を加速させるどころか「投資案件」として悪用される要因となりました。私の承知する限り、この法制度を利用して産業用発電所を購入した企業の中で、真の地球貢献を実践している企業は少ないのです。SDGs(持続可能な開発目標)という名のもとに売電収入を正当化している企業が多いのも事実なのです。

太陽光発電と住宅の新しい在り方

2020年度のFIT固定買取価格制度は、住宅向け太陽光発電のパワーコンディショナの容量が10キロワット未満では21円/キロワット時まで下がりました。買い取り期間は10年間です。2021年度は19円/キロワット時になりました。太陽光発電には、パワーコンディショナ(太陽光で発電した電力を家庭で使える電力に変換する装置)が必要で、このパワーコンディショナの容量(出力)が10キロワットを超えると買い取り期間は20年になる代わりに、買取価格が13円／キロワット時まで引き下げられます。また、２０２０年度時点では30％の自家消費を報告するという厳しい条件が付加されていますので、一般住宅においてはパワーコンディショナ容量を10キロワット未満の設置にすることが絶対条件です。

「卒ＦＩＴ」という言葉を耳にしたことがあるかもしれません。「卒ＦＩＴ」とは、この買い取り期間が終了（卒業）すること。その後、今まで通りの既存電力会社に電気を売るのか、それとももう少し条件のいい「新電力」会社にするのか……と、10年間の固定価格買取制度終了後の次なる利用の仕方を考えることも大切です。

端的に言うならば、この卒ＦＩＴ案件では、余った電気を売ることだけに固執するよりも、自家消費電力に有効利用する方が賢明な場合も。私なら蓄電池やＥＶ車という日中発電した電気を蓄えられる設備を導入して、今後高額化する電力会社の電気を極力買わないで自給自足できる方法を模索します。

電力自由化が及ぼす家計への圧迫

日本には北海道から沖縄まで10の電力会社が存在し、電力源は原子力（沖縄にはありません）、水力、火力、風力などが代表格で、東日本大震災が発生するまではその地域で消費する電力を、その地域で発電した電力で十分供給できる発電量を有していました。

それが、東日本大震災を境に一変したのです。原発のほとんどは海岸沿いに立地しています。原子力委員会も津波の高さについては慎重に議論を繰り返してきたはずですが、東京電力では新潟県中越地震で発生した刈羽原発の後処理に追われて福島原発の津波対策が後回しになっていた矢先に東日本大震災が発生。送電線の容量不足で、電気が足りない被災地へ、被災していない電力会社からの電力を融通できませんでした。被災地への物

図表　NW事業の特製とシステム改革

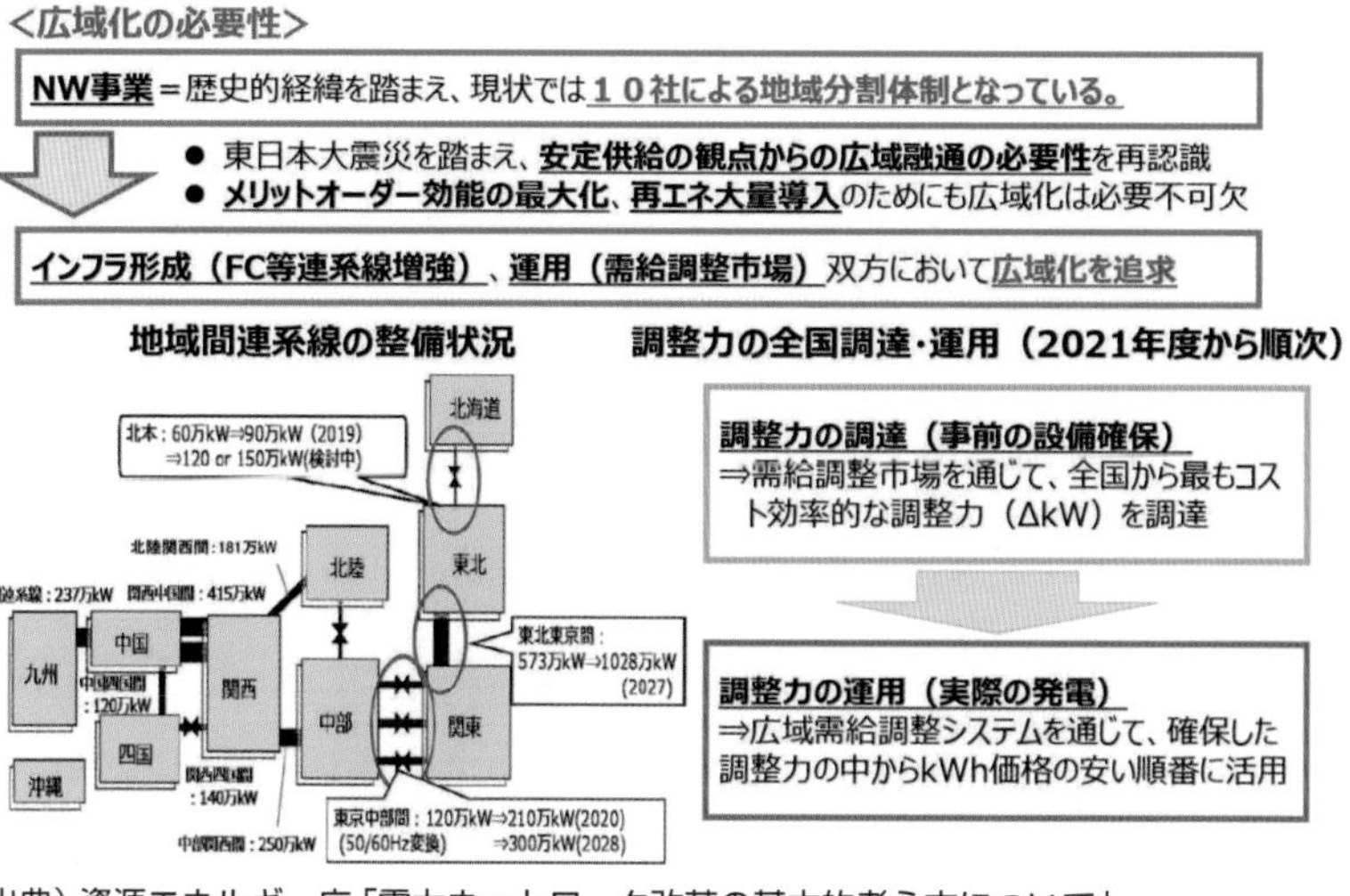

<広域化の必要性>
NW事業＝歴史的経緯を踏まえ、現状では１０社による地域分割体制となっている。
● 東日本大震災を踏まえ、安定供給の観点からの広域融通の必要性を再認識
● メリットオーダー効能の最大化、再エネ大量導入のためにも広域化は必要不可欠
インフラ形成（FC等連系線増強）、運用（需給調整市場）双方において広域化を追求
地域間連系線の整備状況
北海道
北本：60万kW⇒90万kW (2019)
⇒120 or 150万kW(検討中)
東北
北陸関西間：181万kW
北陸
関西中国間：415万kW
中国
九州
関西
中部
関東
四国
沖縄
中国四国間
：120万kW
関西四国間
：140万kW
中部関西間：250万kW
東北東京間：
573万kW→1028万kW
(2027)
東京中部間：120万kW⇒210万kW(2020)
(50/60Hz変換)　⇒300万kW(2028)
調整力の全国調達・運用（2021年度から順次）
調整力の調達（事前の設備確保）
⇒需給調整市場を通じて、全国から最もコスト効率的な調整力（ΔkW）を調達
調整力の運用（実際の発電）
⇒広域需給調整システムを通じて、確保した調整力の中からkWh価格の安い順番に活用

（出典）資源エネルギー庁「電力ネットワーク改革の基本的考え方について」

資を配送するための道路事情も迂回路を含めて新たな見直しが迫られました。被災後に、被災していない地域の電気をすぐに融通できなかったことは、今後発生する可能性の高い南海トラフ地震を見据えた場合、とても深刻な問題だとして認識されるようになったのです。

送電線を強化する「発送電分離」

送電線はこれまで既存電力会社が所有して、維持管理をしていました。日本は「南海トラフ地震」がいつ発生してもおかしくない状況にあり、実際に地震が発生した際には東京、中部、関西、四国、九州の5電力会社が網羅する地域が被災する可能性があります。そこで、2020年から始まった「発送電分離」という新たな電力改革では、送電網が既存電力会社に干渉されない新たな仕組み作りをすることになりました。

図表　新たな仕組み「発送電分離」

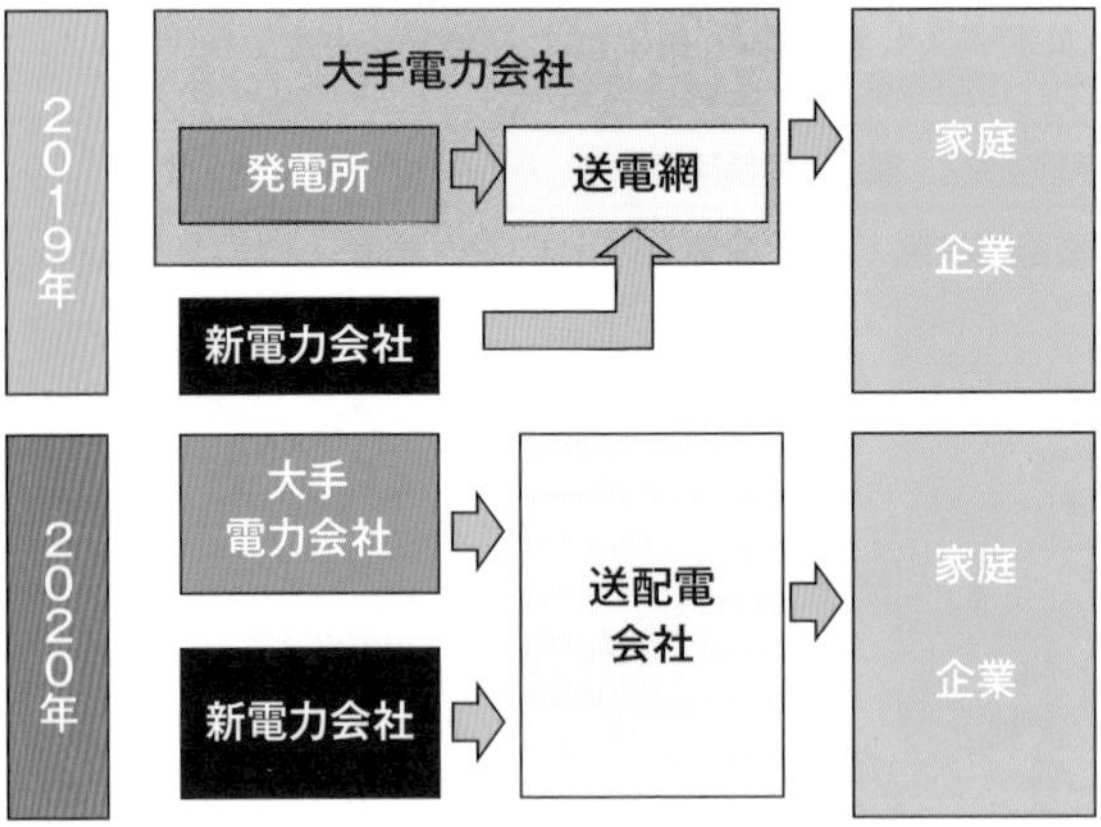

（出典）エスイーエー

これにより、既存電力会社も新電力会社も、新たに設立された中立な「送配電会社」に私たちから徴収する「託送料金（電気を購入する際に利用する送電網に対しての料金で、キロワット時あたり平均9円）」を平等に支払うことで電力自由化が本格的にスタートしました。

実際に新電力会社との電力取引をすればわかることですが、既存電力会社の託送料金と新電力会社の託送料金は違います。私が利用しているメディオテック社の託送料金の方が概ね1円程度安いです。ただし、既存電力会社は、託送料金という名目の料金を徴収していません。代わり

図表　既存電力会社の託送料金平均単価

	託送料金平均単価（低圧供給）※1			
		賠償負担金相当額	廃炉円滑化負担金相当額※1	電源開発促進税相当額※2
北海道	9.63	0.04	−	0.418
東北	10.68	0.04	0.03	0.414
東京	9.43	0.08	0.03	0.414
中部	9.88	0.06	0.01未満	0.414
北陸	8.58	0.04	0.01未満	0.410
関西	8.59	0.12	0.05	0.413
中国	9.11	0.03	0.02	0.425
四国	9.47	0.10	0.03	0.414
九州	9.13	0.08	0.02	0.417
沖縄	10.92	−	−	0.409

単位：円/kWh（税込）

※1 東北、東京、関西、四国、九州については、令和2年10月1日から令和3年9月30日までの単価（令和2年9月4日付けで認可された託送供給等約款に関して、新型コロナウイルス感染症の影響を踏まえた経済・社会情勢に配慮する観点から、現行託送料金からの引上げ相当分の適用期間の始期及び終期を1年間延期するため）。

※2 電源開発促進税相当額＝電源開発促進税税率（0.375円/kWh）×電源開発促進税対象需要÷託送料金算定対象需要＋税

（出典）資源エネルギー庁「各一般送配電事業者の託送料金平均単価等」

に基本料金という項目があります。この基本料金に託送料金が含まれていると思えばいいのです。基本料金を託送料金で割れば、何キロワット時までその電力会社が託送料金を含んでいるのかがわかります。

たとえば２０２０年度の東北電力では1キロワット時あたり10・68円なので、オール電化住宅の基本料金１９８０円を10・68円で割り、１か月１８５キロワット時までは基本料金と相殺できると考えてもいいのではないでしょうか。電力自由化は表示方法も大きく変わるので、ホームページにある「シミュレーション」だけでは、既存電力会社と新電力会社の違いは詳しくわからないと思います。

つい先日、長女の夫のスマートフォンのシムロック解除をしにソフトバンクへ行った際に、「ソフトバンクでんきに切り替えれば3か月間、基本料金が発生しないのでこの機会にぜひ切り替えませんか」という猛攻セールスをかけられました。私はダイレクトパワー社の基本料金が発生しない「ダイナミック・プライシング」という２０２１年に大高騰したＪＥＰＸ（日本卸電力取引所）のスポット市場の電気を導入していますのでお断りしましたが、こうした電力会社の乗り換え（スイッチング）の顧客争奪戦の激化で既存電力販売会社の経営も今後は厳しさを増します。既存電力会社だけが電力会社ではなくなったのです。

現在、旧電力会社を使用している人は8割にのぼりますが、約2割の国民は新電力会社に切り替えました。既存電力会社の電気を購入している家庭の方は、新電力会社のサービス内容をしっかり把握して、どの電力会社が有利なのかを調べるべきです。第1章でお伝えした「一次エネルギー消費量」の考え方（P36）が、この項の重要な考え方なのです。「電気料金がいくら」ではなく、「わが家では○○キロワット時を日中に、○○キロワット時を夜に消費するから、どこの電力会社を選べばメリットがあるのか?」という考え方が家づくりの基本になるのです。家を建てると同時に支払いが始まる光熱費というランニングコストの負担を考えてください。住宅会社のほとんどが、これからの光熱費の高騰など全く考えていないのです。

CHECK スポット市場って何?

電力スポット市場とは、日本卸電力取引所が開催する電力取引市場の一つであり、翌日に発電または販売する電気を前日までに入札し、売買を成立（マッチング）させるものです。日本では、日本卸電力取引所（JEPX）が電力スポット市場を開催しています。電力スポット市場は、1コマ30分単位で取引され、1日当たり48コマの商品があります。最低取引単位は1コマ当たり500キロワット時です。売り手（発電会社や一般電気事業者など）と、買い手（新電力会社や一般電気事業者など）は、取引日（通常は受渡日の前日）までに売りたい量と価格、または買いたい量と価格の組合せをネット経由で札入れします。

取引日の午前中に卸電力取引所は48コマ全ての売り札と買い札を価格と量に応じて積み上げ、需要曲線と供給曲線が交わる均衡点をコンピュータが計算します。そして、1コマにつき1つの約定価格を決定します。たとえ約定価格よりも安い売値を入れた売り手も、高い買値を入れた買い手も、全員がこの約定価格で取引をします。新電力会社は発電所を持たない場合もあり、日本卸電力取引所から直接電気を購入して顧客に届けています。電力会社も新電力会社もそれぞれ一長一短があります。例えば2021年1月13日の卸価格は250円という異常な高値です。その逆で2020年5月は0・01円という、タダ同然の価格もあるのです。この日本卸電力取引所から電気を購入する新電力会社と私たちが契約する場合には、最安値だけをＡＩに判断させて購入できるスマートハウスを所有していることが条件です。

CHECK 携帯料金と電気料金の合体プランの行方にも注目

2020年8月28日、安倍総理（当時）は健康を理由に内閣総理大臣退陣を表明し、その後、安倍内閣を支えた菅官房長官（当時）が内閣総理大臣に就任されました。菅総理は、携帯電話料金が高すぎるということで新たな提言をされましたが、電話会社が通信と電気をセットで供給しているサービスがどう変化するのかも注視したいところです。

発送電分離が将来に与える問題を考える

この地図は2040年の日本の人口予想マップです。ほとんどの市町村の人口が今後減少することが理解できると思います。

「日本創成会議」の人口減少問題検討分科会（座長・増田寛也元総務省）は、コロナ禍以前では、「2040年に若年女性の流出により全国の896市区町村が消滅の危機に直面

図表　全国の「消滅可能性都市」の分布

2040年の日本
（出典）「『地域消滅時代』を見据えた今後の国土交通戦略のあり方について」より作成

する。地域崩壊や自治体運営が行き詰まる懸念がある」として、東京一極集中の是正や魅力ある地方の拠点都市づくりなどを提言しました。コロナ禍の不幸中の幸いともいうべき小さな希望は、今後、コロナ禍の影響で地方経済が新たな経済網を創生するかもしれないということ。

この分科会では、国立社会保障・人口問題研究所が2019年3月にまとめた将来推計人口のデータを基に、最近の都市間の人口移動の状況を加味して2040年の20代から30代の女性の数を試算しました（一人の女性が一生の間に生む子どもの数に相当する合計特殊出生率の試算の数字が物議を呼びました）。その結果、2010年と比較して若年女性が半分以下に減る自治体「消滅可能性都市」は全国の49・8％に当たる896市区町村に。このうち523市町村は、2040年に人口が1万人を切ると予測されています。

今後人口が減少していくのは間違いなく地方です。例えば変電所から4キロ離れた10万人が暮らすA町と、1万人が暮らすB町では、同じ変電所からの距離であっても需要量という消費する電力はA町の方が多いことは言うまでもありません。仮に送電線の維持費が同じ金額であったとしたらB町の一人あたりの託送料金は高くなる可能性がありま す。現在は電気料金の中に託送料金が含まれていますが、政府は発送電分離（送配電部門の中立化）を実施することで託送料金を別立てにして今後増えるであろう費用をきちんと徴収したいわけです。悪い言い方をすれば、電気料金の値上げは据え置いても、電気を配達する送電線を使用するための「託送料金」という、電気を購入する新項目で値上げするかもしれません。このような徴収システムを皆さんはどう思いますか？

商品を買う時に消費税が別か込みか、別ならいくらなのかという会話があるように、これから皆さんが購入される電気料金は託送料金が別か込みかという会話も増えるのでしょう。すでに新電力会社では、仕入れ先（ＪＥＰＸ＝日本卸電力取引所）の金額に託送料金を上乗せして売値を表示するという料金設定が始まっています。いずれもすべての課金（託送料金、燃料調整費、再エネ賦課金）は電気をキロワット時購入するごとに徴収されているということです。このような現状を見ても、「電気を使いたいだけ使っても電気を1キロワット時も買わない暮らし（オフ・グリッド住宅での暮らし）」がいかに価値ある暮らし方であるか、ご理解いただけると思います。

図表　日本の人口推計（令和2年（2020年）8月確定値、令和3年（2021年）1月概算値）

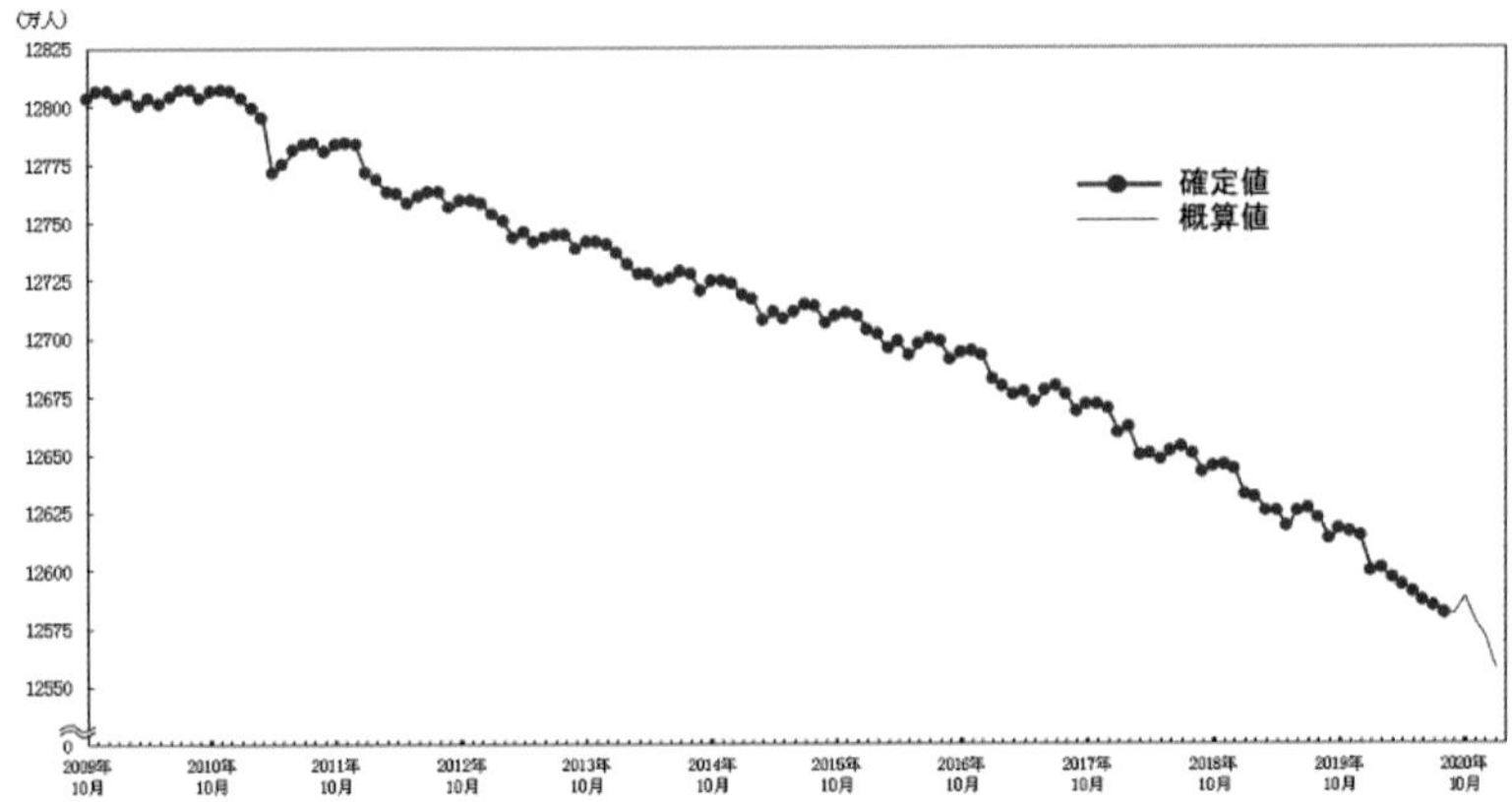

（出典）総務省統計局（2021年1月20日公表）

【令和3年1月1日現在（概算値）】
〈総人口〉　1億2557万人で、
前年同月に比べ減少▲42万人（▲0・33％）
【令和2年8月1日現在（確定値）】
〈総人口〉　1億2580万9千人で、
前年同月に比べ減少▲41万人（▲0・32％）
・15歳未満人口は1506万4千人で、
前年同月に比べ減少▲19万5千人（▲1・28％）
・15〜64歳人口は7460万6千人で、
前年同月に比べ減少▲52万5千人（▲0・70％）
・65歳以上人口は3613万9千人で、
前年同月に比べ増加31万人（0・87％）
〈日本人人口〉1億2333万4千人で、前年同月に比べ減少▲54万6千人（▲0・44％）

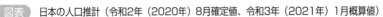

電気を作って送る持続発展可能な仕組み

「託送料金」には原発を廃炉にするための電源開発税や、原発が発電する際に使用した濃縮ウランの再処理費用、使用済み核燃料棒の最終処分費、さらに、いまだどこに埋めるか決まっていない、最終処分場の建設費を前倒しで貯蓄する費用まで含まれています。今後廃炉になる原発が増えれば、こうした別枠の徴収金額もさらに増えることになるでしょう。

原発の再稼働の判断は、各県の知事に委ねられています。原発に賛成すると知事が選挙で当選できないため、原発の再稼働は慎重に議論されるでしょう。現在のこの国の電源構成比では、今後、原発の再稼働をしない限り電気が足りなくなるとわかっていても、原発を再稼働することは困難を極めるのです。

いずれにせよ、わが国のエネルギー政策は3・11以降大詰めの局面に差し掛かっています。今後、電気料金が安くなるという希望はほとんどないことを自覚すべきなのです。

託送料金によって土地選びも変わってきます。絶景自慢の田舎の広大な場所を探して理想の家を建てられた時代はもう来ないかもしれません。なぜなら電力需要が少ない（居住人口の少ない）場所を選べば、電気を購入するたびに発生する託送料金が、基準エリア以外という理由で割増されるかもしれないからです。

発電所や変電所の送電網は、住宅密集地には蜘蛛の巣のように張りめぐらされています。基幹線の鉄塔が市街地を通っている場合もあります。しかし、田舎はどうでしょうか。鉄塔から遠く離れた場所へ送電するため、主要地方道路と並行してその奥に住んでいる住民のために電柱や電線が走っているのを見たことはありませんか？ 結構長い距離です。

今まではこうした需要の少ない地域への託送料金は、密集地に暮らしている人々が負担していました。しかし、たった10世帯だけしか暮らしていない居住区のために、何十キロも長い送電線の維持管理をしていたわけです。今後、こうした過疎地では割増が心配です。田舎暮らしになればなるほど、食物以外に電力の自給自足についても考えなければならなくなるでしょう。

水道管と送電線の維持管理を考える

この送電線と同じ運命にあるのがライフラインである水道管です。今は地方自治体が責任をもって管理していますが、水道料金とは本来、水道管の維持費に費用が発生して、水そのものには値段はないはずです。水道管の老朽化に加えて、維持管理をする人材も高齢化しており、技術者不足も深刻。「託送線」と「水道管」は同じ窮地にあることを考えるべきです。

人間は水がなかったら生きてはいけません。水を買う時代が来るなどとは私の年代でも想像できませんでした。わが家では、水道メーターの先に少しの穴を掘り、エミール（水処理システム）を通した水を利用しています。当然、無電源です。粒上のセラミックスの間に水を通すことで水の粒子が細かくなり、水本来の力を高める活性水生成システムです。浄水器のように不純物を除去することが目的ではなく、水の性質自体を変化させます。水道メーター付近に取り付けるため、家で使用するすべての水に効果があります。自分の健康は自身で守るというこ

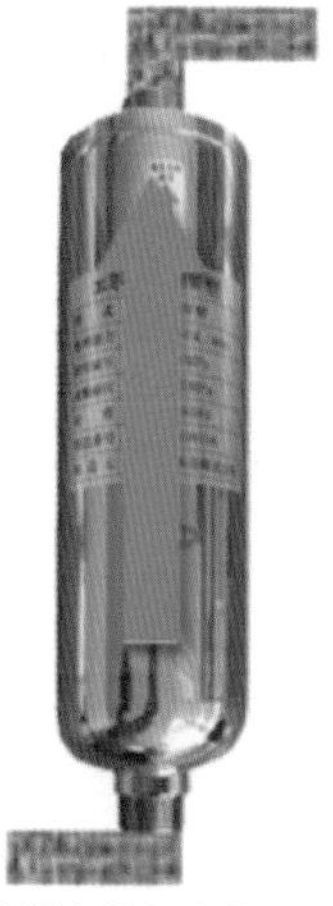

水の性質自体を変化させる活性水生成システムのエミール

とです。私の場合はこのエミールというセラミックスで水処理した後、飲料にもお風呂にも利用しています。

デベロッパーが土地の所有者から土地を買い取ってまとめ、分譲地として造り売りすると、開発許可の下りた新しい街ができます。市町村にとっては税金が増えることになるので、新しく必要になるごみステーションや街灯は、今まで税金から捻出してきました。しかし、これから日本の人口は減るので、税収不足でこうした分譲地の維持管理費用まで拠出できるのかはわかりません。

それは、水道管も送電線も同様。これらのインフラは管理に多額の費用が発生することを忘れてはいけません。前述した送電線の使用料金という託送料を電気使用料金から外すということは、さらなる電気料金の値上げの兆しであると忠告しておきます。

FIT固定価格買取制度からFIP電力市場型プレミアム買取制度へ

「自分たち家族が使う電気は、自分たちが責任をもって発電・蓄電して、消費してください。それでも余るのなら地域電力会社や新電力会社、JEPX（日本卸電力取引所）に供給してください」という仕組みの検証は、実は既に始まっているのです。

2012年にスタートしたFIT（Feed-in Tariff）固定価格買取制度は、国民負担が未来に向けて重くなる制度でした。それを見直し、新たに電力市場のスポット価格と連動したＦＩＰ（Feed-in Premium）制度が２０２２年4月から導入される予定です。

ＦＩＴ固定価格買取制度は、原発の停止で足りなくなった電源を分散型再生可能エネルギーという地球環境に優しい新たな形で補えるよう、世界規模で普及に注力している脱炭素社会を目指した未来型電源確保のための制度です。それは、再生可能エネルギー（太陽光、風力、バイオマスなど）で発電した電気を下図のように一定の価格で無条件に買い取るという新制度であり、２０１２年東日本大震災の翌年からスタートしました。しかし２０１４年に「九電ショック」という九州電力管内で、消費する電力より太陽光発電の発電量が大幅に上回るという不測の事態が発生。これは、スタート当初の高額な買取価格を目当てに契約する人が殺到し、九州電力のエリアで需要以上の発電量が生まれてしまった結果です。

このままでは「同時同量の法則」により発電所が停電してしまうということで、九州電力は送電網を含めて太陽光発電の設置受付そのものを停止する事態になりました。また、山あいに設置した太陽光発電所のソーラーパネルが、西日本豪雨などの大雨で滑り落ちるなどの事故が多発したことで、設置基準にさえ問題があることが浮き彫りになりました。

しかし、こうした事件や事故を引き起こした太陽光発電の産業用発電所のあり方と、電気を自給自足する住宅のあり方とを同様に考えてはいけないのです。それは、産業用発電所が、売電収入という自家消費電力を一切考えていない投資目的のものだからです。

そこで、ＦＩＰという新たな再生可能エネルギーの考え方が重要になってきます。

ＦＩＰ変動買取制度とは？

ＦＩＴ固定価格買取制度がうまくいかなかった理由。それは、「固定」という概念に問題が発生したためです。ＦＩＴ固定価格買取制度は、「電気が足りないから発電所をたくさん作ってください」と言うだけでした。問題は「いつ電気が足りないのか」を重要視しなかったことです。

ＦＩＰ制度とは、再生可能エネルギー発電事業者が電力卸市場への売却などで、市場価格で電力を販売する場合、「プレミアム」＝「電気の足りない時の価値」を上乗せする方式。売電単価に市場変動の要素を加味しつつ、プレミアム分だけ売電単価を高くすることで再エネの事業性を高め、普及を後押しする新たな取り組みです。

２０２２年度から導入する予定で、大規模な太陽光や風力など、競争力向上が見込まれる再エネ電源がＦＩＴからＦＩＰに移行することになります。これにより、国内の再エネ推進制度は、ＦＩＴとＦＩＰが併存する形になるでしょう。

経済産業省は、これまでの有識者会議のなかで、国内ＦＩＰ制度のイメージを、売電収入の基準となる「基準価格（ＦＩＰ価格）」をあらかじめ決定しておく一方、一定期間ごとにある程度市場に連動した「市場参照価格」を設定し、基準価格と参照価格の差をこの一定期間内の「プレミアム」として固定するものと説明してきました。

そもそも家庭の電気は、朝昼より、家族が帰宅する夜の方が足りなくなります。それは現在設置の多い太陽光発電パネルでは、暗くなると発電できない上に、お風呂や冷暖房で使う消費電力が最も増える時間帯だからです。特に真夏の熱帯夜に冷房を使う時や、真冬の厳寒地で夜に暖房を使う時は、電気が必要にもかかわらず、太陽が出ていないので発電で

図表　国内で検討されているFIP制度のイメージ

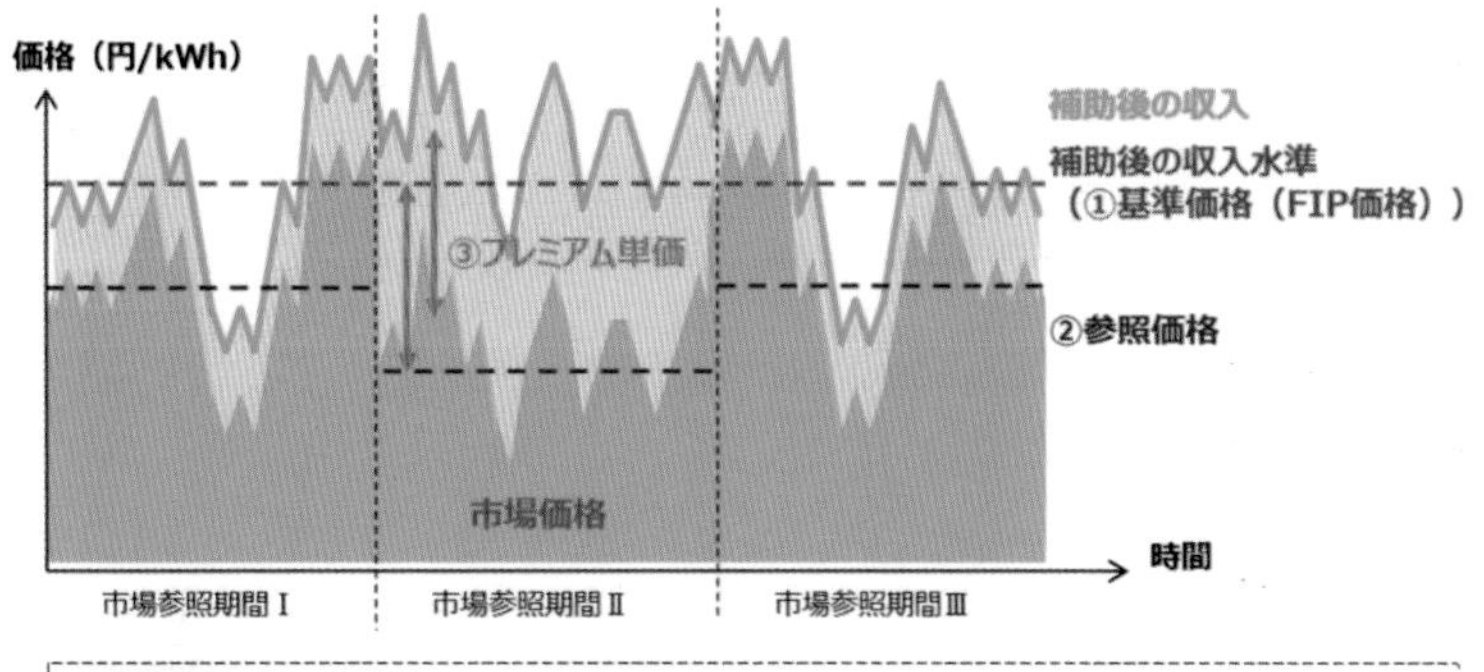

①基準価格（FIP価格）	：交付期間にわたり固定
②参照価格	：市場参照期間毎の市場価格の平均価格を基礎として、一定期間毎に算定
③プレミアム単価（①－②）	：参照価格の変動に応じて、一定期間毎に機械的に算定される

（出典）経済産業省

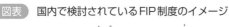

きません。太陽が照射する日中だけしか発電できない太陽光発電は、「同時同量の原則」から考えれば需要がない日中に発電しても、余れば捨てられてしまうのです。さらに「天候に左右される当てにできない発電所」でもあります。この当てにできない太陽の恵みを有効利用する手立ては、発電できる時に「がっつり」発電して、一度「貯蔵」しておく「蓄電池」や「ＥＶ車」というバッテリーを活用する他ありません。

しかも売電をする時間を日中という「定時」に限定するのではなく、電気が足りない「逼迫時」にする、つまり発電所側の立場を考慮できる仕組みであることが重要なのです。さらに容量（キロワット時）を今より増量する手立ても考えなければなりません。太陽光パネルで発電できる日中にしか売電できなかった従来のＦＩＴに対して、ＦＩＰ変動買取制度は、電力会社が逼迫した時に高く売れる新たな制度です。価格の定規は、日本卸電力取引所が翌日の電力価格を当日の12時頃発表するスポット価格に準拠して決め、さらにその価格にプレミア分を上乗せもできるようになっています。売る側からすれば、足りない時ほど高額で買ってもらえるわけですから、日中に作った電気を高く売れるまで大容量で蓄えられる、ＥＶ車を所持したほうがお得なのです。

市場で流通している蓄電池は10キロワット時程度の蓄電量が最大ですが、今後発電所側が必要とする電力を考えれば、自家消費電力を賄うためだけの容量の小さい蓄電池より、その5倍以上（50キロワット時）の蓄電量があるＥＶ車を活用する方がＦＩＰ制度では有利です。２０２１年は各自動車メーカーから大型のリチウムイオン電池を搭載したＥＶ車が発売されます。そして２０３５年からはガソリン車の販売も廃止され、いよいよＥＶ社会の幕開けです。まさに２０２１年は、電力革命元年です。

近年、そこからさらに市町村単位に目を向け、大きな発電所とは別に小発電所を配置する「地域電力発電所」という概念が出てきました。地域と密接にかかわり、小発電所と住宅をつなぐ役割として出現したのが「新電力会社」です。既存10社が「大型総合病院」、新電力会社が「かかりつけ医院」と考えればわかりやすいと思います。今後、そうした小発電所に大きな貢献をする存在がＥＶ車なのです。

家庭用蓄電池は固定式なので、消防法を考慮しても18キロワット時未満の設置量が限界です。また設置費用は1キロワット時で20万円にのぼります。私が所有している日産リーフは62キロワット時で４００万円（補助金込み）ですから、蓄電池に換算した場合、１２００万円分の価値に相当します。またガソリンではなく電気で遠くへ移動できる自動車でもあるので一石二鳥です。

２０１９年に千葉を直撃した台風15号は、１週間以上に及ぶ停電を引き起こしました。こうした場合、コンビニやガソリンスタンドも営業できません。このような長期停電でも自動車販売店に設置されている充電器でＥＶ車に充電し、その電気を住宅の非常電源として利用できたことは大きな意義があります。Ｖ２Ｈ（Vehicle to Home）の概念のもと、ＥＶ車の電気を住宅に給電できるスマートハウスを建てることを、被災を経験された方々は絶対条件として見直されています。

人間は防衛能力によりさまざまな改善策を考え抜く生き物です。すべての経験、体験を教訓にして「新たな価値」を次から次へと創生してきました。ＦＩＴ固定価格買取制度ではいろいろな課題を残しましたが、そうした反省を踏まえて再生可能エネルギーは成長しながら新たな局面へ向かいます。それが、ＦＩＰ変動買取制度への挑戦です。

私たちの住宅で発電した電気も、もうすぐ電力卸市場（ＪＥＰＸ＝日本卸電力取引所）で販売できるようになります。気候の変動による暑さ、寒さが及ぼす「電気が足りる時と余る時」が発生すると、「同時同量」のルールにより、電気の市場価格と売電収入は「足りない時」と「大きく余る時」に値上がりします。この足りない時に蓄電された電気を市場に売るインセンティブと、余る時に卸スポット価格で蓄電するインセンティブの両方をプレミアム収入と言い、電気を買うだけの住宅を「コーンシューマー（消費のみ）」と、電気を買ったり売ったりできる住宅を「プロシューマー（消費と生産）」と呼びます。

つまり、これからの住宅は、「プロシューマー」であることがとても大切です。否が応でもこの国の住宅は2極化するでしょう。これから高騰する電気に対して「コーンシューマー」として電気を買うだけの住宅を選ぶか、「プロシューマー」というZEHをはじめとした地域の電力の地産地消に貢献できる家を選ぶのか。この視点で住宅の価値が問われる時代は、すぐそこまで来ています。さらに2021年度のEV車の補助金は80万円（環境省）支給されますが、その条件に再生可能エネルギー（太陽光発電）で充電するV2H設備が条件になりました。

2021年4月VPP社会が本格始動！

次頁（P222）の組織図はこれから新たに始まる再生可能エネルギーを利用したVPP（バーチャル・パワー・プラント＝仮想発電所）社会です。VPPとは、各地に存在する小規模の再生可能エネルギー発電所（EV車を所有する住宅を含む）をまとめて制御・管理し、一つの発電所のように機能させることです。

次頁のVPPの図にある「リソース・アグリゲーター」とは、各需要家（太陽光発電とEV車を設置してある一般家庭）と契約し、電力リソースの調整を行う立場です。「アグリゲーション・コーディネーター」とは、需要（電力を消費する）側を「リソース・アグリゲーター」が調整した電気をとりまとめ、配電事業者、小売電気事業者と電気の取引を行

図表 VPP社会の仕組み

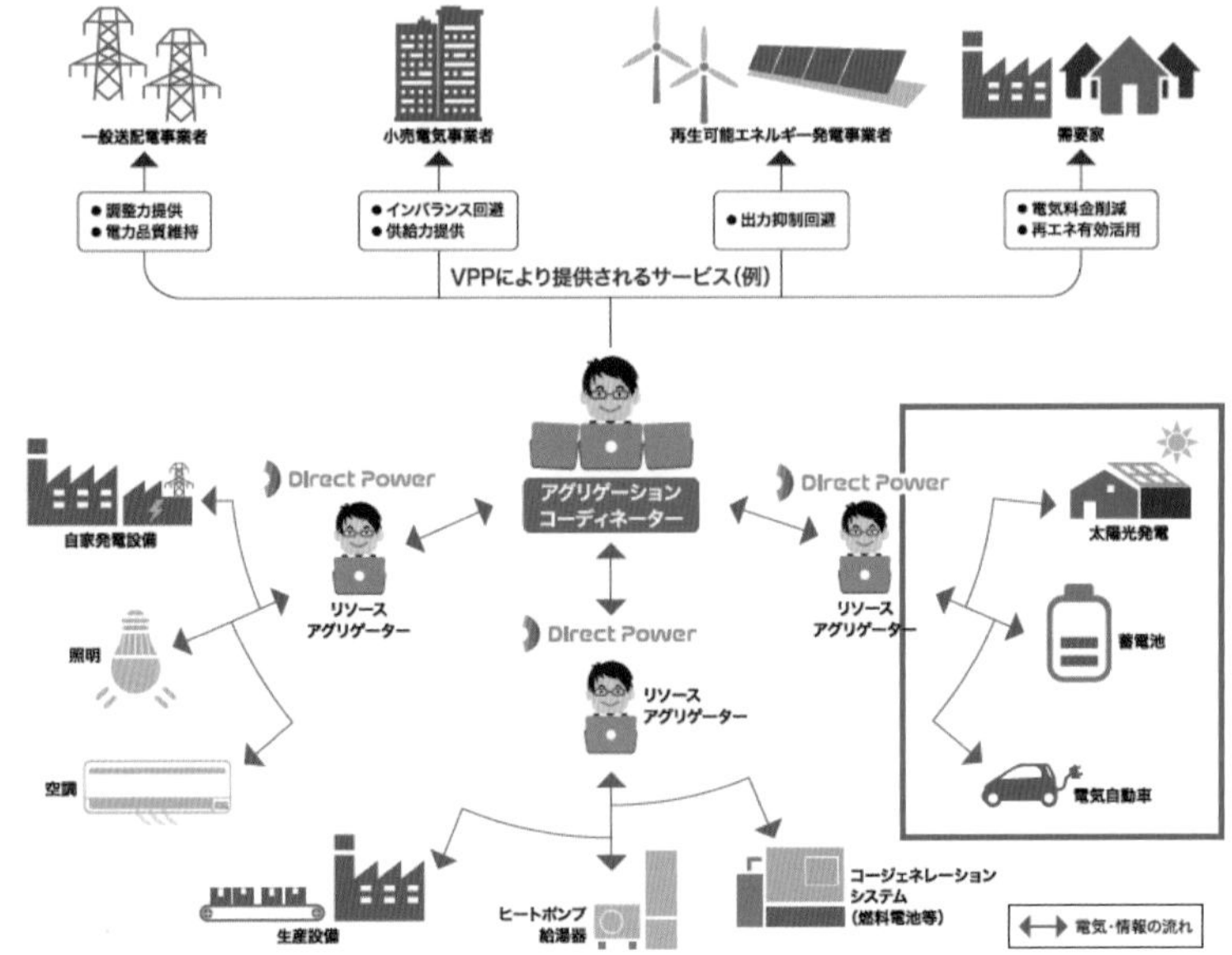

（出典）資源エネルギー庁「バーチャルパワープラント（VPP）・ディマンド・リスポンス（DR）とは

う発電側の立場です。つまり既存電力会社や発電事業者が所有する火力、水力、原発、再生可能エネルギーなどの発電所も取りまとめます。新電力を含む電力販売会社が「リソース・アグリゲーター」という位置づけで、皆さんが取引をするのはこの「リソース・アグリゲーター」になります。

「ディマンド・リスポンス（DR）」というインセンティブ

現在の太陽光発電では日中発電した電気で自家消費電力を賄い、それでも余った電気は電力会社に売ることができますが、それは電力会社が買ってもいいと言った時だけです。再三申し上げていますが、電力会社の同時同量の原則で電気が足りている時は、どんなに発電しても買ってもらえないのです。ですが、せっかく発電した電気をただやみくもに捨てるのはもったいないことです。これは電気が余っていると言える状態です。逆に電気が足りない時もあります。電気を多く使う時間帯に発電が追い付かない状態です。こういった電気余りもしくは電気不足の時に、利用者側の使用量を調整することで発電と使用のバランスをとることをディマンド・リスポンス（ＤＲ）と言います。電気が余っている時に「もっと電気を使ってください」という呼びかけに対し

図表 需要制御のパターン

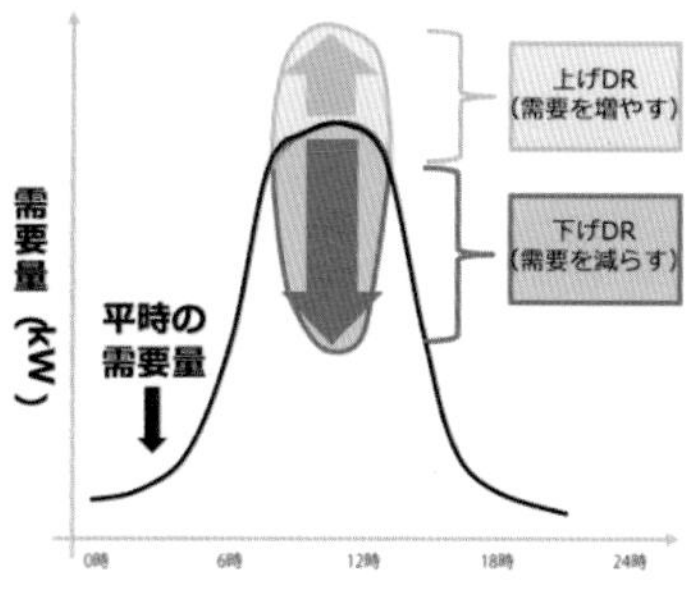

区分	概要
上げDR	▶DR発動により電気の需要量を増やします。 ▶例えば、再生可能エネルギーの過剰出力分を需要機器の稼働により消費したり、蓄電池を充電することのより吸収したりします。
下げDR	▶DR発動により電気の需要量を減らします。 ▶例えば、電気のピーク需要のタイミングで需要機器の出力を落とし、需要と供給のバランスを取ります。

※ 上げ下げDR
上げDRと下げDRにより、電気の需要量を増やしたり減らしたりすることを「上げ下げDR」といいます。送電線に流れる電気の量を微調整することで、電気の品質(=周波数)を一定に保ちます

（出典）経済産業省・資源エネルギー庁

て、「はい、使います！」と答えるのが上げＤＲです。無駄に電気を使う訳にいかないので、ＥＶ車や蓄電池に充電して、必要になったら電気を使います。電気が足りない時には、「電気を使わないでください」という呼びかけに対して、「はい、電気の使用を控えます！」と答えるのが下げＤＲです。この場合も電気を節電するだけでなく、ＥＶ車や蓄電池にすでに充電されている電気を住宅に給電して、電線から買う電力会社の電気を使わなくてすむ家であることが求められます。

今後、大型リチウムイオン電池を搭載したＥＶ車が主流になることで一般住宅でも電力蓄電量が増加することになります。そうなると先に書いた、呼びかけを行う存在「リソース・アグリゲーター」の役割がますます重要になります。と同時に「リソース・アグリゲーター」が声掛けできる住宅であることが、これからの家づくりの大変重要なポイントになります。

「ちょっと、待ってください。今は電気が余っていますけど、午後4時からはこの暑さなので、電気が足りなくなることが予想されます。その時間にお宅のガレージにある日産アリアの90キロワット時の電気から50キロワット時買いましょうか？」と言ってくれる仲介業者が「リソース・アグリゲーター」なのです。

「リソース・アグリゲーター」の出現

新電力サービス「リソース・アグリゲーター」（＝メディオテック社など）は、太陽光発電の発電量、蓄電池・EV車の充電量や空き電量をAIで監視できます。地域の電力が逼迫して足りない時と余っている時に「同時同量」の原則に基づき、「アグリゲーション・コーディネーター（発電会社側を取りまとめとる役割）」からの要請と、「リソース・アグリゲーター（需要家＝家庭の状態を把握して電気の売り買いを仲介してくれる役割）」からの要請で新たな電力の売買がスタートします。これが今後私たちに大きな価値を与えてくれ、「ブロックチェーン」というインターネット上の経済プラットフォーム（通信・旅行・家具・食品・家電他）で、電気をお金に換算できるように整備されているでしょう。

今後、皆さんが建てるスマートハウス何万戸同士を一つに束ねた大きな発電所としてとらえる仕組みをVPP（バーチャル・パワー・プラント）と呼びます。私の家に電気を供給しているダイレクトパワー社は既に2019年から150戸以上の住宅を束ねたVPP実証実験を継続しています。

具体的にお話しします。例えば、真夏の熱帯夜の夜や、酷寒の大雪の日に太陽光パネルでは発電できません。こんな日に私たちは暑さ、寒さから身を守るために冷暖房を使用します。電力会社はピーク電源である石油発電でも電気が足りないと判断した場合、仕入金額の高い電気を融通してでも需要側に電気を供給しなければいけません。発電所が停止（ブラックアウト）してしまうからです。

そこで「アグリゲーション・コーディネーター」は「このままだと電気が足りなくなりるので、どうか電気の使用を控えるか（節電）、蓄電機能がある住宅は、蓄えた電気を私たちに逆潮流（住宅から発電所に送電線で電気を送る電流）で供給してください」と「リソース・アグリゲーター」に依頼をします。「アグリゲーション・コーディネーター」は工場、企業、住宅などが所有している蓄電された電気、消費しようとしている電気を監視している（証券会社のようなイメージでどこの電力会社が高く買ってくれるかを見ています）「リソース・アグリゲーター」へ指令を送ります。

「リソース・アグリゲーター」は、ＪＥＰＸ（日本卸電力取引所）の卸価格で日頃取引しているダイレクトパワー社などの「ダイナミック・プライシング」という市場スポット価格から、ＥＶ車を所有している住宅の電気の売り買いを判断します。

これを２０２１年1月13日の実際のＪＥＰＸの卸価格でシミュレーションしてみます。

1月11日午後12時30分に12日の卸価格が決定しました。

その日のダイレクトパワー社の松井聖吾社長（以下・松井）と筆者（以下・加藤）の会話

を想像してみました。

松井「加藤さん、大変です。明日の卸価格はキロワット時あたり100円から250円まで高騰します。お宅のエリアの電気代が上がるから、お宅の全館空調の暖房費がえらいことになります！」

加藤「松井社長！この暖房をガンガン使う寒い時にですか？どうしてくれるのよ！」

松井「そこで提案なのですが。明日、お宅のアリアから80キロワット時、そしてリーフから55キロワット時の蓄えた電気を14時から23時まで売りませんか？スポット価格から10円引きで。その価格ならアグリゲーション・コーディネーターも多分買うでしょう。この寒さで市場の電気が逼迫して足りない状況が続いていますから」

加藤「いくらくらいになる？」

松井「ざっとですが、キロワット時あたり200円として、135キロワット時ですから2万7000円／日です。」

加藤「買うのは太陽光発電で賄って、売りに転じるか？じゃあ松井さん売ってくれ！」

松井「ですね。こんなに高騰することはめったにないですから」

加藤「でもこれ、太陽光パネルやEV車がない家の場合、大変なことになるよ！」

松井「そうなんですよ。『お前のとこから電気なんて買わないぞ！』ってクレームの電話対応で社員も大変ですよ。うちは、ダイナミック・プライシング（市場連動）価格で損は出ていない分、今後は解約ラッシュですわ！」

加藤「価格を一定にしている新電力会社はどうなるの？」

松井「自治体や新電力会社は今回の件で大赤字でしょうね。うちも今後は、下限価格と上限価格を決めて、顧客には今回のような損をさせない価格メニューに変えることにしました」

という会話の意味はご理解いただけましたか。

今回、ＪＥＰＸの卸価格をコントロールできる立場にあるのは大手電力会社です。経済産業省は、このトラブルを重く見てＪＥＰＸの卸価格の上限を２００円／キロワット時としました。こちらが東北電力の株価の推移です。総発電元である大手電力会社は、市場価格が値上がれば供給価格が値上がるので利益が出るという仕組みなのです。ＡＩで市場の需要供給を見て安定した電力供給をするというＪＥＰＸの役割に市場の信用性が喪失した出来事でした。株式市場では投資家も大損しました。私の18万円の損失も、株式から見ればいい方だと自分を慰めました。これが、電気の需要を減らしたり（「下げＤＲ」）、逼迫した時に売電したりできる機能を持ち備えた住宅です。

電気を発電（生産）したり消費したりできる家を「プロシューマー」と言いますが、太陽光発電パネルを設置したスマートハウスとＥＶ車を所有する人だけがこのような恩恵を受けられるのです。まるで株式投資のような社会に、この国はじわじわとシフトし始めています。

これから増える買取制御

日本は、２０５０年までに実質温室効果ガスゼロ宣言をしました。２０３５年にはガソリン車も消えています。現在、省エネルギーを含めさまざまな電気確保の方法を模索しているわが国は、今後風力発電を含む再生可能エネルギーの導入が加速します。電力会社も再生可能エネルギーによる発電量を増やしています。特に太陽光発電は増加の一途をたどるでしょう。太陽光発電は日中の晴れた時に一斉に発電しますが、２０１２年から始まったＦＩＴ固定価格買取制度そのものが成り立たなくなっていく可能性も高いのです。それは、具体的にはこういうことです。

「加藤さん、お宅の太陽光パネルは太陽が出ている晴れた日だけ発電できますが、そん

図表　東北電力の株価推移

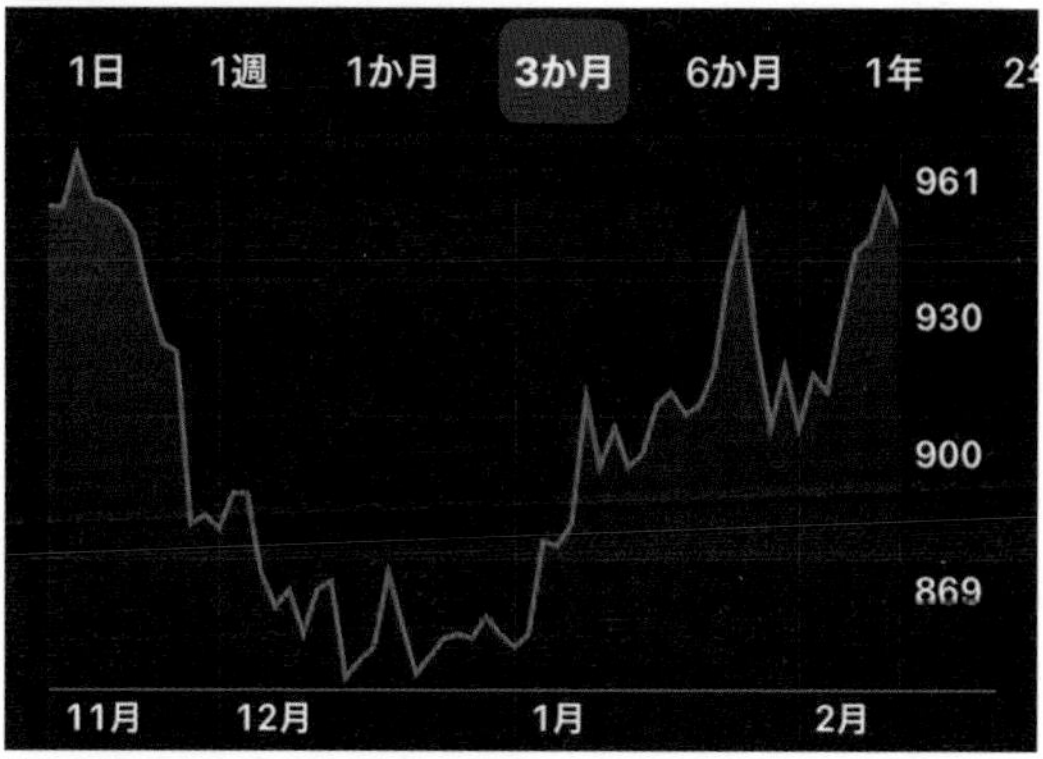

（出典）yahooファイナンス

な時はみんなが発電するので最近では電気が余っているのですよ。発電所は『同時同量の原則』があるから、需要がない時に電力会社が無理に電気を買えば発電所はブラックアウトするでしょ。あなたは○○ホームから『屋根に設置しようとしている太陽光パネルはFIT固定価格買取制度に基づき、電力会社と連携して電気を売ることができる』と聞いたかもしれませんが、私たちが発電している火力・水力・原発などの電力で十分賄える時、電気を売れない日もあるという話は聞いていますか？ このことに同意したうえで太陽光発電の設置買取許可を出したのですよ。いいですね。需要がない時はお宅の屋根で発電した電気を買わない日もありますから。同意できない場合はFIT固定価格買取制度契約ができませんがいいですか」。リソース・アグリゲーターにこんなことを言われる日が来るかもしれません。

ですが、何度も言いますが、電力会社から「出力（買い取り）制御」が発動された場合、せっかく発電した電気を捨ててしまうのはもったいないことです。そうではなく、買ってもらえない時は蓄電池やＥＶ車に充電し、太陽が沈んだ夜に使ったり売ったりすればいいのです。

さらに前日の深夜電力でお風呂のお湯を深夜0時から5時まで湯増し（２００ボルト）して翌日17時から使用しようとする場合、保温（１００ボルト）時間は12時間にもなるので、それなら当日の夜使うお湯をその日の日中に太陽光発電で湯増しし、数時間後の夜に使用してみてはいかがでしょうか。お湯の保温時間が短くなるのでお得です。このような操作をＡＩ（人工知能）が自家消費電力と天候を見ながらリアルタイムで勝手にやってくれるのが「ＩｏＴプラットＨＯＭＥ」です。そしてこのシステムを取り入れたスマートハウスが、私も暮らしている「Ｓｍａｒｔ２０３０零和の家®」なのです。

託送料金が高騰しないために

もうひとつ、気になるのが託送料金の高騰です。太陽光発電は、国民が支払う「再エネ賦課金」によって普及してきました。再生可能エネルギーはそうした国民の犠牲のもとに飛躍的に発電量を増してきたのです。そして問題はここからです。

２０２０年度の固定買取価格の発表が大幅に遅れた要因は、２０１２年から２０１６年までの産業用発電所の太陽光発電による電気の買取価格が40円／キロワット時（税別）などと高額すぎたことにより、さまざまな問題が生じてしまったことです。国は、２０２３年以降はこうした発電事業者から電気を買う際には送電線の使用料金という託送料金（約９円）を発電事業者負担で徴収できるよう、法改正に着手したのです。投資家の間では「後出しじゃんけん」だと非難の声も上がっています。

一般住宅のパワーコンディショナ設置と産業用発電所は全く別物です。しかしながら、この産業用発電所の概念を住宅に利用し、「10キロワット以上の太陽光パネルを設置すれば20年間の売電収入を得られる。その売電収入で住宅ローンの負担分を20年間で1000万円以上削減できる」というキャッチコピーで住宅が売られた時代もありました。私もクライアントに紹介していた時期があります。

いずれこのやり方で売電収入を得ている人にも法改正により「託送料金」の負担が重くのしかかってくることでしょう。この売電住宅の欠陥は、発電する全量を売電に当てる仕様にしてしまったことです。今後電気料金は高騰する可能性があり、住宅内で消費される電気をすべて購入する電気に依存するとなれば、購入分の電気が高くなった時、いくら電気を売ったとしても相殺した際にあまり意味がなくなります。法改正で売る電気から託送料金をキロワット時あたり9円徴収されれば、売る電気料金と買う電気料金に差異がなくなり、結果的には設置費用の回収もできなくなります。

2020年度では住宅に10キロワット以上の太陽光パネルを設置した場合、自家消費電力を30％以上消費しているということを証明しなければ設置許可は下りなくなりました。しかも3年間は国に報告義務があります。今後住宅を新築する人は「毎月〇〇キロワット時までは自己責任で発電してください」と言われるようになるでしょう。東日本大震災以降、わが国は電気が足りない国になったからです。

「エアコンの節電」「クールビズ、ウォームビズ」「水道水の節水」という社会のルールが大きく変化したのは「ベースロード電源という原発を喪失した」ことと「異常気象」が原因です。さらに「コロナ禍」でテレワークをする人口が増え、出勤、通学、外出ができなくなった社会構造の変化は、日中に高い電気を使用して家庭での自家消費電力が増加したことを意味します。

太陽光パネルを設置する意義は、売電収入ではなく「ZEH」住宅という省エネを推し進めて地球環境に貢献することです。住宅の断熱性能を高めて省エネ設備を導入し、自家消費電力を抑えても抑えきれなかった一次エネルギー消費量を太陽光発電によって賄い、収支をゼロにできる住宅を普及させることにあります。太陽光パネルを設置しない住宅は国策と相反する住宅であるという認識をこの本をきっかけに感じていただき「2030年に後悔しない家づくり」をしてくださることを切に祈ります。

07 電気を生み出す具体的な方法

EV車の活用

菅義偉首相は2021年1月18日に始まった通常国会の施政方針演説で、国内販売車の電動化について「2035年までに新車販売で電動車100％を実現する」と表明しました。これまで「2030年代半ば」とされてきた達成時期をより明確にしたのです。

この頃では電気を自給自足する暮らしに、EV車は不可欠です。具体的にどのような使い方をするのか見ていきましょう。

一石三鳥の活用法

EV車は何も、充電をするためにだけ「充電ポート」と

三菱電機V2Hから急速充電している様子

いうトップカバーを常に開けているのではありません。

通常ＥＶ車を購入する場合、コスパを考えて、「充電器からＥＶ車」という1方向へ充電するＥＶ車を導入される方がほとんどです。車の走行目的のためならこの使い方だけでもいいのですが、これからＥＶ車の購入を検討されている方は、未来のことまで考えて「双方向に」充給電できるよう、ＥＶ車に2つの充電コネクターがあることを覚えてください。

通常の普通充電は、下の画像の③の２００Ｖ電源をメインで使用します。ＥＶ車は未来へ向けて普及が加速しますが、そうなれば、国内で新築するほとんどの住宅はオール電化住宅になり、ＩＨやエアコンも２００Ｖ電力がメインになるでしょう。ガスと電気を併用した既築住宅に住む場合でも、確認すべきは２００Ｖ電源があるかないかです。

この③の普通充電の場合、1時間に3キロワットという充電量が充電時間を長くします。そこで私は、新築住宅を建てるすべての方に、ＥＶ車の電気を家へ流

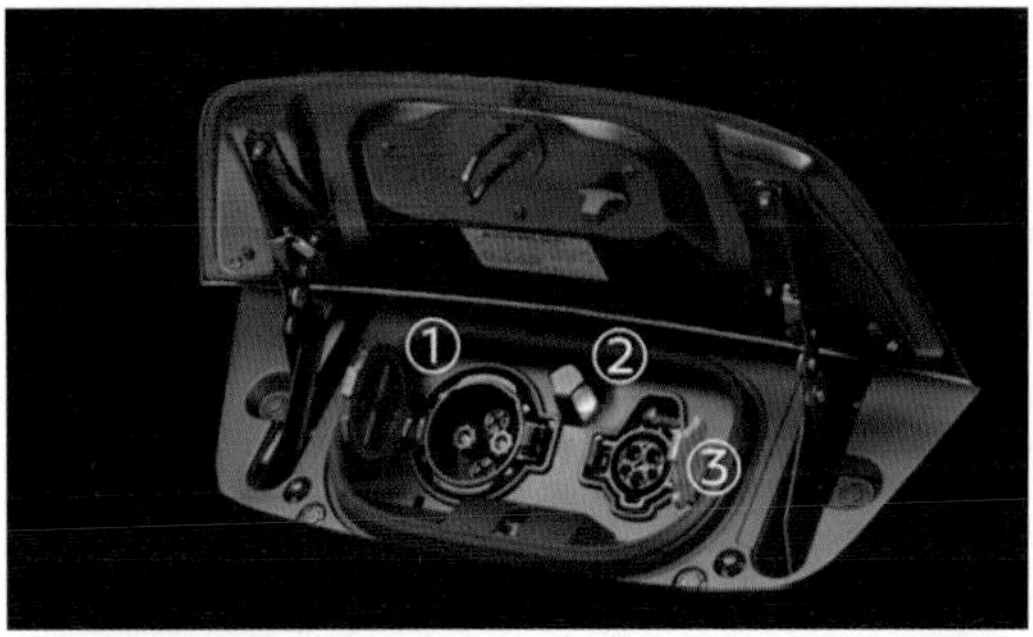

①が急速充電用ポートで②は充電ポートライト、③のオレンジの蓋が普通充電用ポート
（出典）日産自動車株式会社

す機器と、ＥＶ車の余った電気を住宅の電源として給電できるパワーコンディショナの設置を促しています。

私がオススメする住宅のコンセプトは「家が避難所」となるための電気を「自給自足できる暮らし」です。

日常の暮らしと非常時の暮らしに大きな差があれば、ストレスや不安で健康を害してしまいます。東日本大震災で被災した子どものストレス障害は、回復までに3年以上を要する例もありました。

先程お話したＶＰＰ社会では、ＥＶ車からの電気を電力市場に供給（逆潮流）できることが重要になってきます。ＥＶ車を移動式蓄電池として利用する新しい時代が幕明けするという大前提でＥＶ車に対応した家をつくるなら、この国の住宅はすべてガレージインタイプにすべきです。それは、第4章でも詳しく触れますが、過去に前例のない自然災害が毎年発生している今の状況で、降雨時の漏電事故やセキュリティーを考慮しなけれ

図表　自宅で充電のタイプ

	設備	充電能力	充電ポート
	200V コンセント	3kW	普通充電ポート
	6kW 普通充電器	6kW	普通充電ポート
	V2H ビークル・トゥ・ホーム	6kW ※給電も可能	急速充電ポート

（出典）日産自動車株式会社

ばならないからです。「Ｓｍａｒｔ２０３０零和の家®」の外観デザインはすべて「ガレージインタイプ」です。

ＥＶ車は2種類あります。チャデモ式というＥＶ車の電気を住宅に供給できるタイプと、そうでないタイプです。トヨタではプリウス（8.8キロワット時）、三菱ではアウトランダー（15キロワット時）、日産ではリーフ（40／62キロワット時）などがチャデモに対応しています。今後日産は「アリア」という90キロワット時の大型リチウムイオン電池搭載ＳＵＶや「ＩＭｋ」という軽タイプのＥＶ車の販売も始めます。

私は日産リーフに乗り始めてから12か月が経ちます。毎日の暮らしの中で起こる変化は「時は金なり」を実感させてくれます。たとえば給油のためにだけに行っていたガソリンスタンドには全く用がなくなりました。それと以前は入口に表示されている「燃料価格」の変動がいつも気になっていましたが、それもなくなりました。価格の安いスタンドは、いつも給油待ちの車で混雑が発生しています。しかも今後は、

ガレージインタイプを標準仕様にした「Smart2030零和の家®」上越中央展示場

日産自動車IMｋ
（出典）日産自動車株式会社

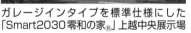

ＥＶ車がさらに普及することで、燃料車は２０３５年までに激減するのでガソリンスタンドそのものがなくなっていくことでしょう。ＥＶ車であれば「家がＥＶステーション」ですから、駐車と同時に太陽光発電した電気で充電でき、住宅への給電もできるのです。雨の日や夜でもＪＥＰＸの卸価格電気を購入するので、既存電力会社による日中の高い電気も買わなくなり、充電価格も気にならなくなります。そんな生活のために、私はスマートハウスの選択をオススメします。

次々に販売されるＥＶ車と、住宅のかかわり

２０２１年は、自動車メーカーから数多くのＥＶ車の販売が始まります。住宅用蓄電池が10キロワット時程度なのに対して、ＥＶ車は40キロワット時以上になるリチウムイオン電池を搭載しています。この大容量の移動（自動車）式蓄電池が、ＥＶ社会という新たな住生活環境と合体したときに生まれる経済効果は計り知れません。

特に日産自動車が２０２１年春以降に販売を開始する90

日産リーフ62キロワット時を移動式蓄電池として駐車している自宅ガレージ

キロワット時のリチウムイオン電池を搭載したSUV「アリア」は、1回の充電で従来の走行距離をはるかに上回る610キロというロングランを可能にしました。かつてスカイラインに搭載されたプロパイロット2.0の技術を使った自動操舵運転では、木村拓哉さんのCMのように高速道路でも手放し運転が可能になります。既にEV車の試乗予約が各メーカーの最高記録を更新中であることを考えると、多くの人が大きな価値を見出し始めているのを感じます。

マツダからはMX－30EVも発売されました。35・5キロワット時のリチウムイオン電池で256キロの走行距

図表　2020年以降、日本での発売が決まっている国内外EV・PHV ※順不同

（出典）『月刊スマートハウス』No.67（2020年8月20日発行）

離を実現しています。

そして２０１９年の東京モーターショーでも脚光を浴びた日産の次世代型軽自動車「ＩＭｋ」。日産三菱軽自動車ディーズミーブ／ｅｋミーブは３００万円以下の廉価モデルです。ディーズミーブは24キロワット時のリチウムイオン電池で航続距離は３００キロ。16キロワット時のｅｋミーブは航続距離２００キロを達成しました。

ホンダも２０２０年10月に「Ｈｏｎｄａ ｅ」を発売しました。電池は35・５キロワット時という大型です。こうした軽量タイプのＥＶ車がセカンドカーとなり、40キロワット時前後の蓄電池として活躍する場面を想像してください。各家庭に２台の移動式蓄電池が所有されることで、一つの家庭が所有する蓄電量は１００キロワット時以上になります。まさに「ＥＶ社会」という新たなエネルギーインフラのスタートです。「アリア」

NISSAN CROSSING銀座　日産ARIYAショールームにて（筆者撮影）

ホンダ「Honda e」
（出典）本田技研工業株式会社

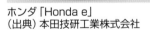

「ＩＭｋ」「Ｈｏｎｄａ ｅ」を購入される世帯では、余った電気を住宅の自家消費に利用できる家を必ずや求めることでしょう。

Ｖ２Ｈ（ＥＶ車の直流電源を交流に変えるパワーコンディショナ）を理解する

菅総理は２０３５年までに、燃料車の販売を辞めて電気自動車に切り替えるという大きな勇断を正式発表しました。すでにわが家には、三菱電機製のＶ２Ｈが２台設置されています。「Ｓｍａｒｔ２０３０零和の家®」に設置している太陽光発電パネルで作った電気で日産リーフを62キロワット時でフル充電して、セカンドハウスに設置しているＶ２ＨとＥＶ車をつないで夜間のすべての自家消費電力を賄っています。まさにＶＰＰ社会の実証実験をしているのです。このＶ２Ｈ、つまりＥＶ車の電気をそのまま家で使用できるスマートハウスなら、近い将来電気は送電線から給電するのではなく、バッテリーや乾電池で使用する電動工具や懐中電灯、スマートフォンのような充電方法になるかもしれません。Ｇｏｏｇｌｅマップでナビゲーションされた無人の自動操舵運転式ＥＶ車が電気がなくなりそうな家へ配達されて、Ｖ２Ｈのチャデモ式コネクターに「カチッ」と挿し込まれた瞬間、その家の電気が使えるという時代がすぐそこまで来ているのです。

特にコロナ禍で交通産業は瀕死の経営状態ですし、こうした移動式ＥＶ蓄電車をタクシー会社が所有して電気自動車の電源レンタル事業なども始まることでしょう。

皆さんはご存知でしょうか。実は国はむげにＥＶ車の購入を推し進めているのではありません。下の図は、皆さんがＥＶ車を購入した時の経済産業省が補助金額を開示した資料です。

ＥＶ車の補助金は経済産業省と環境省では20万円の差があります。日産リーフを例にとると経済産業省は上限60万円に対して、環境省では上限80万円という補助金です。この20万円の違いは、皆さんがＥＶ車を購入した際に、ＥＶ車の

図表　災害時にも活用可能なクリーンエネルギー自動車導入事業費補助金

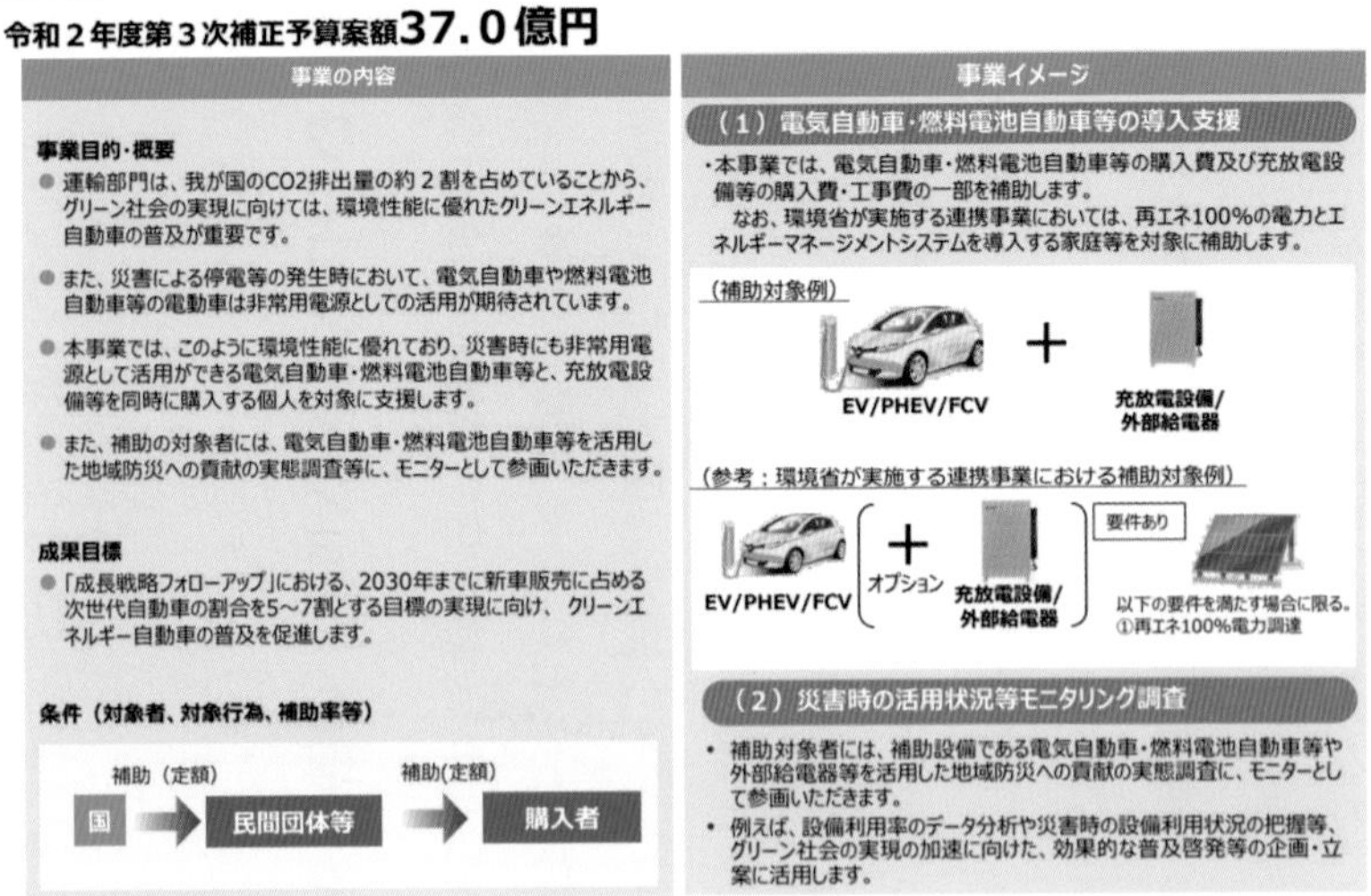

（出典）経済産業省

充電を化石燃料という火力発電で行った場合は60万円の補助金なのに対して、太陽光発電パネルを標準装備したＺＥＨ以上のスマートハウスを建てた家なら充電する電源は再生可能エネルギーというＣＯ₂を排出しない電源なので20万円アップされ、最大80万円の補助金になるのです。また、私が推奨しているデンソー製のＶ２Ｈなら最大55万円の補助金に、設置費用の補助金も利用すると最大40万円、合計で最大１７５万円の補助金がもらえるわけです。

今回、素晴らしい機能を持ち備えた三菱電機がＶ２Ｈ事業から撤退したことは痛恨の極みですが、デンソー製の安価な価格で三菱電機製のものと同スペックの６キロワットの高出力を持ち備えたＶ２Ｈには設備と工事代金の補助金が最大95万円拠出されるので、今後は導入が加速されることが予測されます。

補助金が最大95万円可能なデンソー社のV2H

これからＥＶ車を購入される既築の方に朗報です。環境省の80万円の補助金の条件でもある、太陽光発電で充電するために、カーポートの屋根と太陽光パネルが一体になった「デュライトＥＶ」がネクストエナジー・アンド・リソースと文化シヤッターのコラボで発売されます。３４０ワットの両面発電という画期的な商品で、試作品は既にわが家にも設置されています。充電ポートを開けたまま駐車する不安も、シャッター付きカーポートだから安心です。ガレージに比べて破格で設置できるので、今からＥＶ車を購入される方には、ぜひ太陽光付きカーポート「デュライトＥＶ」がオススメです。

屋根裏のパネルは両面発電が可能。駐車していない時はシャッターを開けたままにしておけば、発電量が増え売電収入も増加する　施工：岡田電設（上越市）

文化シヤッターのコラボでEV車対応のカーポートが完成

太陽光パネル（モジュール）の設置

「太陽光発電」は、私たちが無資格で発電所を開設できる唯一の方法です。自宅の屋根に設置するだけで「屋根が発電所」になります。

太陽光モジュールでチェックすべきこと

太陽光発電のモジュールは世界基準で急速に進化しています。太陽光発電モジュールというパネルを選択する際にぜひ確認してほしい数値が「モジュール変換効率」です。太陽光発電の変化効率を表す指標としては、「モジュール変換効率」と「セル変換効率」の2つが存在しており、重要なのはパネル1枚あたりのモジュール変換効率です。

モジュール変換効率とは、太陽光パネル（太陽電池モジュール）の1平方メートルあたりの変換効率を表す指標です。「太陽光パネルが太陽光エネルギーをどれくらい電気エネルギーに変換できるか？」を示したもので、太陽光パネルの発電能力を表す指標として一般的に使われており、以下の計算式で導き出すことができます。

図表 太陽光モジュール

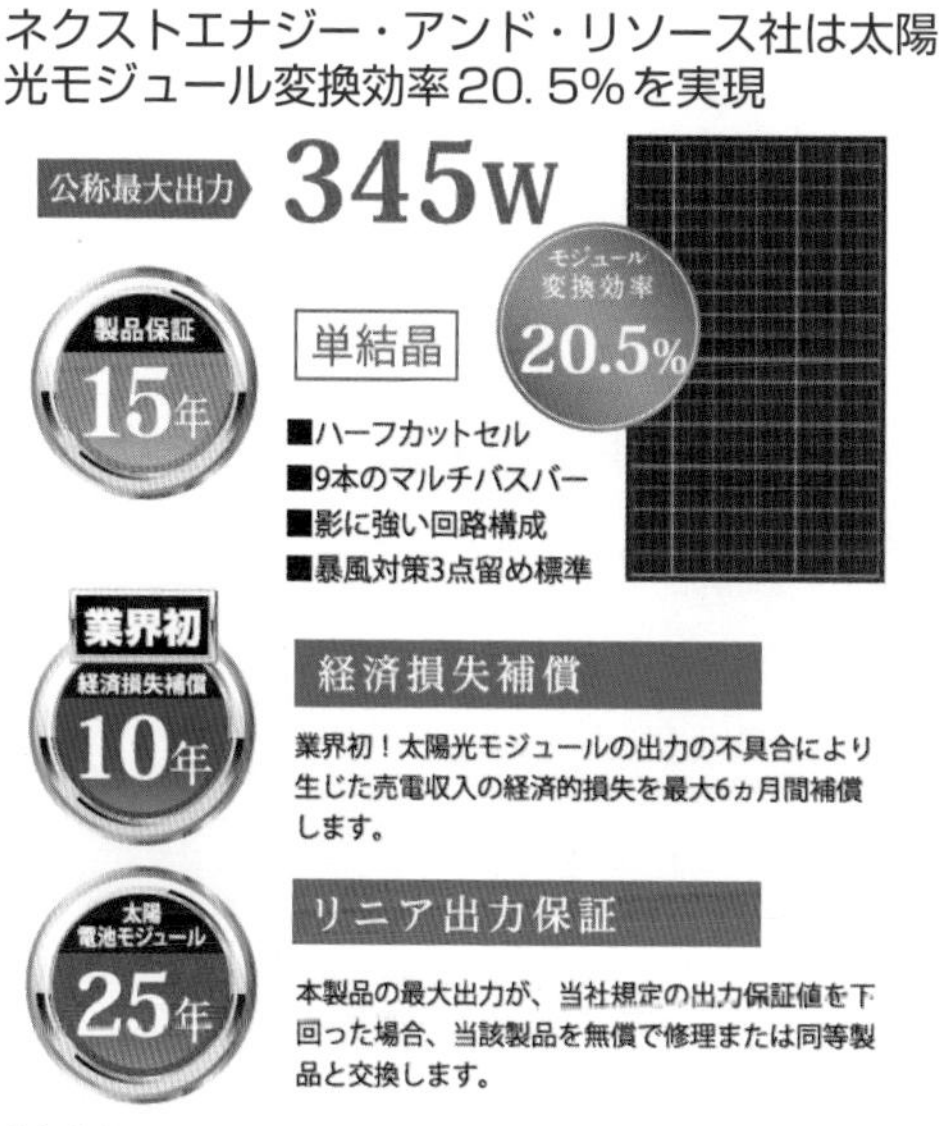
ネクストエナジー・アンド・リソース社は太陽光モジュール変換効率20.5%を実現
公称最大出力 345W
モジュール変換効率 20.5%
単結晶
■ハーフカットセル
■9本のマルチバスバー
■影に強い回路構成
■暴風対策3点留め標準
製品保証 15年
業界初
経済損失補償 10年
経済損失補償
業界初！太陽光モジュールの出力の不具合により生じた売電収入の経済的損失を最大6ヵ月間補償します。
太陽電池モジュール 25年
リニア出力保証
本製品の最大出力が、当社規定の出力保証値を下回った場合、当該製品を無償で修理または同等製品と交換します。

（出典）ネクストエナジー・アンド・リソース社

モジュール変換効率＝（モジュール公称最大出力〈ワット〉×100）÷（モジュール面積〈平方メートル〉×1000〈ワット／平方メートル〉）

国は理想とするモジュール変換効率を20％以上としています。通常1枚のパネルには60枚の正方形のセルを配置するのですが、下記のハーフカットセルは1枚のパネルに120枚をのせます。バスバーという電極を9本付けることで、モジュール変換効率20・5％の国内最大値をクリアしました。私が推奨する太陽光モジュールメーカーは、ネクストエナジー・アンド・リソース社です。それは設置後、時間が経過したパネルの産業用廃棄物のリユース技術も素晴らしいからです。

太陽光発電パネルは、できるだけ小さい屋根面積でも多くの発電量を有するモジュール変換効率の高い商品を安価で設置することです。設置費用から投資回収を考え

北側（日本海側）からドローンで撮影したSmart2030零和の家®上越中央展示場

図表 従来のセルとハーフカットセルの比較

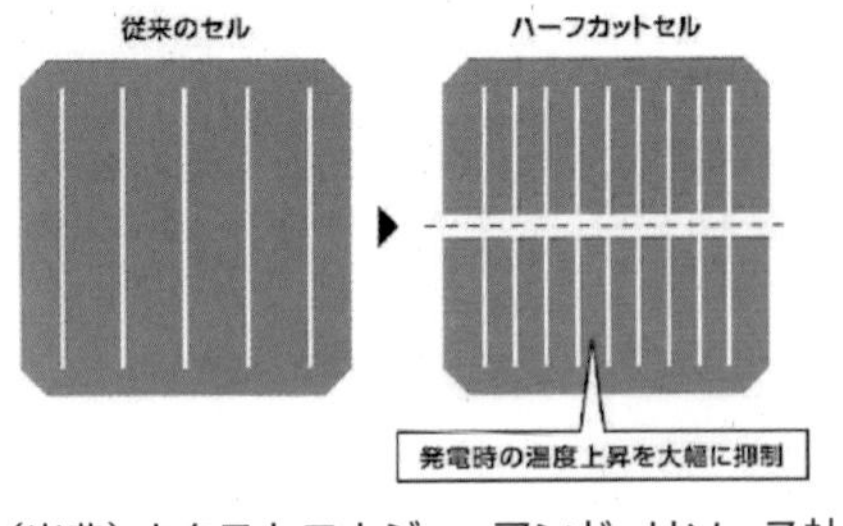

（出典）ネクストエナジー・アンド・リソース社

ると、2021年度の売電価格は19円なので、1キロワットあたり20万円以下であることが重要です。

よくある質問

ここで、よくある質問にお答えしたいと思います。

Q1 太陽光パネルは屋根にどれくらい設置すればいいですか？

A 屋根面積と同じくらい、載せられるだけ載せてください。

これからスマートハウスを新築するうえで重要なことは、屋根の寸法から1枚1689センチ×996センチの太陽光パネルを何枚設置できるかを考えることです。太陽光パネルは屋根の寸法で切ることができないからです。私の家では、軒から30センチの離隔をとり横に5枚、縦に離隔をとって10枚の計50枚を設置しました。今は1枚が345ワットのため20・18キロワットの大容量発電所が自宅の屋根にあります。上越市では年間1キロワット1200時間で計算すると、すべて売電すれば年間（20・18キロワット×1200時間×19円）で46万円もの売電収入になります。

設置量が多いほど、発電効率も上がりますのでパワーコンディショナの1.5倍までパネルを設置してください。

Q2 太陽光パネルをどの角度でどちらの方角に向けて設置すればいいのですか?

A インターネット上では「南30度」という単語が独り歩きしていますが、常に自動で太陽が移動する方向へ向く設備があるなら別ですが、高額のため通常設置は不可能です。本来、屋根の役割は雨漏りを防ぐことですが、産業発電所も空に向かって低角度で設置するのは後ろに設置するパネルに影をつくらないことと狭い土地でも容量を増やすためです。建築基準法には斜線制限があり、隣地の家の日射を確保しなければならない建築法があります。太陽の高度が冬は低く、夏は高い道筋を考えると、雨水が流れる1寸（5.9度）以上の緩勾配がよいでしょう。

パネルを留める金具は、掴み金具という丈夫で錆びにくい素材を選びます。大型化する台風に備えて積雪地以外でも1枚のパネルに片側3点留めするのが理想です。南欧風の茶系の洋風

丈夫で錆びにくい太陽光パネルの掴み金具

瓦に黒いパネルはナンセンスです。南欧風の茶系色瓦の屋根に真っ黒の太陽光パネルが見える家を想像してみてください。これからの住宅は、CO_2を排出しない住宅づくり（カーボンニュートラル）が国民に義務付けられます。屋根に太陽光パネルがのっていても、違和感を感じない外観デザインが重要なのです。

一般的には北陸から東北地方など雪の多い地域などは設置角度を高くして積雪しない工夫をしますが、私はあえて1寸勾配で設置しました。地球温暖化の影響なのか、2020年はスキー場の雪不足が深刻でした。2021年は海水温度が下がらないことで日本海の水分を多く含んだ雪雲が大雪の原因になりました。積雪地のビルダーは、56年豪雪などを味わった記憶が抜けず「この辺は雪が多いので太陽光発電は向かないんですよ」とよく言います。裏を返せば太陽光パネルの弱点は熱なので、積雪地では真夏に極端に屋根が熱くならない地域なわけですから冬以外は発電量が確保できるととらえることもできます。出会ったビルダーの資質で家づくりが大きく変わることは全く不幸な話です。

茶系瓦の南欧風の家（筆者の2回目の自宅）

一番得する太陽光パネルの置き方

すでにお話したとおり、電力会社は「買取制御（市場に需要がない場合、同時同量の原則で発電所のブラックアウトを回避するため、電気の買い取りを拒否すること）」ができるため、日中、需要が少ない時に発電しても、買い取りを拒否される可能性があるので、売電だけを考えて太陽光発電を設置しても意味がありません。

そうしたリスクを回避するためには、電気が必要になる日の入りと日没の発電量を増やす工夫が大切です。それには、緩やかな屋根勾配と西方向の照射がポイントになります。日没・日の出の太陽の位置は低いので、南に30度の傾斜でパネルを並べても発電できませんが、一寸勾配なら低い射角でも日の出から日の入りまでの長い時間の発電を維持できます。ただし、積雪地では雪が落ちる程度の勾配は意識してください。

「chance sales energy（チャンスがエネルギーを売る）」とでも言えばいいのでしょうか。一番電気が逼迫しているタイミングで電気を売る仕組みです。一般家庭でも、みんなが帰ってくる夕方ごろの発電量を増やすために太陽光パネルを西に振る方が優位になることも考えられます。つまり、南向きの屋根に設置することは、太陽光発電の普及が増えた現在では電気を持て余す真昼の発電を増やすことになるので得しない、とも言えそうです。

POINT 住宅の外観デザインなどを考慮して、周囲から外観を見た時に太陽光パネルが見えないくらいの屋根の角度が、用途地域から考えた発電量の多い設置基準だと考えればよいでしょう。FIP制度では、電力消費が多くなる夕方に高額で売れるので、その時間に一番発電できるように考慮しておくことです。

2020年以降の太陽光発電

2020年以降の住宅用太陽光発電設置基準は（パワーコンディショナ出力）10キロワット未満が絶対条件です。なぜなら、2020年2月4日「第55回 調達価格等算定委員会」において、住宅用10キロワット未満の買い取り価格が全国一律21円と発表されたからです。

図表 太陽光発電の売電価格

区分		2018年度	2019年度	2020年度	2021年度	売電期間
売電価格（10KW未満）	出力制御対応機器設置義務なし	26円/kWh	24円/kWh	21円/kWh	19円/Kwh	10年間
	出力制御対応機器設置義務あり	28円/kWh	26円/kWh			10年間
売電価格（10KW以上）		18円/kWh	14円/kWh	13円/kWh（10kWh以上50kWh未満）	12円/kWh（10kWh以上50kWh未満）	20年間
				12円/kWh（50kWh以上）	11円/kWh（50kWh以上）	

※1 東北、東京、関西、四国、九州については、2020年10月1日から2021年9月30日までの単価（2020年9月4日付けで認可された託送供給等約款に関して、新型コロナウイルス感染症の影響を踏まえた経済・社会情勢に配慮する観点から、現行託送料金からの引上げ相当分の適用期間の始期及び終期を1年間延期するため）。
※2 電源開発促進税相当額＝電源開発促進税税率（0.375円/kWh）×電源開発促進税対象需要÷託送料金算定対象需要＋税
※10KW以上は、売電価格に別途消費税がかかる

（出典）経済産業省の発表資料より作図

問題は、東京電力、中部電力、関西電力圏内の方々です。従来、この地域に暮らす人は、電気の消費量の多いエリアだったので買い取りを拒否されないという安全なエリアでした。そのため2019年までは他の電力会社より買い取り価格が2円安かったエリアなのです。

しかし、今回の発表では全国一律価格になっています。今後エリア内で電気が余っていた場合は、太陽光発電所の増加で「買取拒否（出力制御）」を発動する回数は多くなることも考えられます。その際に役立つのが電気を捨てられないようにするための大型容量蓄電池やEV車への自家消費後の余った電気の蓄電設備です。ですが、太陽光パネルしかない場合は、電気を蓄えることができないので、せっかく発電した電気は自家消費するしかありません。それでも余った場合、買取制御された時は、捨てるしかないのです（がしかし、住宅という小電力発電は最終手段で、買取制御は大型産業用発電所から制御がかけられるのが常です）。

そのようなことが起こらないようにするために電力会社が追加で設置要求する設備が「計測ユニット」、「計測モニター」です。

現在、太陽光発電所（住宅を含む）の発電量は電力会社から「丸見え」の状態です。どこの発電所がどれくらい発電しているのか一目瞭然なのです。計測ユニットの設置義務など、設置に対する基準は厳しくなっています。

先日、地元の電力会社から私の家にこんな書類が送られてきました。「日中の需要が少ない時は、あなたが発電した電気を電力会社は買わなくてもいいと国の許可を取っている。よって需要がない場合に電気の買い取りをしないことに同意しなさい。同意しない場合はあなたの屋根で発電した電力をすべて買わないから、そのつもりで。その時は本接続契約を解除します」という内容の文書です（言い方は丁寧でしたが）。

発電所は「同時同量」が原則ですから、余った電力は捨てられることになります。「仕方ないとあきらめる」か「もったいないから蓄電池とＥＶ車の充電にまわそうと思う」か。その両者の違いが今後の家づくりでは最も大きな分かれ道になります。蓄電池とＥＶ車があれば、出力制御時でも全く怖くありません。

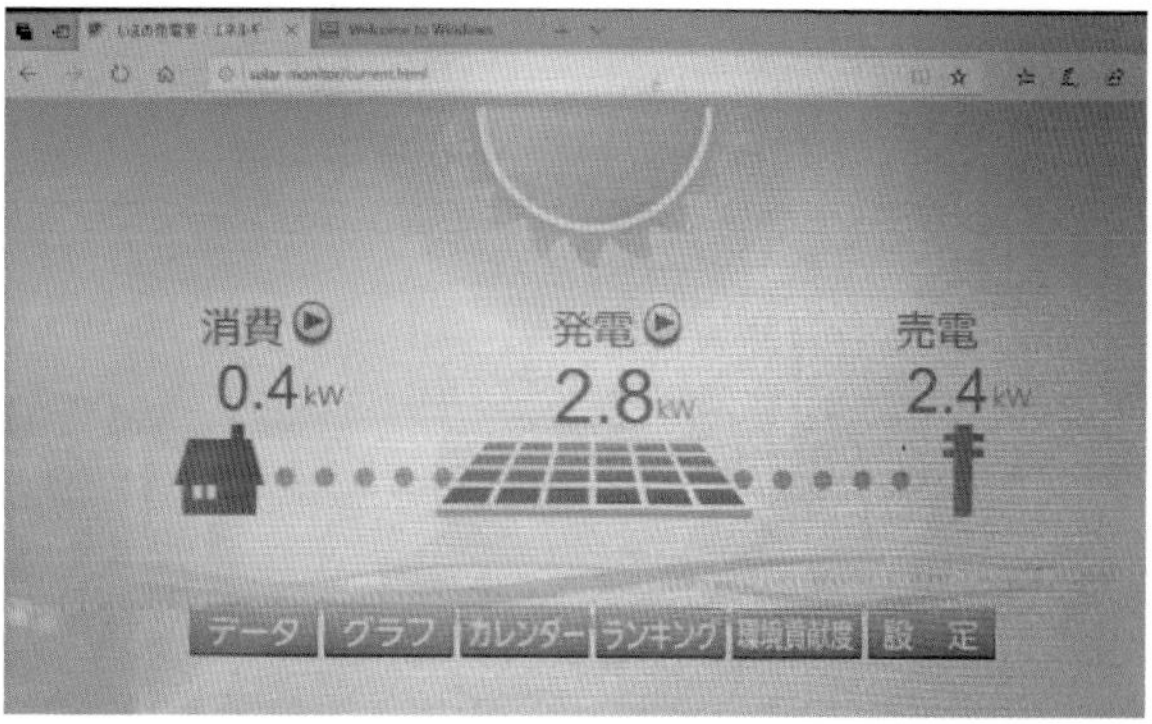

計測モニターは家の発電と消費状況を１台で管理できる

蓄電設備を併用する

蓄電池やV2HのEV車のメリットは大きく3つあります。①蓄えた電気を使用して自給自足の経済効果を高めること、②非常用電源として使えること、③これから始まるVPP社会に対応すること、です。

先程も言いましたが、太陽光発電の未来を真剣に考えた時に、発電した電気は自家消費電力に充てて、余った電気は売ることばかり考えるのではなく、今後電気を市場から買うと高くなることを考慮し、いったん充電しておいて市場購入価格より高い時に売ることを考えるべきです。地球温暖化対策に貢献できるCO_2を排出しない「電化ライフ」のプライドを持つことが、理想的な社会を創り出します。

太陽光発電設備がない家を選択した場合は、いくら蓄電池だけを所有しても、いつ電気料金が値上がりするのか不安な暮らしを強いられます。また、電気を買う暮らしとは、どこかの国の貴重な地球の埋蔵資源を奪って成り立つものであり、地球にとってもオゾン層破壊という冷たい暮らしでしかありません。それに、蓄電する電気を「最も安い時間帯はいつか」、「どれくらい電気を買うのか」ということを考えて充電をしなければいけません。

既存電力会社で電気を買って蓄電する場合、オール電化住宅なら、日中、基本料金込みで40円以上という高く設定されている電気を買って充電しても、夕方から夜に使用する電気料金が30円だとしたら、電気料金が増えるだけで蓄電池を導入する意味は全くありません。仮に深夜電力が今後、高騰した場合も同じなのです。台風上陸による停電の多い沖縄では、停電が頻発するため蓄電池を非常用電源に設置している家庭が多いのです。

蓄電池を詳しく知る

ここでは太陽光発電と蓄電池を導入した場合の理想的な暮らし方をお伝えします。蓄電池を設置した場合には2つの選択肢があります。

ひとつは「押上効果あり」という、日中より安い深夜電力を既存電力会社から購入して充電する使用方法です。この目的は住宅内の自家消費電力を蓄電池から給電して、発電した電気はできるだけ多く売るという経済効果を優先した接続です。

「押上効果なし」という使用法が「Ｓｍａｒｔ２０３０零和の家®」の選択肢です。これは、日中の自家消費電力を太陽光で賄い、余った電気で蓄電池、ＥＶ車の充電をします。そして太陽光発電できない夜から、蓄電池、ＥＶ車に蓄えた電気で自家消費電力を賄うというものです。電気を買うのは悪天候か冬季の発電ができない時のみです。あくまでも自給自足の電気を買わない暮らし方を優先しています。

これは1・2章でお伝えした「高断熱」「高気密」性能が高い住宅が、自家消費電力を著しく低くできるという特性があるからこそ、未来永劫に持続される価値です。固定式設置型蓄電池は消防法などの基準で18キロワット未満にする必要があります。ここでは蓄電池を選択する場合の重要な注意点をお伝えしましょう。

蓄電池を選択するうえでポイントになるのは、1時間に何キロワット充電できるか、ということ。私の知る限り、1時間の充電量が住宅内に給電できる電力量と一致します。つまり、蓄電池を選ぶ時の絶対条件は次のようになります。
①オール電化設備の200ボルト機器（エアコン・IHキッチン・エコキュート・EV車）に対応できること
②最大出力が最低でも3キロワットはあること（そうしないと購入する電力が増えます）
③できれば、非常時でも普段の暮らし（料理・入浴・冷暖房・炊飯・冷蔵庫・照明・コンセント使用他）ができる「全負荷型」に対応する10キロワット時程度であること
④4人以上の家族なら夜使用する自家消費電力8キロワット時以上の容量があること
⑤非常時に使う電気設備を制限する「特定負荷型」ではない「全負荷型」であること
④にあるように、夕方から翌朝までに一世帯では平均8キロワット時以上自家消費しま

す。蓄電池を選ぶ際は「非常時に必要になる電気容量をどこまで賄えるか」という意識が大事です。

　国内に流通している蓄電池の種類やメーカーはかなりありますが、私が推奨できる蓄電池は、実際の暮らし方、価格から鑑みても、大きく2種類程度です。特に今私が推奨しているのは、ネクストエナジー・アンド・リソース社の「イエデンチ」という商品です。

　さあ、ここからが重要なポイントです。⑤にもあるように、「全負荷型」と「特定負荷型」の違いに気をつけていただきたいのです。「全負荷型」は非常時の場合でも普段の生活ができるタイプです。家に設置しているすべてのコンセントや電化設備は左の写真のよう

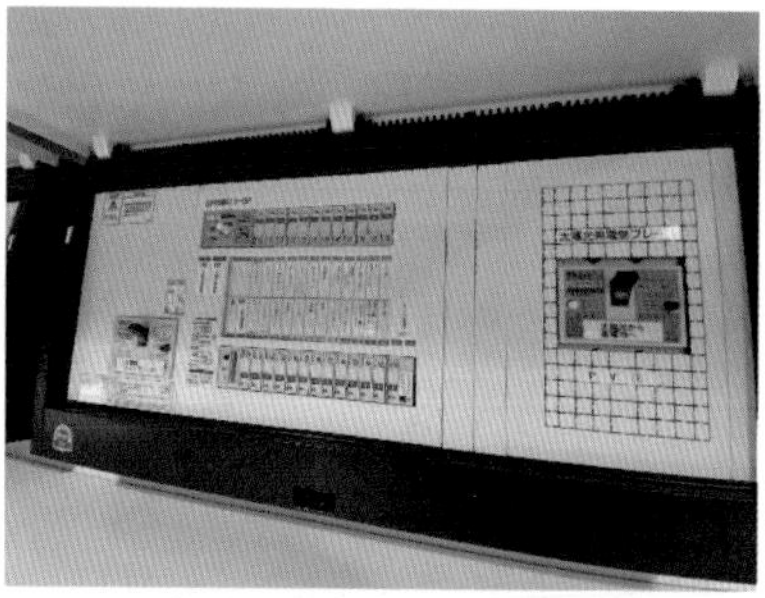
すべてを集約するスマート分電盤

図表　特定負荷型（左）と全負荷型（右）

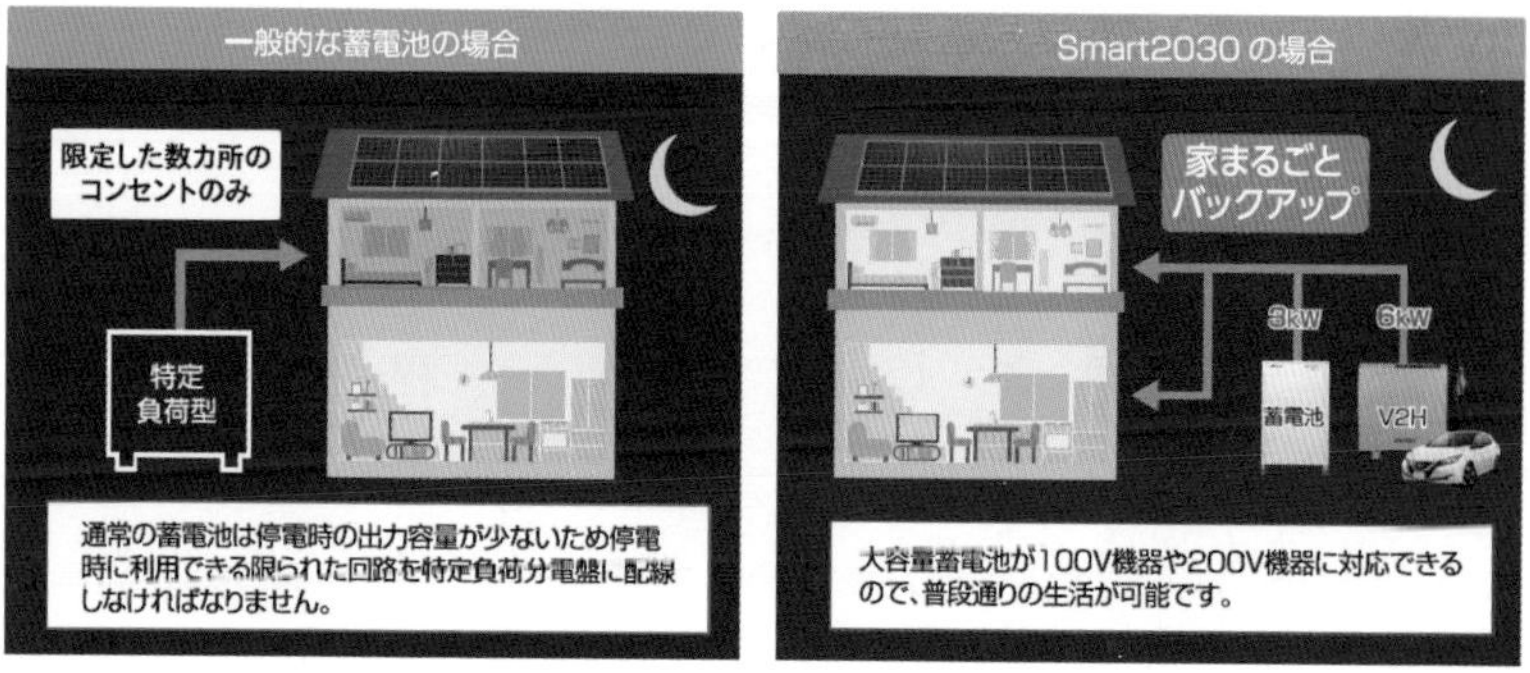

（出典）エスイーエー　アプローチブック

な「スマート分電盤」に集約されています。その分電盤に接続されているすべての設備が非常時でも使えるということは、ある意味「非常時がない暮らし」といっても過言ではありません。

一方、100ボルト設備限定、最大容量5キロワット以下程度の蓄電池を選べば、1階のキッチン廻りの照明、冷蔵庫、テレビ1台、スマホ充電用コンセント程度で容量オーバーになります。こうした場合、非常時に使う設備だけをまとめたもう一つの分電盤「特定負荷型分電盤」が必要になります。

非常時にエアコンと換気システムで0.5キロワット、IHキッチンで1キロワット、テレビで0.5キロワットだったら、すでに2キロワットを使っているので、電子レンジ1キロワットは購入する電気で賄うことになります。仮に200ボルトに対応していても、最大出力が3キロワット以上ないと非常時には出力オーバーで「再停電」してしまいます。今使用している家電設備の自家消費電力量を把握したうえで蓄電池を選んでください。出力を考えればV2Hは6キロワットという蓄電池の2倍の出力がありますので、自給自足の暮らしを実現するうえでも重要です。

自給自足の暮らしに大切なのは、「毎日停電している」と思って電気を買わない暮らしです。「ピークカット」「ピークシフト」という電力用語は、「家電を同時に使うのではなく」

（ピークカット）、「異なる時間に分けて使う」（ピークシフト）という概念です。一度に多くの家電を使うと消費電力量「キロワット」が増えるので、できるだけ別々に使って全体の自家消費電力量「キロワット時」を抑えるという考え方を持ってください。太陽光が発電できない夜は、一度に使う調理器を分散させる「ピークシフト」により蓄電池の最大出力3キロワット以内の消費電力に抑えることで、8.8キロワット時以内の電力使用なら電気を買わない自給自足の暮らしが可能です。

自給自足の暮らしとは

日照時間が年間2000時間あるエリアで説明します。太陽光発電の年間発電量に関するメーカーからの資料はNEDO（日本気象協会の過去の日照時間から設置場所、設置角度という複雑に計算されたデーター）から試算されます。メーカーでは購入後に「シミュレーション通りの発電をしない」というクレームを回避するために、あらかじめ低めに提案しています。そもそも太陽光発電とは気まぐれな天気を相手にする発電設備のため、正確な数値を統計から算出すること自体が不可能なのです。しかし、皆さんが選ぶメーカーによって発電量は大きく変わるということも事実。私がネクストエナジー・アンド・リソース社をオススメする理由は、できる限り小さな面積でたくさん発電できる太陽光パネルを扱っているからです。しかも落ち葉が風に吹かれてパネルに付着しても発電できる120枚のハーフセルに9本のバスバー電極線が入り、PERC技術（太陽電池セルの裏面にパッシベーション膜を施すことで従来より発電力を高める技術）でモジュール変換効率（セル1枚ではなく、パネル全体の電気に変える力）は20・5％の高性能です。また屋根で直流に発電した電気を交流に変えるパワーコンディショナも国内製で電力変換効率96・5％という搭載枚数に規制がないマルチストリングス型で国内最大級です。こうした高効率発電環境（次頁の図表参照）で年間1キロワットの発電量を1350キロワットで計算すると、345ワットのパネルを35枚設置した場合、1日44・7キロワット発電します。「Smart2030零和の家®」の高性能外皮で日中の自家消費電力は5キロワット時／日です。コロナ製の貯湯性能の高いエコキュートでソーラーモードにより湯増しをすれば、年間平均で3キロワット時／日の自家消費電力で370リットルの湯増しをします。さらに、夜間使用する自家消費電力7キロワット時を太陽光発電で日中に充電します。

日産リーフはキロワット時あたり6キロ走行できるので、1日24キロ走行するための電力4キロワット時／日も太陽光発電で充電できます。それでも25・7キロワット時余るので電力会社にキロワット時あたり19円で売電すると1か月1万4858円（①）の売電収入が得られます。この家で暮らし始めた1か月450キロワット時の自家消費電力料金を1〜5年まで2万円／月、6〜10年まで2万5000円、11年目から3万円／月で試算すると35年間で平均2万7900円（②）になります。この家で暮らすことで、本来買うはずだった電気料金は2万7900円／月になります。1リットルあたり10キロ走るガソリン車を所有したとして、1日24キロの走行距離のガソリン代金（リッター140円の場合）は336円／日になります。EV車の充電には本来売電できた19円／キロワット時を4キロワット時使用するので76円／日です。その差額260円は1か月で7908円（③）になります。①＋②＋③の経済効果は1か月で5万666円／月にもなります。この経済効果を20年で計算すると約1176万円、35年で試算すると約2126万円という経済効果になります。

この家に暮らすお子様が公立教育機関にかかる教育費と照らし合わせてみても、いかにこのスマートハウス「Smart2030零和の家®」で暮らすことが大きな価値を生むことになるのかお考えいただけると思います。

JEPX（日本卸電力取引所）の市場に連動する価格を「ダイナミック・プライシング」と言います。2021年1月のキロワット時250円というインバランス価格は、今後

図表　今後20年間で1,176万円、35年間で2,126万円の経済効果を達成！

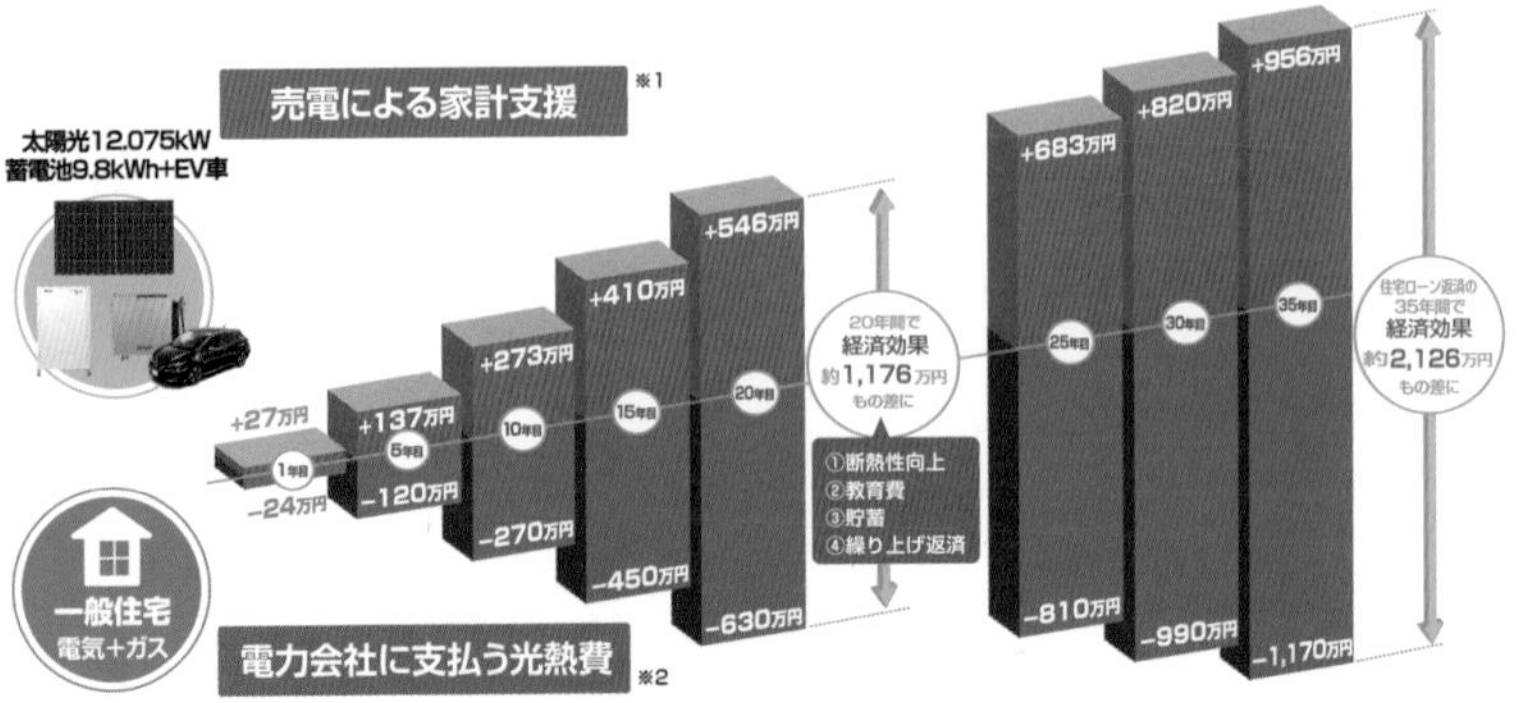

子どもの学習費（全て公立の場合一人当たり）　出典：文部科学省 平成28年度「子供の学習費調査」より

幼稚園3年間で 68万円 ＋ 小学校6年間で 193万円 ＋ 中学校3年間で 144万円 ＋ 高校3年間で 135万円 ＋ 大学4年間で 245万円 ＝ 合計 785万円

※1 1〜10年目まで売電単価を19円/kWh(2021年度 税込 予定)で10年固定、11年目以降も同価格でVPPまたは新電力への売電を行うとする。※2 買う電気料金を1〜5年間は20,000円/月、6〜10年間は25,000円/月、11年目以降30,000円/月とする。

図表　太陽光発電11.04kW（32枚）〜15.18kW（44枚）
＋パワコン9.9kW＋蓄電池9.8kWh＋V2H（EV車）の場合

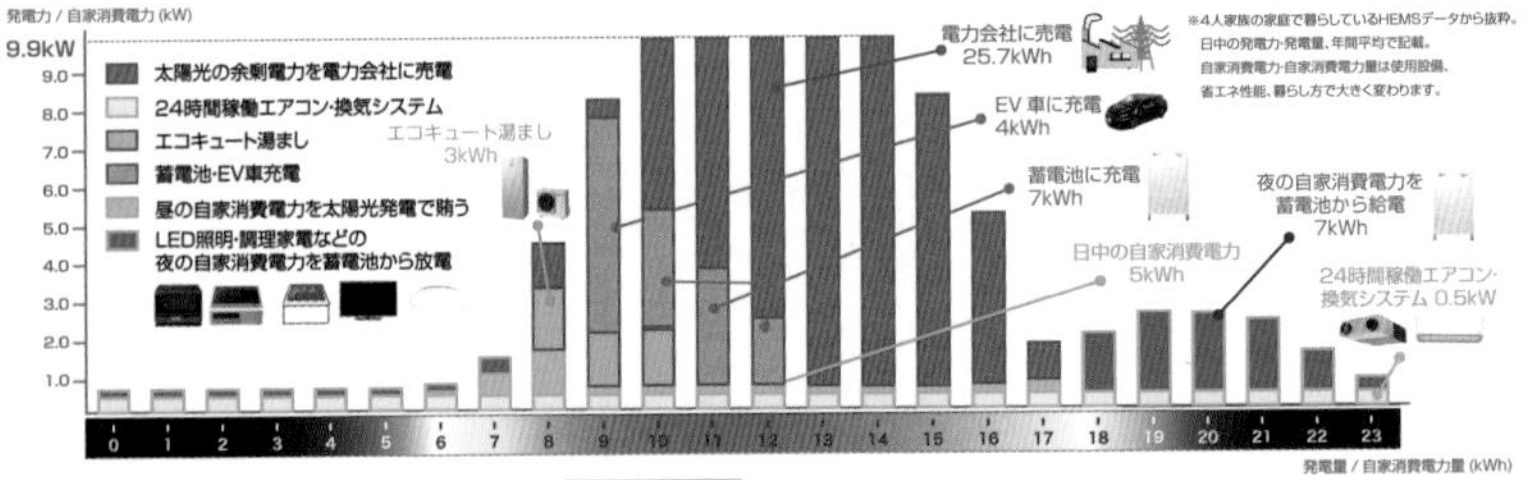

※4人家族の家庭で暮らしているHEMSデータから抜粋。
日中の発電力・発電量、年間平均で記載。
自家消費電力・自家消費電力量は使用設備、
省エネ性能、暮らし方で大きく変わります。

1,350kWh × 12.075kW (35枚) ÷ 365日＝ 44.7 kWh/日 （1日の発電量）

※EV車は6km/1kWhで試算

44.7 kWh/日 − 5kWh/日 (日照時の自家消費) − 3kWh/日 (エコキュート) − 7kWh/日 (蓄電池) − 4kWh/日 (EV車) ＝ 25.7 kWh/日 (売電可能)

1日の売電量 25.7 kWh/日 ×365÷12＝ 1カ月の売電量 782 kWh/月 × 売電単価 19 円/kWh ＝ 1ヶ月の売電額 14,858 円/月 …❶

Smart2030導入前の電気料金 27,900円/月 − Smart2030導入後の電気料金 0円/月 ＝ Smart2030がまかなった電気料金 27,900円/月 …❷ ※2

ガソリン車　1L＝10km走る　※ガソリン購入 1Lあたり140円　1日24km走ると → 140円×2.4L/日＝336円/日

EV車　1kWh＝6km走る　※売電価格 1kWhあたり19円　1日24km走ると → 19円×4kWh/日＝76円/日

燃料費1日あたり、336円/日−76円/日＝260円/日、1か月あたりでは、260円/日×365÷12＝ 7,908 円/月 の経済効果…❸

※このシミュレーション値はあくまでも目安であり、実際の家庭の生活様式および地域によって自家消費電力や発電量が異なるため、売電額や経済効果を保証するものではございません。

❶+❷+❸ ＝ 経済効果 50,666 円/月

（出典）エスイーエー　アプローチブック

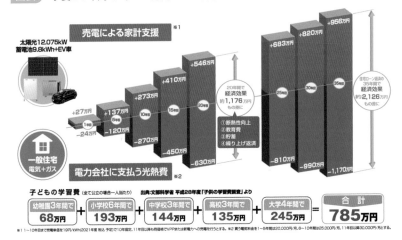

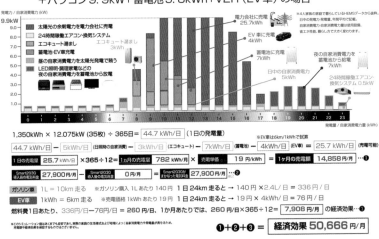

頻繁に起きることはないという前提でお伝えするなら、この市場価格が高い早朝や夜間は日中太陽光発電で蓄電池やＥＶ車に蓄え、電気を住宅内に給電すれば一般電力会社より安価な電気で暮らすことができるのです。そしてこれは、スマートハウスだからこそ叶います。

CHECK 大きく動くエネルギーミックスの動向

①企業単位での再生可能エネルギーの活用

私が見本とする大手ハウスメーカーは積水ハウスグループです。皆さんは住宅総合展示場や分譲地へ行けば、いろいろなデザインの外観をイメージするでしょう。しかし、セキスイハイムはほとんど同じ外観の家しかありません。セキスイハイムは、スマートパワーステーションという大容量発電機を屋根にびっしり敷き詰めた自給自足のスマートハウスを、２０１８年にすでに国内一番乗りで発表しました。積水ハウスは建てたオーナーから太陽光発電の余剰電力を自社グループの事業用電力として利用する「積水ハウスオーナーでんき」で買い取ります。卒ＦＩＴに対しても電力会社が9円程度で買い取る売電価格に対して、買取単価は11円／キロワット時とし、買い取った電力は「ＲＥ１００」

図表　SDGsアクションプラン2020

積水グループが供給した住宅の屋根の太陽光発電機で発電した電気や会社が所有する産業用発電所の電気を国内にある住宅展示場や工場で無駄なく使用。地球温暖化に貢献している

『SDGsアクションプラン2020』のポイント

■日本は、豊かで活力のある「誰一人取り残さない」社会を実現するため、一人ひとりの保護と能力強化に焦点を当てた「人間の安全保障」の理念に基づき、世界の「国づくり」と「人づくり」に貢献。SDGsの力強い担い手たる日本の姿を国際社会に示す。

■『SDGsアクションプラン2020』では、改定されたSDGs実施指針の下、今後の10年を2030年の目標達成に向けた「行動の10年」とすべく、2020年に実施する政府の具体的な取組を盛り込んだ。

■国内実施・国際協力の両面において、次の3本柱を中核とする「日本のSDGsモデル」の展開を加速化していく。

Ⅰ.ビジネスとイノベーション ~SDGsと連動する「Society5.0」の推進~

ビジネス

▶企業経営へのSDGsの取り組み及びESG投資を後押し。

▶「Connected Industries」の推進

▶中小企業のSDGs取組強化のための関係団体・地域、金融機関との連携を強化。

科学技術イノベーション（STI）

▶STI for SDGsロードマップ策定と、各国のロードマップ策定支援。

▶STI for SDGsプラットフォームの構築。

▶研究開発成果の社会実装化促進。

▶バイオ戦略の推進による持続可能な循環型社会の実現（バイオエコノミー）。

▶スマート農林水産業の推進。

▶「Society5.0」を支えるICT分野の研究開発、AI、ビッグデータの活用。

Ⅱ.SDGsを原動力とした地方創生、強靭かつ環境に優しい魅力的なまちづくり

地方創世の推進

▶SDGs未来都市、地方創世SDGs官民連携プラットフォームを通じた民間参画の促進、地方創世SDGs国際フォーラムを通じた普及展開

▶「地方創世SDGs金融」を通じた「自立的好循環」の形成に向け、SDGsに取り組む地域事業者等の登録・認証制度を推進

強靭なまちづくり

▶防災・減災・国土強靭化の推進、エネルギーインフラ強化やグリーンインフラの推進

▶質の高いインフラの推進

循環共生型社会の構築

▶東京オリンピック・パラリンピックに向けた持続可能性の配慮

▶「大阪ブルー・オーシャン・ビジョン」実現に向けた海洋プラスチックごみ対策の推進。

▶地域循環共生圏づくりの促進。

▶「パリ協定長期成長戦略」に基づく施策の実施。

Ⅲ.SDGsの担い手としての次世代・女性のエンパワーメント

次世代・女性のエンパワーメント

▶働き方改革の着実な実施

▶あらゆる分野における女性の活躍推進

▶ダイバーシティ・バリアフリーの推進

▶「次世代のSDGs推進プラットフォーム」の内外での活動を支援。

「人づくり」の中核としての保護、教育

▶東京オリンピック・パラリンピックを通じたスポーツSDGsの推進。

▶新学習指導要領を踏まえた持続可能な開発のための教育（ESD）の推進。

▶ユニバーサル・ヘルス・カバレッジ（UHC）推進

▶東京栄養サミット2020の開催、食育の推進。

国際社会への展開

2020年に開催される、京都コングレス（4月）、2020年東京オリンピック・パラリンピック競技大会（7月～9月）、アジア・太平洋水サミット（10月）、東京栄養サミット2020（時期調整中）等の機会も活用し、国際社会に日本のSDGsの取組を共有・展開していく。

（出典）首相官邸「SDGsアクションプラン2020～2030年の目標達成に向けた『行動の10年』の始まり～」より作成

（企業が事業運営を100％再生可能エネルギーで達成すること）の実現のために同グループのSDGsをはじめとする事業活動に会社ぐるみで取り組んでいます。

建てた家に将来にわたって責任を取り続けるという「売りっぱなし」のビルダーとは全く違う素晴らしい企業マインドです。

②地球温暖化を掲げて原発再稼働を正当化

2020年7月3日の「老朽化石炭火力発電所を2030年目途に廃炉する」という梶山発言、続く10月27日の菅総理の「2050年までに温室効果ガス実質ゼロ宣言」は、原発再稼働も既に視野に入れています。国連に準拠すべくCO_2削減を理由にした安全神話の復活です。廃炉に莫大な費用が発生することを国民に内緒にしたままで原発を増やし続け、もう一度再稼働させることは、未来の子どもたちに重いリスクを残すことになります。日本は今世紀中に使用済み核燃料の最終処分場をどこにするのかを決めなければなりません。いまだに使用済み核燃料棒の最終処分場は決まっていません。菅内閣発足以後、原子力政策を巡っては使用済み核燃料からウランなどを取り出した後に出る「核のごみ」の扱いも焦点になっています。税収入が逼迫している北海道内の2町村は最終処分場選定の前提となる「文献調査」に名乗りを上げました。梶山大臣は「（全原発の使用済み燃料を貯蔵する）保管スペースは（すでに）8割近く埋まっている。国全体の課題という意識で進め、私たちの世代で方向性をしっかりつけたい」と、過去の政治が安全と偽り拡大した原発の後処理も含めてむげに否定するのではなく、電力の足りない現状を訴え、「国民一人一人がこのエネルギー事情について議論することが大切である」という姿勢を示して社会問題化させました。このことは、過去の内閣とは違う点です。

同時に、北海道寿都町の税収不足問題を核燃料最終処分場で解決するという片岡町長の発言は、深刻な地方経済の問題を浮き彫りにしました。危険を冒してまでも町を復興させるという想いは全国に届き、北海道民全体の問題にまで発展しました。

③女川原発再稼働なるか？

また、同年11月に入り、宮城県知事が女川原発2号機の再稼動に同意する表明をしました。あまりにもタイミングが合い過ぎている一連の報道をみて、読者の皆さんは、「出来レース」を感じていることでしょう。梶山発言、宮城県知事発言は「再エネ」をメイン電源にする前提です。しかし、再生可能の風力は「風頼み」、太陽光発電は「おひさま頼み」。こうした不安定な「再生可能エネルギーによる発電不足」を回避するために「蓄電池」、「EV車」、「V2H」に補助金を出します。「でも原発も一部再稼働させないと電気は足りないのですよ。いいですね国民の皆さん」。「うーん、仕方ない。わかりました」というシナリオがそこには存在しています。そうなれば、新潟県柏崎市の「刈羽原発」もいずれ再稼働することになるかもしれません。私が住む新潟県のテレビ番組では異常なくらいの「東京電力の刈羽原発の安全性を訴えたCM」が放映されています。これに私は東京電力の必死ささえ感じます。

以上の話が十分なご説明になったのか不安は尽きませんが、2050年までに温室効果ガス実質ゼロ宣言、2035年を目途に「ガソリン車販売停止」、2030年を目途に「老朽石炭火力発電所の停止」という大きなCO_2削減政策にいよいよ日本が舵を切ったことは、ご理解いただければと思います。「ZEH」もままならない日本の住宅は、さらに「ZEH+」という次世代省エネスマートハウスを標準化するでしょう。

2021年4月からは「改正建築物省エネ法」も施行され、この省エネ基準に満たない住宅を選択した建築主に対しては厳格に書面を残すことになります。「未来に価値が下がるかもしれない『既存不適格』住宅を選択したのはあなたです」と言わんばかりにこの国の家づくりが大きな局面を迎えたことは、同時に高い評価ができます。

電気を自給自足できる「Ｓｍａｒｔ2030零和の家®」の防災性能

２０２１年２月13日23時８分に福島沖で１分半という震度６の長い揺れを観測した地震では、東京電力管内の火力発電所が自動停止したことで、関東を含む約95万戸が停電しました。「Ｓｍａｒｔ２０３０零和の家®」に、非常用電源ＥＥＳ®（エマージェンシー・エネルギー・シェルター）を設置した目的は、非常時でも停電しないため、また近所で電源を失って困っている方々に「電気のおすそ分け」をしてくれるオーナーをこの国で増やすことです。被災後の15日には大型低気圧が被災地を通過したため、暖房も使用できない方々の二次災害も心配されました。震災に対応できることだけを考えて家を建てるのではなく、電気を買わない日常をも成立できるのがスマートハウスなのです。日中、晴天であれば太陽光発電の電気で自家消費を賄え、売電できない非常時は余った電気を蓄電池、ＥＶ車に蓄えて陽が沈んだ夜の暮らしは、日中蓄えた電気で冷暖房、入浴、調理という普段の暮らしが可能なのです。また、断水対策に７日分の飲料水も確保しています。詳しくは、次項でお伝えします。

「Smart2030零和の家®」に設置された防災用非常用電源

第4章

防災性能と
資産価値の高い家づくり

08
災害に備える
水災や強風から家を守る

２０１９年９〜10月に関東を襲った台風15号・19号。各地で観測史上最も強い風が吹き荒れ、千葉県では鉄塔や電柱が倒れて大規模な停電が発生しました。東京湾に到達した時点で中心気圧９５５ヘクトパスカル、最大風速45メートルと、関東に接近・上陸した台風としては「過去最強クラス」でした。専門家は「地球温暖化が進んで日本を取り巻く海面の温度も上昇する（上図参照）と、台風はより強くなる。関東だけでなく、ほかの地域でもこれまでにない強さの台風が接近・上陸するリスクが増大している」と警告しています（ＮＨＫ　ＮＥＷＳ　ＷＥＢより）。

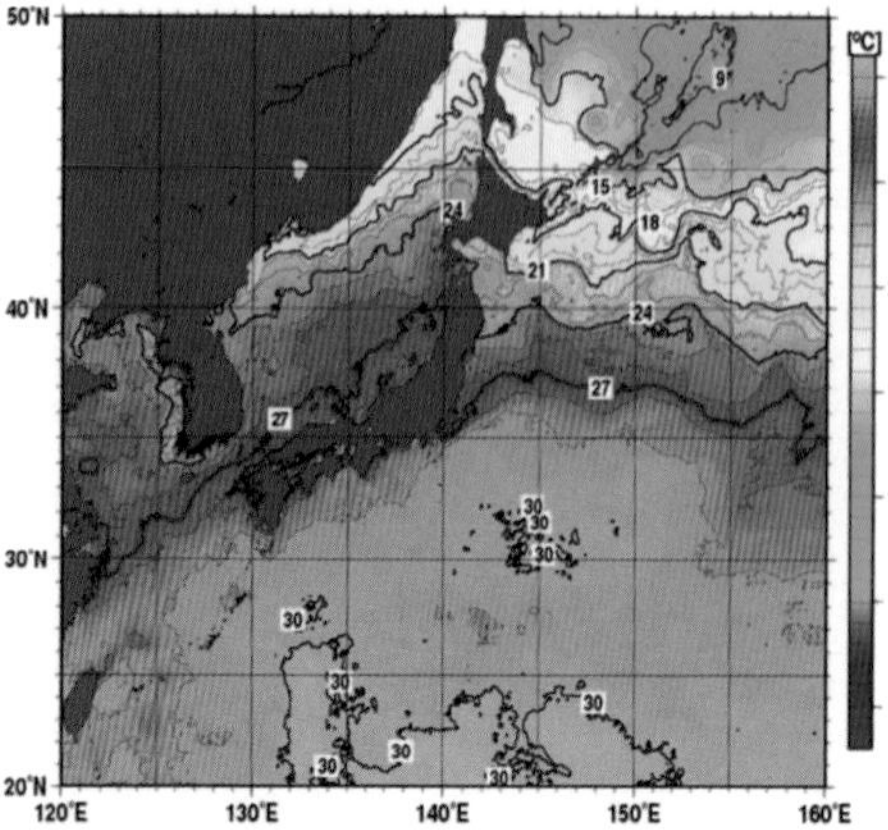

（出典）気象庁HPより（2019年9月8日）

まさにその通りになったのが２０２０年台風10号です。９月１日に小笠原近海で発生し、５日から６日にかけて大型の非常に強い勢力で沖縄に接近、その後６日から７日にかけて、奄美地方から九州に接近しました。長崎市野母崎で最大瞬間風速59・４メートルなど、南西諸島や九州を中心に猛烈な風または非常に強い風を観測し、観測史上１位の値を超えるなど、記録的な暴風に。宮崎県美郷町神門でも、４日から７日までの総降水量が５９９・０ミリになり、宮崎県の４地点で24時間降水量が４００ミリを超える大雨になりました。暴風や大雨の影響で、飛来物や倒木により高圧線断線等が発生し、南西諸島や九州を中心に広い範囲で停電も発生。今後、日本に上陸する台風は大型化の傾向があり、その被害も大型化して過去に例のないものになるでしょう。

２０２０年は新型コロナウイルスの影響により、国民が「三密回避」という、人と人との接触を避ける行動を強

左）外付けブラインドを開けた状態　右）外付けブラインドを閉めた状態
強風が吹いた場合でも、外出先からでも窓シャッターを下して、強風から家を守る工夫が大切

いられました。しかし、豪雨や台風で避難を余儀なくされた場合、避難所での濃厚接触は避けられません。今回のクラスター対策では「避難所」という心の拠り所までが入場制限され、避難所難民が出てしまう有様でした。つまり、これからの家づくりでは、家が「避難所」としての機能を果たすことが重要なのです。床上浸水を除けば、非常時でも停電しないスマートハウスであれば安心して過ごせます。暴風による電柱の倒壊で長期停電になることのほうが、床上浸水よりも多いのです。

西日本豪雨から、家を建てる場所を考える

２０１８年7月5日から8日にかけて、梅雨前線が西日本付近に停滞したことに加え、そこに大量の湿った空気が流れ込み、連日大雨が続きました。この豪雨により、西日本を中心に多くの地域で河川の氾濫や浸水害、土砂災害が発生し、死者数が２００人を超える甚大な被害となりました。

広島県呉市では土砂崩れなどにより24人が死亡。呉市から広島市、呉市から東広島市につながる道路は寸断され、ＪＲ呉線も不通となり、呉市は孤立状態に。市内の安浦町では約58ヘクタールにわたって浸水し、７６０戸の住宅に被害が出ました。

広島県福山市では農業用ため池が決壊し、土砂崩れに巻き込まれるなど2人が死亡。芦田川や手城川の支流では内水氾濫が発生し、市内の約20平方キロメートルが浸水しました。

岡山県倉敷市真備町では、7日朝までに小田川と支流の高馬川などの堤防が決壊し、真備町だけで51人が死亡しました。ほとんどが水死とみられます。死者のうち43人は屋内で発見され、うち42人は住宅の1階で発見されました。私は、愛媛不動産情報ナビの滝口貴士社長と愛媛県大洲市で被災した住宅を視察したのですが、エコキュート、室外機など外構部に設置されていた設備は、氾濫した水でどこに流れていったかもわからない状況でした。

こうした水害を受けて、大手ハウスメーカーの一条工務店は、GL（GLとは、グラウンドラインの略で、地面の高さを表すものです。そこからだいたい100

左）上流からの土石流で自動車が流された　右）芦田川が氾濫して桟橋を破壊（共に筆者撮影）

ミリ以上あげたところをFL（フロアライン）と言います）から1.5メートルの水害からでも住宅を守るという画期的な住宅を発表しました。この概念はとても素晴らしいことですが、そもそも水害が及ばない安全な土地探しができればこうした防災コストも抑えられます。

家を購入する時、住む場所の利便性、学校との距離、親の家との距離、価格などを優先する人が

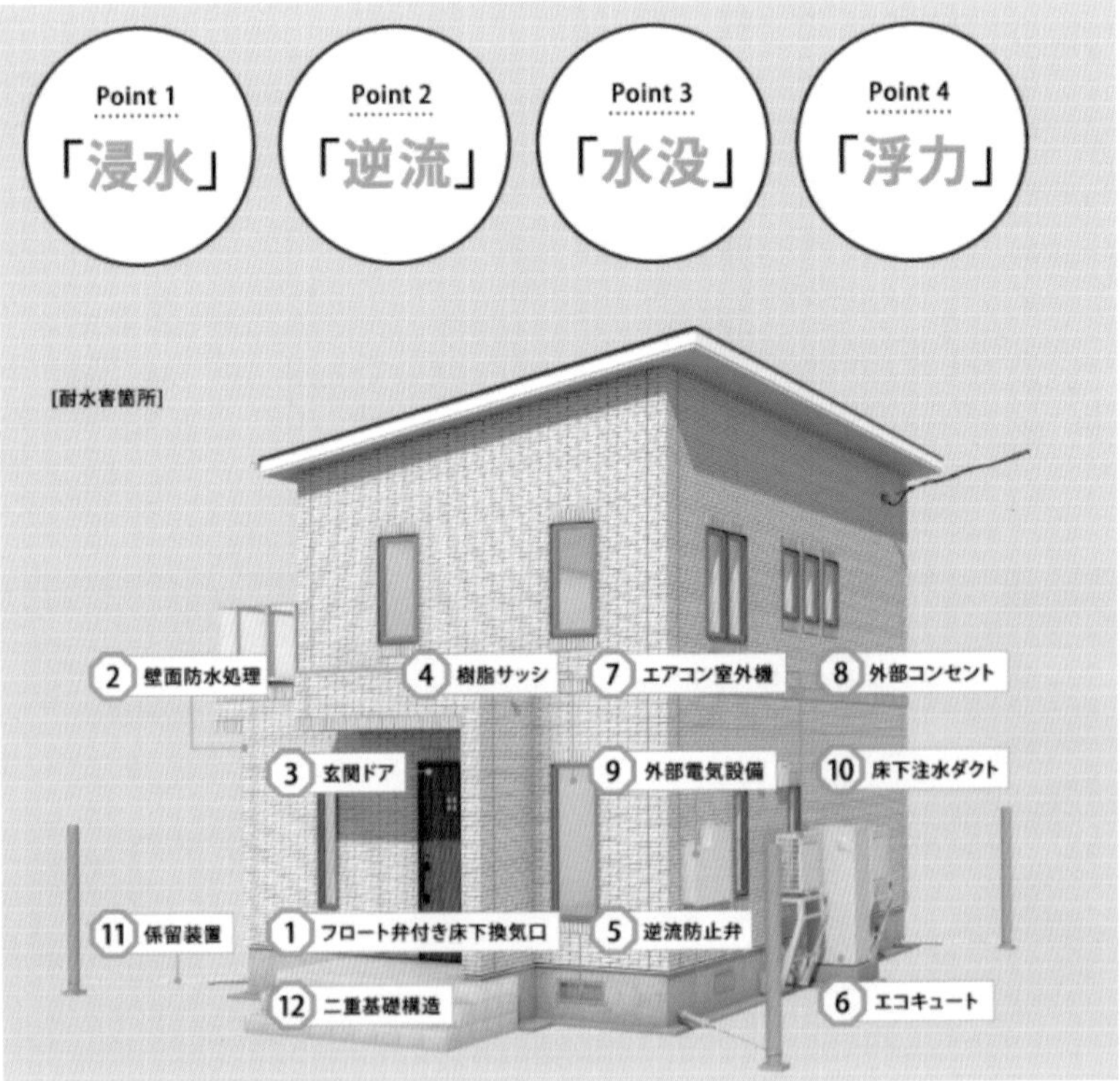

（出典）株式会社一条工務店

多いのですが、その土地の災害リスクや将来にわたる安全性も非常に重要な項目なのです。２０１９年の台風19号では、市町村が発行しているハザードマップの浸水エリア以外も被災しました。その原因は1か所の河川の氾濫だけを考え、支流からの増水までは考えていなかったことでした。今回の被害を受けハザードマップは見直され、土地販売業者にも水害リスクの説明義務を徹底することが法律で義務づけられました。

被災地を視察して学んだことは、被災後の悪臭です。例えば福山市では、土石流により浄化槽を設置している住宅から特に異臭がしました。このような理由から一回水につかった家をそのまま使用するのは難しく、火災保険（地震や水災にも対応するタイプ）の重要性を改めて感じました。

内閣府の基準によれば、水害の被害状況は「全壊」、「大規模半壊」、「半壊」、「準半壊」、「一部損壊」の5段階に分別されます。台風15号では千葉県にも大きな被害をもたらしました。通常屋根が飛んだだけなら「一部損壊」として扱われますが、要件が見直されて大きく屋根が壊れた（暮らすことができない）場合でも「半壊」と認められたことは意義深い判断です。

水害対策を意識した家とは

こうした暴風の被害で多いのが「雨漏り」です。敷地の狭さを理由に「軒の出ゼロ」の「キュービックタイプ」の四角い家を建てた場合、横殴りの暴風雨では雨漏りが起きる確率が高くなるということもわかりました。袖壁を標準仕様にしている「Ｓｍａｒｔ２０３０零和の家®」では、渦を巻くような強風への対策ができる他、隣地からの視界を遮る効果もあります。

また、大雨の影響についても考える必要があります。バルコニーに大量の水が溜まり、サッシを設置した高さまで水が溢れて室内に入ることも多いので、バルコニーには水量が多い時でも排水できる「オーバーフロー管」を設置するべきです。さらに、暴風による飛来物から家を守るには「窓シャッター」の設置が重要です。「窓シャッター」は後付けしてもいいですね。私の家の全窓も「外付けブラインド」になる「窓シャッター」にしました。ＡＩ付き電動シャッターは、海からの風が急に強くなった時でも、外出先からスマートフォンで全窓を閉め切ることができ、とても安心です。特に海から吹き付ける風が強い時は、不在中でもスマートフォンで北側の全窓を遠隔で閉め切ります。

３章でも述べましたが、スマートハウスでは蓄電池やＥＶ車、エコキュートなどを非常時でも使用できるように、エコキュート、EV車につなぐV2H、蓄電池はガレージ内設置が基本です。またエアコンの室外機、エコキュートのヒートポンプも、地上から1.5メートル上げた特別架台に設置します。さらにガレージのシャッター下からの浸水を避けるために文化シヤッター製の非常用止水シート「止めピタ」（左下）を標準設置仕様にしています。

エコキュート・V2H・蓄電池をガレージ内に設置。室外機を1.5メートルのアングルの上に設置すること

ガレージシャッターを下ろせば0.17センチしか浸水しない

設置時間は、「止めピタ」は5分、土のう袋は20分

では、実際に水災の被害を受けた場合、どうやって修繕するのでしょうか。広島市の西本ハウス様では、西日本豪雨で被災された呉市にある住宅のリフォームを行いました。まず、基礎と柱と梁だけを残して、壁、断熱、床などのすべての建材を撤去し、その後、構造躯体を真水で洗浄して、ゆっくりと自然乾燥をさせました。柱に反りが出た場合は仮柱を立てて新品に入れ替えます。その後、消毒業者による殺菌消毒を行いました。ここまで早くても2か月は必要だそうです。しかも、被災地域では一斉に職人と建材が不足しますし、建材メーカーや職人さんも被災している場合、修繕には手間と時間がかかります。

このような状況を考えると、水害に必要な備えとは、「水災が起きたらすぐに避難できる、命を守れる場所を確保すること」、「火災保険を充実させること」の2つです。水害でも効果のある火災保険があれば、施主は自分で何もしなくても避難用の賃貸物件を紹介してもらえ、家賃の負担もしてもらえます。被災した家電なども家財保険で買い換えることが可能なのです。

やはり火災保険は、水害という不測の事態に備えた「水災補償」もぜひ検討課題に入れるべきです。オプションなので見落としがちですが、竜巻、台風、落雷や雹による被害も対象になります。降雪地の雪荷重による屋根の破損も対象です。加入時にはしっかりと保険会社と打ち合わせをしてください。

火災保険はかつて、住宅ローンの支払期間である35年間保証でしたが、現在は法改正により、10年間が最大です。異常気象などによる自然災害は年々予測できない大規模なものになっています。既にマイホームをお持ちの方も、これから新築される方も「備えあれば憂いなし」で、普段からの加入している保険内容の見直しが大切です。

地震から家を守る制振性能

地震から家を守る

2021年2月13日、数年間帰省していなかった長男が、私にマセラティのSUVの新車を見せたかったのか急に帰省しました（最近、精密検査を受けた妻の容態を気にしていない長男に対して立腹した娘たちからのLINEが原因で、妻を気遣い帰省したのが本命でした）。長男はこの時、上越中央のモデルハウスを初めて見たのですが、この日は息子もこの家に泊まることに。何事もなく過ごしていたのですが、23時10分過ぎに、妻から1本の電話がかかってきました。「すごい揺れだったけど、そっちは大丈夫？ダイニングテーブルの上の天井から吊ってある照明がまだものすごく揺れているの。目がくらくら

地震情報

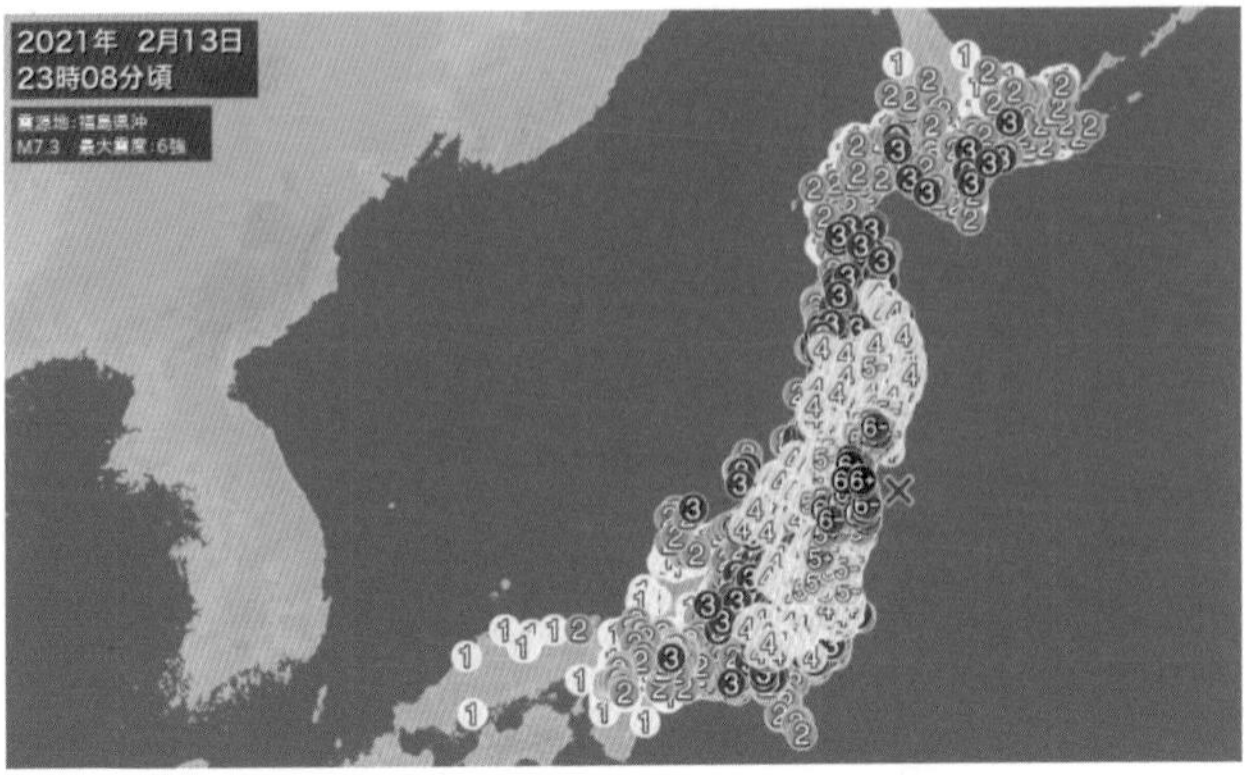

（出典）日本気象協会/ALinkより（2021年2月13日）

するわ」と言われ、この時初めて地震が起こっていたことに気がつきました。

23時8分に福島沖でマグニチュード7.3、震度6強という、阪神・淡路大震災や熊本地震と同等の地震が発生したのです。大手ハウスメーカーのツーバイフォーの家で地震を体験した妻は、「堅さ」だけを重要視した耐震性能3の家がいかに人間に与える衝撃が大きいのかを、まざまざと電話で伝えてきました。妻には怒られるかもしれませんが、私と長男は全く地震に気が付きませんでした。

しかし、東日本大震災の余震が10年後でも発生したこと、また、直線距離で1キロも離れていない距離でこれだけ地震の感じ方が違うことには改めて驚かされました。揺れに気付かなかったのは、この後、詳しくお伝えする千博産業の「ｅｖｏｌｔｚ（エボルツ）」制振ダンパーのおかげです。今回の件で私はこの製品のすごさに感動しました。この地震は新潟県上越市では震度4強と発表されました。

大地震が発生するたびに住宅の耐震性能が話題になります。耐震の定義は、震度5以下の中規模地震に対しては「大きな損傷をしない」こと。また、震度6以上の大地震に対しては「居住者の命を守る（倒壊しない）」ことを目的としています。建築基準法と同等の強度が等級1、建築基準法の1.5倍の地震に耐える強度が等級3と想定されています。そのためビルダーは柱を壁材で覆い、さらに筋交いを入れて家を丈夫にします。言い換えれば、大地震が来た時に「倒壊しない程度の損傷はＯＫ」ということであり、余震という弱い地震で倒壊することには触れていないのです。

この項で確認しなければならないことは、地震に対する皆さんの「考え方」です。「耐震性能」は必須の建築基準。いわゆる「地震の強靭な揺れに立ち向かい、家がその力に耐える」ことを言うのです。これは「頑丈な堅い家」を造るという概念です。地震時に崩壊しないで救急業務を遂行しなければならない「消防署」「警察署」「公的建物」などには等級3が標準で採用されています。「耐震性能」のメリット、デメリットをこの章でしっかり学んで、コストパフォーマンスも考慮しながら地震の被害を抑える家づくりをしましょう。

もうひとつ、頑丈な堅い家を造るということは、地震のエネルギーを受けやすくなるということでもあり、家じゅうの棚から飛んで落ちてくる収納物が凶器となることを覚えておいてください。東日本大震災では壁に取り付けたエアコンが外れて飛んできたという話も聞きました。耐震性能という頑丈さだけでは、生命の危険を守れないという認識を持つことが大事です。

100年に1回の大地震より頻繁に発生する弱震から家を守る

地震を制御する工法は下記のように大きく3つに分かれます。

「免振性能」はマンションなど大型建造物に用いられる工法で地盤の揺れの影響を受けないように建物と基礎を切り離した工法です。一般住宅への採用は、技術面、コストの高さから不向きですので私は推奨していません。私がオススス

図表　地震対策には、免震・制振・耐震の３工法がある

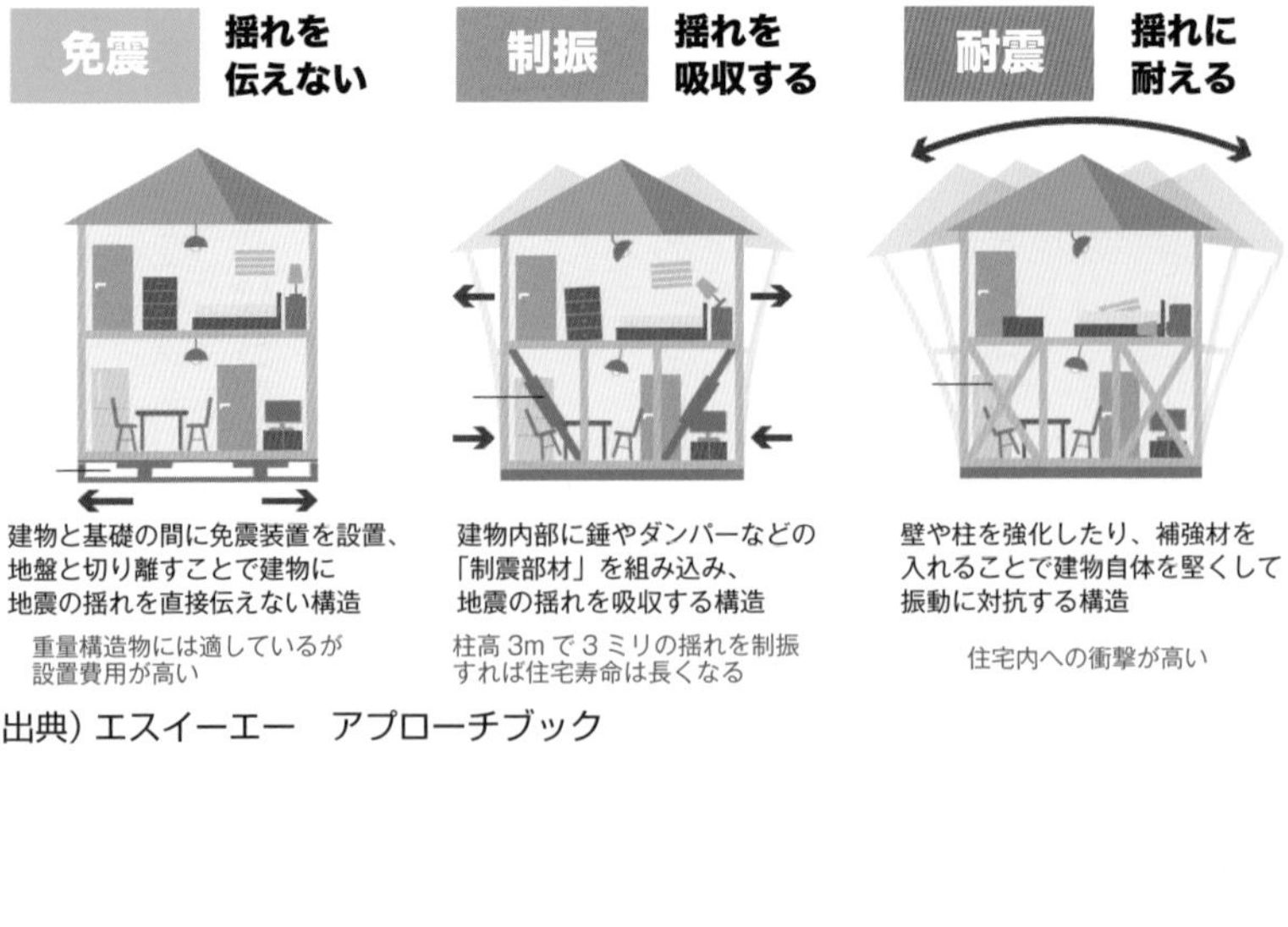

免震
揺れを伝えない
制振
揺れを吸収する
耐震
揺れに耐える
建物と基礎の間に免震装置を設置、地盤と切り離すことで建物に地震の揺れを直接伝えない構造
重量構造物には適しているが設置費用が高い
建物内部に錘やダンパーなどの「制震部材」を組み込み、地震の揺れを吸収する構造
柱高 3m で３ミリの揺れを制振すれば住宅寿命は長くなる
壁や柱を強化したり、補強材を入れることで建物自体を堅くして振動に対抗する構造
住宅内への衝撃が高い

（出典）エスイーエー　アプローチブック

メするのは、「耐震性能」に「制振性能」をプラスした家づくり。具体的には「制振ダンパー」という工法です。これについては後ほど詳しく説明します。

皆さんは、地震を体験すると「すごい地震でしたね。わが家は何とかもちこたえました」と言って、多少の被害があっても命だけは守ることができたと喜ぶでしょうか。当然「人命を守ること」が第一目的です。でも、できることなら住宅も「無被害」であることが最善ではないでしょうか。

建築基準法で認められている等級1の住宅では、地震後、住み続けられる保証はありません。大地震後でも住み続けることができる耐震性能の高い住宅は、等級3と言われています。地震後、建物がダメージを受けて建て替え費用が1000万円必要になるとしたら、建築時、ビルダーに「100万円アップになりますが耐震性能3を取得しますか？」と聞かれれば、従うべき

住み続けることができて、合格。

地震後の倒壊の保証はない等級1

耐震性能の高い等級3

だと思います。家を失うリスクを減らし、安心を買うと考えれば安いものだと思います。

既述の「制振ダンパー」とは、地震によって起こる振動エネルギーを吸収させる制震装置です。建物の揺れを小さく抑え衝撃を和らげることができ、本震だけでなく、繰り返し発生する本震前の前震、本震後に発生する余震を抑える性能が重要です。地震の揺れによる被害を最小限に抑えるために、壁や柱などの接合部分に設置します。ダンパーの種類は、ゴム、鋼材、オイルなどがあります。オイルダンパーは、もともと車の揺れを吸収し、乗り心地をよくするために造られたもので、住

図表　制振ダンパーの比較

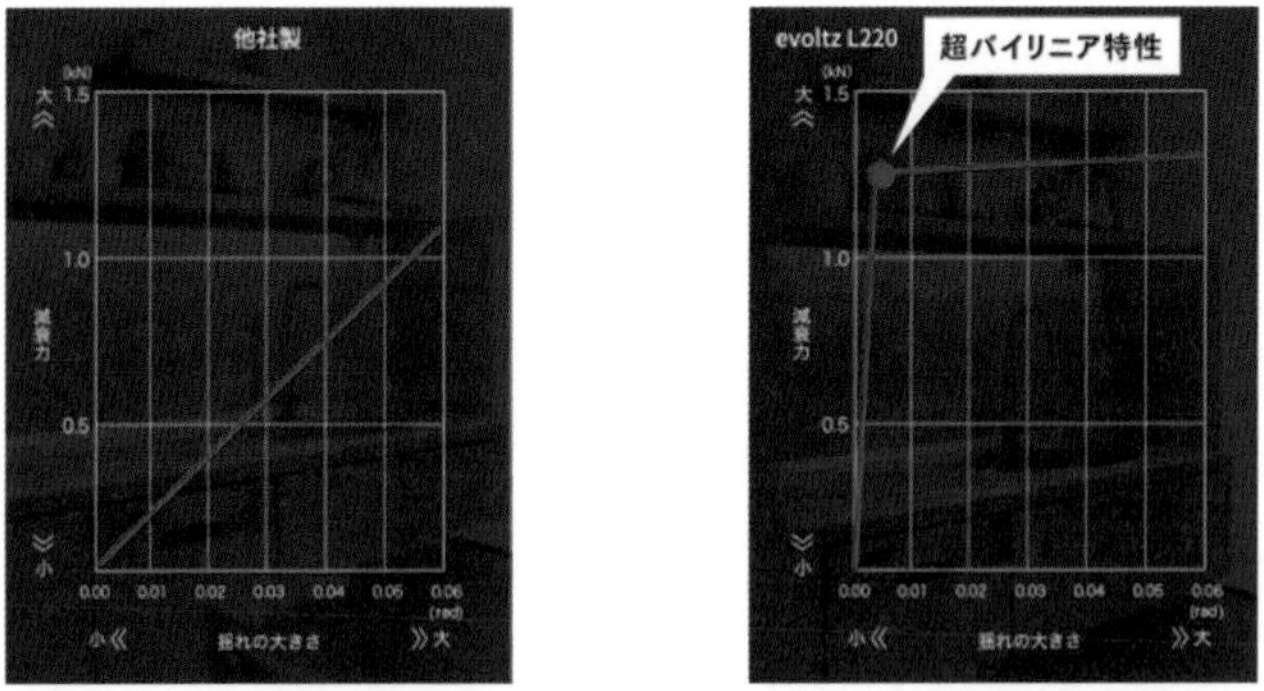

「耐力の大きな」制振装置
最初は耐震効果を発揮
耐震性能が損なわれた後、制振効果を発揮
倒壊防止が目的

「耐力の小さな」制振装置
evoltz
最初から制振効果を発揮
損傷防止が目的

（出典）千博産業HPより

宅にも応用されています。

下のグラフは、ベンツ、フェラーリなどの高級車に採用されている「ビルシュタイン製」の「ｅｖｏｌｔｚ」というオイルダンパーの性能を表示したグラフです。浜松市の千博産業がベンツやポルシェなどにショックアブソーバーを供給しているドイツのビルシュタイン社に委託して製造しており、世界レベルの高性能、高品質を実現した油圧式装置です。私は国内で販売されている制振ダンパーの中で唯一無二の性能を誇るダンパーだと確信しています。

通常、柱の高さ3メートルの住宅では、3ミリの揺れで地震を感じ始めて、15ミリの揺れで耐火用プラスターボードが落ち始め、25ミリの揺れで構造用合板に損傷が入り、33ミリの揺れで筋交いが折れます。

東日本大震災前には前震（3ミリから20ミリ程度の揺れ）が39回ありました。3月9日には最大震度5弱の前

図表　ダンパーがない場合　揺れ幅が15ミリの時に何が起こるのか？

3mの柱の柱頭の振れ	揺れの大きさ（rad：ラジアン）	建物への影響	建物へのダメージ
約100mm	1/30rad	倒壊の危険性がある	大
約33mm	1/90rad	筋かいを破損する危険性がある	↑
約25mm	1/120rad	構造用合板の強さ（耐力）が下がり始める	
約15mm	1/200rad	プラスターボードの強さ（耐力）が下がり始める	
約3mm	1/1000rad	揺れを感じ始める	小

（出典）千博産業HPより

震があり、そして3月11日に震度7（マグニチュード9）という1000年に1回と言われる本震が起きて、津波を発生させました。その後、余震は2月11日までで1万4590回も観測されました。

2016年4月14日の熊本地震では、震度7の本震と思うほどの揺れが発生しました。実はこれが前震で、28時間後に同クラス以上の本震が発生しています。下の図表で注目すべきは、震度1から4までの弱震が3790回も発生した点です。

耐震性能3とは地震にも耐えられるとされる頑丈な家の「堅さ」です。そもそもは、緊急時に国民を助ける「警察署」、「消防署」、「病院」のほか、「役所」、「学校」などの公的機関を、鉄筋コンクリートで建てたことから始まった概念です。

残念ながら木造住宅は、この鉄骨の強度には勝てません。そもそもが、木造住宅にマンションの

図表　2016年の熊本県内の地震発生回数分析

震度の内訳（回数）									合計
1	2	3	4	5弱	5強	6弱	6強	7	
2,295	1,034	350	111	11	4	3	2	2	3,812

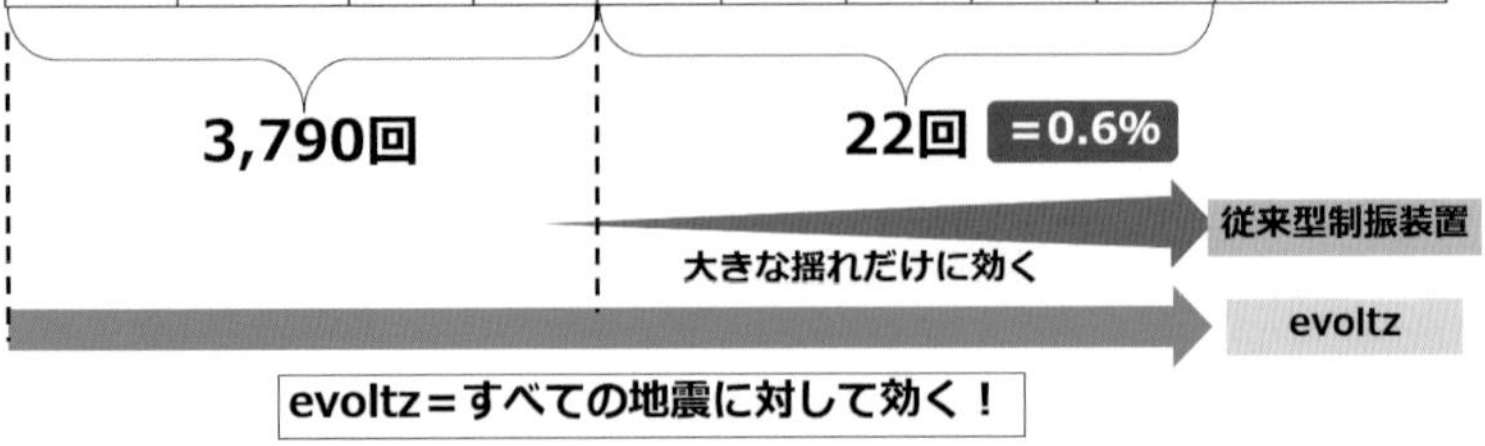

（出典）千博産業HPより

ような強度を求めることが間違いです。木には鉄やコンクリートにはない木ならではの良さがあります。木造部分だけで耐震性能を考えた家づくりをしようとするから話がややこしくなるのです。強度が高ければ高いほど揺れも大きくなり、家にある食器棚や食器、本棚などが凶器となって襲いかかり、人命を失う甚大な被害となる場合もあります。

大切なのは、耐震性能を高めることだけを考えるのではなく、地震のエネルギーのうまい逃がし方を考えることなのです。どれだけ堅い家を建てて大地震に耐えても、修繕費、家財修復に費用がかかるのではあまり意味がないと考えます。耐震性能はもはや当たり前、プラスの制振性能が肝要です。

左の写真は熊本地震で被災した、構造用合板を打ち込んだ柱に残ったビス穴です。構造用合板という面材は、最終的にサイディングという壁材の荷重がかかります。損傷部分は建物が地震のエネルギーと戦った後の勇壮な傷跡です。25ミリの揺れで構造用合板が落ち始める時に、もともと打っていたビスが地震のエネルギーに耐えたことで穴が広がり最後にビスは折れました。この家はこの後、多額の修繕費を支払わなければならなくなりました。そしてこの家では、他社製のオイルダンパーが使われていました。

熊本地震で被災した住宅の構造用合板

通常のオイルダンパーの仕組みについて説明します。地震が起こると、まず耐震性能3の躯体構造（住宅そのもの）が、その「堅さ」で地震のエネルギーに立ち向かいます。そして、その耐震性能が損なわれると、次に筋交い役として制振ダンパーが稼働して建物を守ります。重要視すべきポイントは、設置したダンパーが何ミリの揺れから稼働するかということです。柱の高さが3メートルの住宅の場合、震度5弱で33ミリ程度揺れると言われています。

「ｅｖｏｌｔｚ」を販売している千博産業は、地震工学を専門とする大学名誉教授と地震のメカニズムを研究し、住宅の維持について数多くの実証試験を行っている正直な企業です。

特に渥美専治会長は、国内で地震が発生するたびに「大丈夫でしたか」と、この「ｅｖｏｌｔｚ」を採用している顧客を訪問して、体験された内容をヒヤリングする熱心な方です。制振性能を担保するには、証拠集めが欠かせません。ダンパーメーカーの怠慢があれば、人命が危機に直面するわけですから、「ダンパーさえ設置すればどこのメーカーでも安心、安全である」という概念は持たないことです。

命と住宅の寿命を守るダンパーを選ぶ

さて、先程前述した（P284）2つのグラフをご覧ください。左側は「倒壊防止」を目的とした他社製のダンパーです。このダンパーは本震という大地震だけを考えて製造されました。地震の強度が強ければ強いほどダンパーが比例して威力を発揮します。いわゆる大地震ありきの発想です。

私がこだわるのは、右側の「損傷防止」を目的とし、前震という小さな揺れにも対応するダンパーです。ボディーブローでも、回数が増えれば（繰り返し発生すれば）ダウン（倒壊）する恐れがあるからです。そのグラフ（P284）は千博産業が全国の有名大学工学部の教授と共に実験した際のデータグラフです。ご覧の通り、柱の高さ3メートルの家で前震の揺れに多い3ミリの揺れでもいきなり制振ダンパーが「ピーンッ」と稼働している点に注視してください。「evoltz」のズバ抜けた制振性能です。2021年2月13日の震度4強の地震でもわが家で揺れを感じなかった理由は、この「超バイリニアル特性」が制振性能を発揮した結果です。私が知る限り、日本国内に流通している制振ダンパーのメーカーで、実証実験を継続して数多く実践してその効果を確実に顧客に伝えている企業は「千博産業」以外にありません。

2月13日23時7分に発生した福島沖地震では、激しい揺れの後、約1分半も揺れが続きました。構造重視の堅い家を造るという耐震性能だけに固執するのではなく、「揺れない家」を造ることが家族の命を守るうえでとても重要なのです。

理解しておかなければならないのは、あなたが選択するダンパーは何センチの揺れの地震から制御できるダンパーなのかということです。

熊本地震では震度1から4程度の地震が3790回も発生しました。その小さな揺れが本震前に建物に与えるエネルギーは驚異的であることを覚えておいてください。南海トラフ地震は今日起きるかもしれません。建物が損傷してから制御するダンパーでは全く意味がないことをご理解ください。

それからもうひとつ。ダンパーを設置する箇所も大切です。地震とは地球のプレートが揺れることですから、住宅は、基礎を通じて土台、柱、外壁という順番に破壊を始めます。そう考えると、制振ダンパーのベストな設置場所は「外壁の柱の中」ということになります。ですが、国内で流通しているダンパーは住宅内の内壁に設置する仕様が多いのです。千博産業は、宇宙開発技術を転用した長期耐久性のオイルシールを採用したことで、耐用年数は60年以上、耐久温度もマイナス20度から高温80度までを実現しています。

注意しないといけないのは、耐震、制振も、設計基準という机上の理論から発想されていることです。ダンパーが木の柱に設置されている場合と、軽量鉄骨に設置されている場合では全く数値が異なります。木の柱にどう設置するか。その設計指示書だけでなく、取り付けるビスの防錆性、強度、耐用年数まで基礎的な確認も必要です。

下の写真は、私の家でL220という2200ミリの筋交い役を担う外壁の柱と柱の間に設置されているダンパーです。

外壁の構造躯体をメインに設置される「evoltz」のダンパーに「藤壺技研工業」の「テクニカルブレース」を接続したわが家の筋交い

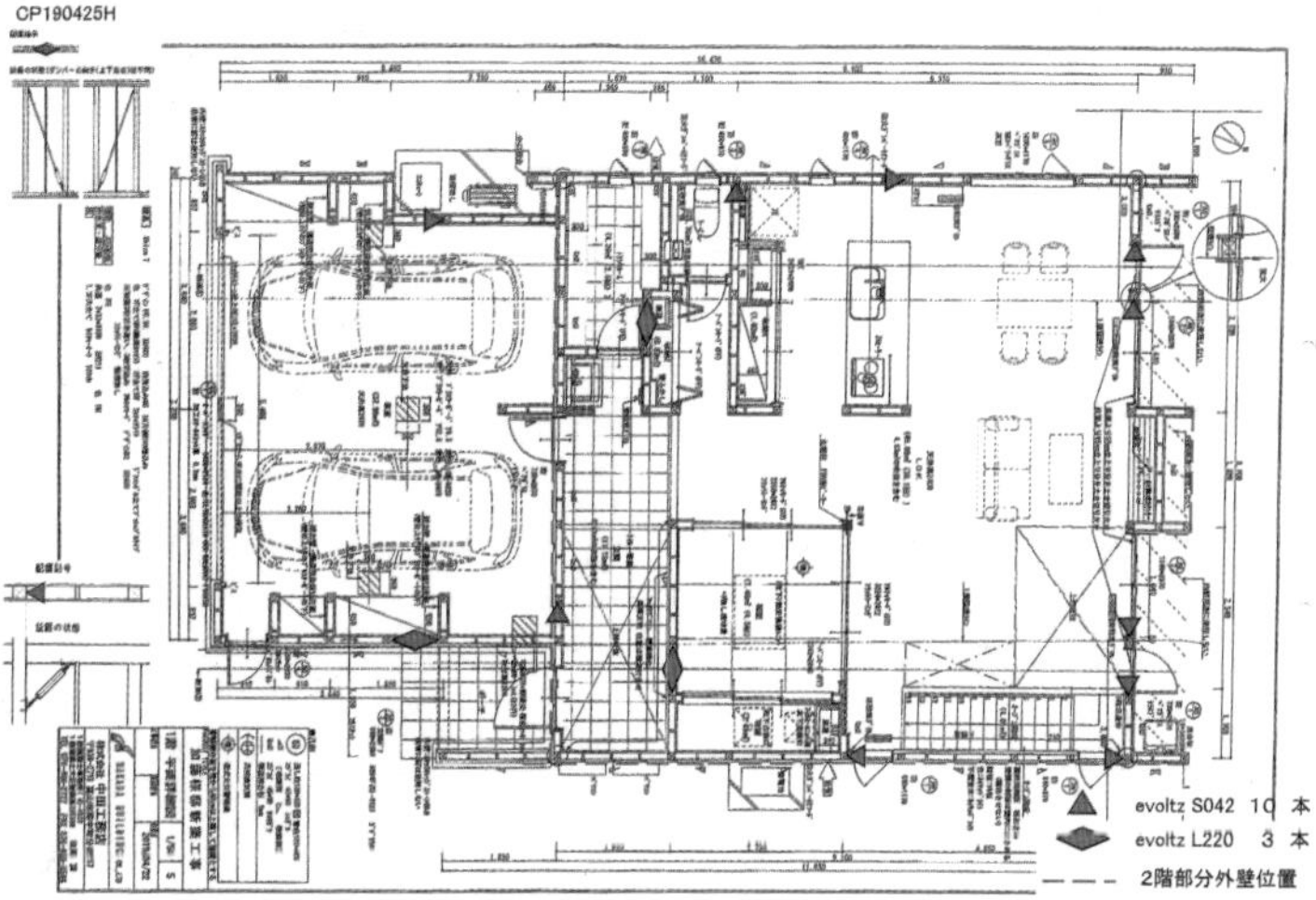

上越中央モデルハウスのダンパー設置図

バイクのマフラーで有名な世界の「藤壷」製の軽量で丈夫なテクニカルブレース（つなぎ棒）とダンパーが接続されており、全長は２２００ミリあります。

下のＳ０42という短めのダンパーは、外壁から内壁に垂直に設置されています。決定した間取り図面を千博産業に提出すると、限界耐力計算という構造計算から割り出した理想の機材と最適な設置位置を提案してくれます。ちなみにわが家ではＬ２２０を3本、Ｓ０42を10本装着しており、家族の命と家の寿命を守ってくれています。

内壁に設置されるS042のダンパー

前述した静岡県焼津市のアイ・ランド中島篤社長様も２０１９年秋に「Ｓｍａｒｔ２０３０零和の家®」をオープンさせました。現地へ行って驚いたのは、モデルハウスの立地が東海道新幹線と東海道線のデルタ地帯のど真ん中に建設されていたこと。

新幹線や東海道線の貨物列車が通過するたびに、隣のハウスメーカーが建てた家の窓は振動でガラスが揺れていました。しかし、「Ｓｍａｒｔ２０３０零和の家®」の正面の2層のＦＩＸ窓は新幹線が通過しているというのに、全く揺れていないことに気が付きました。

同じ現象は富山市の中田工務店 中田幸男社長様が建てた「Ｓｍａｒｔ２０３０零和の家®」も確認されています。こちらのモデルハウスは、高山本線から3メートルという近距離に建設されました。「ワイドビュー特急ひだ」が通過するたびに、後ろに建築されている他社のハウスメーカーの掃き出しサッシ窓は振動に共鳴してガラスが揺れていましたが、こちらの建物は振動を制御していました。

上越中央モデルに設置したL220ダンパー

２０１９年の台風19号の際は、新潟県上越市の私の家でも「ｅｖｏｌｔｚ」が稼働していました。目の前が日本海という立地ですので真冬の北西風が毎秒30メートルで吹き荒れましたが、大きな揺れは感じられませんでした。３ミリで制動する制振性能は、大型台風でも威力を発揮することを発見できた出来事でした。

千博産業製の「ｅｖｏｌｔｚ」は前震、本震、余震という全地震振動対応型ダンパーで、住宅の長期寿命と家族の生命を守ってくれる国内唯一の制振ダンパーです。

しかし、過去に千博産業が製作しているダンパーの図面を持ち出した人がおり、その図面を元に作ったコピー商品を販売している会社があることは残念です。正しいものはドイツのビルシュタイン製の「ｅｖｏｌｔｚ」ですので間違いなく。一本一本に刻印されたシリアル番号が品質の証なのです。

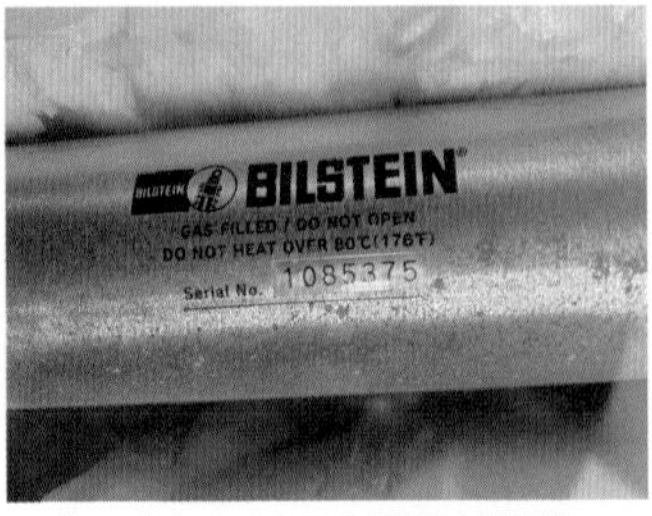

一本一本にシリアル番号が刻印

非常用飲料水の確保

２０２１年2月13日、23時7分に福島沖で発生した震度6強の地震では、翌14日にガス漏れ事故を訴える電話が殺到したそうです。この件でオール電化住宅の安全性を垣間見。宮城県では２９００戸で断水が発生。水道管は地中に埋まっているので修復までには時間がかかります。自宅に備えがない場合、20リットルものポリタンクを自動車に積み、臨時給水所まで行って給水をするという大変さに加え、鍋などの大きな容器に入れて飲料、トイレや洗髪などに使うことになります。「Ｓｍａｒｔ２０３０零和の家®」では「マルチアクア」という１２０リットルの大容量貯水タンクを設置しています。飲料水のみであれば４人家族で７日分が確保できます。女性でも簡単に足踏みでできる非常用ポンプで、圧力をかけるだけで水栓から水が出てきます。被災時でも晴れ間があれば、太陽光発電から蓄電池、ＥＶ車に充電して普段の暮らしができるので有り難いことです。

「Smart2030零和の家®」では120リットルのタンク「マルチアクア」を設置

09

高資産価値を創生する

「所有」するリスクを回避する

いよいよ最終項です。ここまで読み進んだあなたはビルダー経営ができるまでになっているかもしれません。この項で私が伝えたいのは、「所有」というリスクから回避できる家づくりについてです。

私は、家のことなど何も知らない25歳の時に初めての家を建てました。土地を購入した工務店の言われるままに建てましたが、大失敗。築16年でぶっ壊しました。冬は寒くて、夏は暑い。衣類はすべてカビ菌が付着。いわゆる換気不足の「負圧」の家だったのです。設計士も工務店も正しい知識を持ち備えていなかったのと、そんな会社に依頼した私の浅はかさが原因です。当時、親身になって家づくりを提案してくれるビルダーがいなかったことがきっかけで建築の業界に進むことができたと思えば、すべては良い経験だったとも言えます。

残価設定型住宅ローンで家を建てる

当時の金融公庫の住宅ローンは「ステップ式返済」というもの。最初の5年間の支払い金額は低めに設定してあり、6年目以降は「経済の発展で給料も増える」という前提で支払い額が増えるタイプのもので借りたのですが、現実の未来はそんな甘い話ではありませんでした。

2021年以降の住宅ローンは「住み替え式」ストック型が条件でしょう。子育て世代なら「子どもたちが巣立つまでの家」に20年暮らして、子育てが終わった後住みたい場所へ移住して「夫婦二人でペットとのんびり暮らす家」、そして「終の棲家」という最期の時を愛する家族と迎えられる家、というように「住み替えが自由にできる家」が本来の長期優良住宅だと考えられます。

これからの住宅は「残価設定型住宅ローン」が主流になるでしょう。たとえば、20年たったら次の人生設計を考えて、病院設備などの充実した地方都市に住む。私のように「電気を買わないエネルギーの自給自足ができる家」を建てて、目の前がオーシャンビューの自然と共生できる暮らしを選択する。今の家を民泊にして東京で暮らす妻の財源にする……など。建てた後のリユースも想定した資産価値住宅なら、CO_2削減にも貢献できるはずです。このように恒久的な社会的価値を維持できる家づくりを考えると、注文住宅の「自由設計」という言葉の持つ「なんでも施主（建築主）の思い通り」に建てるという概念はある意味危険であり、マイナス面が高い住宅だと、この歳になってつくづく感じます。都会で暮らす人たちが再利用するリノベーションマンションを、戸建て住宅を販売するビルダーも参考にすべき時代になったのです。

欧米などでは「100年住宅」が当たり前で、住宅そのものの価値を恒久化して長く使うという文化が根付いています。日本では『有吉ゼミ』（日本テレビ）というテレビ番組で坂上忍さんが進行役を務めて人気だった「坂上忍、家を買う。」のコーナーで見えたように、現役世代とリタイヤ世代では「暮らし方」の価値に違いがあるようです。

住宅ローンは、悪く言えば「借金」です。しかも35年間という人生の半分以上をかけて支払い続けるリスクが高いものでもあります。家賃滞納は退去という所有者からの拘束力のみで済むのに比べて、住宅ローンの滞納は、税金滞納による家の差し押さえや、銀行に対する遅延損害金の支払い、金融機関のブラックリスト入りなどの形で社会的制裁が課せられます。15年以上支払い続けてやっと元金返済が減っていくという「元利均等支払い」はリボ払いのようなものといえるかもしれません。また、大手デベロッパーが土地開発をして、そこに数社のハウスメーカーが入って大規模な分譲地を販売し、あとは自治会が管理するという形で、無造作に住宅が増え続けていくことにも違和感を覚えます。

「所有」というリスクから回避できる家づくりには、「リバースモーゲージ」（自宅を担保にした融資制度の一種）を利用することです。金融機関にもよりますが、リバースモーゲージ型住宅ローンには「リコース型」と「ノンリコース型」の2種があります。「リコース型」は、モーゲージローンの残債を相続人が負担しなければならないタイプ。一方「ノンリコース型」は、相続人がモーゲージローンの残債を返済する必要がないタイプです。そのため、一般的にノンリコース型のほうが金利は高めとなります。存命中の利息負担は、ノンリコース型のほうがリコース型よりも高くなる傾向がありますが、相続人のことを考えるとノンリコース型は選択肢のひとつといえます。皆さんの地域で「リバースモーゲージ　○○県」で検索すれば取り扱い銀行が見つかるでしょう。

資産価値の高い住宅があり、老後資金の準備はできているけれども、いざという時に備えて資金に余裕を持っておきたいとお考えの方も多いでしょう。「旅行をして晩年を楽しみたい」、「病気や介護の資金を確保しておきたい」など理由はさまざまですが、そういった方は、リバースモーゲージ型住宅ローンを利用すると老後資金の減少を抑えることができます。

リバースモーゲージ型住宅ローンを利用すれば、まとまった資金を老人ホームの入居費用の一時金に充てることもできます。入居時に自宅を売るのではなく、「存命中は自宅を手放したくない」、「最期は老人ホームで暮らそうと考えている」という人には適しているでしょう。できるだけ長く、生き生きとした老後を過ごせるのが理想ですが、少子高齢化の社会状況を考えた時、長寿社会では資金面が心配です。リバースモーゲージ型住宅ローンの仕組みやメリット・デメリットをしっかりと確認して、充実した老後の賢い活用を検討してみてはいかがでしょうか。

万人受けする「間取り」を理解する

建てた家を再流通するには、まず外観デザインの良し悪しが大事です。万人受けするのは、左右対称のデザインです。国会議事堂や寺院なども、左右対称の建物になっています。しかし、玄関を真正面に持ってくると「ホール」「廊下」という居住できないスペースが生まれてしまいます。ですから、限りあるスペースの中で建築される一般住宅では、玄関は左か右の端に持ってきた方

左右対称という調和のとれたパッシブ外観
N-Smart2030（富山市 中田工務店）

が有効な間取りになります。

下の図は全国に建設されている「Ｓｍａｒｔ２０３０零和の家®」の1階の間取りです。左右対称を意味する「シンメトリー」を、普段から意識している人は少ないでしょう。キッチンを住宅の中心に配置することで、動線がきれいなうえ「暮らし方」を等距離に配置できる間取りを採用しています。

レイアウトの決定や、家具や装飾アイテムの配置に規則性を意識することで、バランスのよい安定した調和感を生み出すことができています。「左右対称」というはっきりとした規則性があるので、住まわれている方の満足度は高く、好評を得ています。

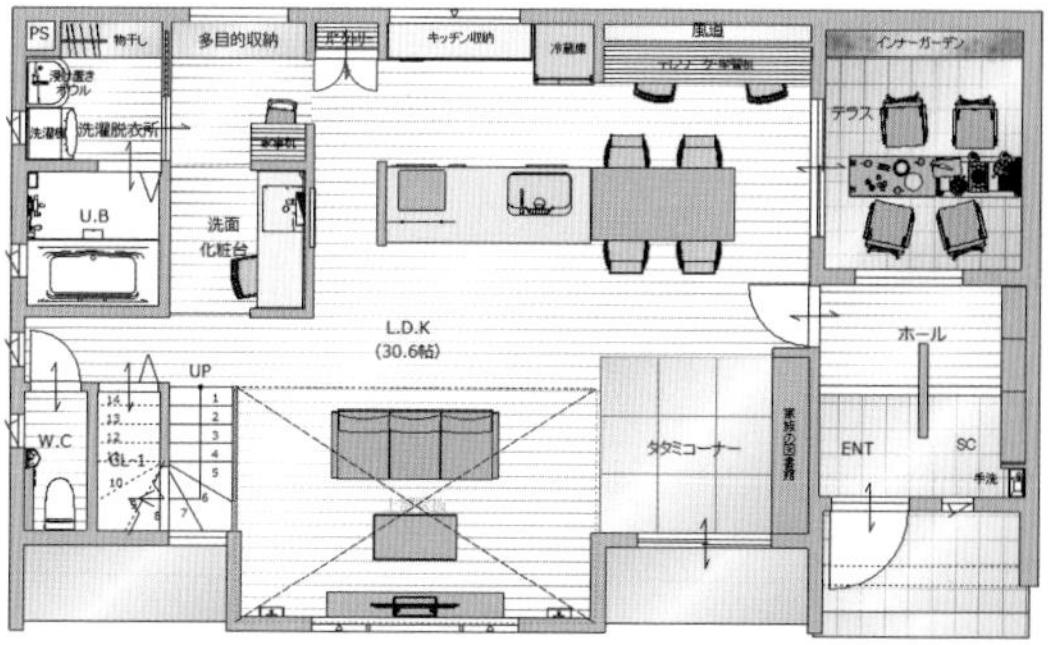

イオグランツ提供

左）キッチンとダイニングがストレート動線に（中田工務店）　右）日中は照明なしでも明るいLDK（亀山市トレジャーホーム）

注文住宅を建てる際、たくさんの住宅展示場へ足を運んで感動するポイントは、やはり開放感のあるLDKの「広さ」ではないでしょうか。モデルハウスに感動する一番の要因は壁までの距離と見上げるほどの天井の高さ。ここで広さを感じられるのです。そしてその奥にあるキッチンに立って暮らしを想像してみてください。かつて人生一度しかないと思われていた「夢のマイホーム」づくりですが、生涯同じ場所に住み続けることにこだわる必要がなくなった今、新たな局面を迎かえています。

やはり「いい家」とは建物内に入った時、吹き抜けの高い採光窓から射し込む自然の光で家じゅうが明るい空間です。日中の明るい陽射しが、家全体を照らしているシーンを見て感動を味わうものです。吹き抜けのない間取りで多く採用される掃き出し窓は、ガラス面の高さ1.9メートルしか採光ができません。そのため建物の奥まで明るさが届かないことや、隣や通行人から覗かれないようにカーテンを閉め切るので、「採光窓」とは名ばかりで、日中も室内が

吹き抜けは廊下と隣接することで空気循環と採光を実現（中田工務店）

暗い相反する設計基準なのです。それと同時に私の場合は、「パノラマビューの海の眺望」も購入しました。皆さんもこれから家を建てるなら「外からの同一視線を外した状態で自然の恩恵を家の中に取り入れる工夫」をぜひお考え下さい。「Ｓｍａｒｔ２０３０零和の家®」では吹き抜けに設置した2層のＦＩＸ窓がその役割を担っています。

またわが家は、接道から直接ガレージにマイカーを駐車するインナーガレージも住宅の一部と考え、ガレージからの動線も十分考慮した家族のコミュニケーションスペースを設けることで「佇む」という贅沢感を取り入れました。そこに、これから標準化されるであろうＥＶ車を迎え入れます。ＥＶ車は常に近くに存在する家族であり、住宅電源でもあ

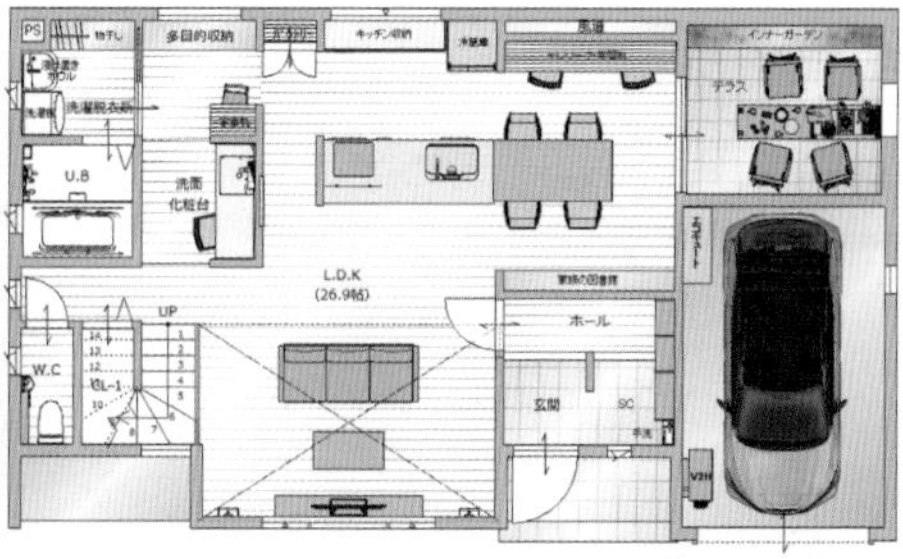

イオグランツ提供

左上）ガレージインタイプを標準仕様にしたSmart2030零和の家®　右）ガレージからの動線も考慮したスマートハウスの間取り　左下）EV車は常時充電ポートをあけたまま駐車するためセキュリティーを強化

るのです。皆さんも「今日もたくさんのエネルギーをありがとう」と声をかけてあげてください。ＥＶ車の充給電を可能にしたＶ２Ｈや被災時でもお湯を確保できるエコキュートもガレージ内に設置。これが「Ｓｍａｒｔ２０３０零和の家®」の標準仕様です。ガレージやテラスをすべて住宅内に取り入れたことで「外で行うレクリエーションを暮らしの一部に取り入れた」別世界を創りました。

「Ｇ－ＭＡＲＣＨの法則」「家族の図書館」は、子どもが集中して勉強できる環境づくりのための空間です。家族が集うＬＤＫ周りに学習環境がある子どものほうが、有名大学に現役合格する確率が高まると言われています。わざわざ2階の居室で孤独に学習させるのではなく、家族全員が応援していると感じさせるメンタル面でのサポートも大切です。子育ての最終関門ともいうべき大学受験まではマイホームの間取りの取

左）「G-MARCHの法則」、右）「家族の図書館」は子どもが集中して学習できる環境づくりを提供（広島県福山市アーキ・フロンティアホーム）

り方が重要です。わが家も、去年は三女の大学受験だったのですが、家庭教師の先生が来る時以外はキッチンのダイニングテーブルを娘のデスクにしていました。娘を孤立させない環境で受験勉強させたいという妻の希望があったからです。

このセンターキッチンは、家族と同じテレビ番組を見ながら夕食の準備ができますし、子どもの勉強も見てやれます。一般的な間取りでは、玄関の対角線の奥側にキッチンを設置し、そのバックヤードに洗面脱衣所やお風呂を配置します。そしてキッチンの壁にはゴミ捨てにも使用しない勝手口ドアを当たり前のように設置するビルダーが多いのですが、勝手口ドアには断熱性の高いものが少ないのでキッチンに立つと足元が寒いまま料理を強いられることになり、ストレスが溜まります。

センターキッチンからは家族と同じテレビ番組を見ながら夕食の準備もできる
(アーキ・フロンティアホーム)

土地形状が縦長の場合は致し方ありませんが、できるだけパーティーキッチンをセンターに配置するのが理想です。キッチンの前には食器、小物収納。左にはテレワーク、ダイニング、アウトテラス。右にはユーティリティ、お風呂、洗面化粧台など回遊動線(家の中をぐるっと回れる動線）の配置が私のオススメです。

キッチンの後ろには十分すぎる収納棚があり、左右にも収納棚があることで「非常時でも1週間分の水や食品を貯蔵」できるパントリーがあります。

北側からの採光ができ、キッチン正面から見える2層のＦＩＸ採光窓は、夕陽や月などが見え、その日の天気を感じながら料理を楽しめます。栗原はるみさんがよく言われているよう

左）パントリーとキッチン収納　中）シンクと冷蔵庫の距離動線　右）水回りまでの動線（アーキ・フロンティアホーム）

左）キッチン横の家事机　中）奥様のための洗面化粧台（アーキ・フロンティアホーム）、右）調理側収納とフロント収納で十分な収納スペースの確保を実現（上越展示場）

な、冷蔵庫とシンクの距離など、キッチンに立つ人に負荷を与えない調理動線です。

脱衣所には、左のように大きなSKボウルを設置しておけば、夕食の準備をしながら、子どもの運動靴や汚れた衣類を洗剤に浸けおくこともできます。脱衣所の排気口（RA）が乾燥機の役割をしてくれるので、夜干した衣類は翌朝までにはすっかり乾いています。この排気口の主な目的は、家のホコリを正圧の空気で戸外に押し出すことです。このおかげで、わが家も掃除機をかける回数が著しく減りました。

仕事から帰ってきた私の仕事着も、わざわざ2階のクローゼットへ上がって収納するのではなく、1階の多目的収納にそのままかけておくことができます。さっと服を脱いで、ゆっくりお風呂に入れるのです。

入浴前に脱衣した下着は直

SK浸けおきボウルが標準仕様

ホコリは床から20センチの高さを浮遊

左）脱衣所には洗濯機、SKボウル、下着収納、洗濯干し
右）多目的収納には仕事着や普段着を収納

接洗濯機へ。入浴後のバスタオルと下着は備え付けの収納引き出しから取り出します。家族一人ずつ自分専用の引き出しを持ち、家族自身が使いこなすことで、奥様の家事の負担を軽減します。ご主人は冷蔵庫からビールを出し、家事で忙しい奥様と同じテレビ番組を見ながら会話をし、夕食が完成するまでソファーでお子様とくつろぐ。もし受験を控えるお子様がいれば、ＬＤＫで学習しているお子様をパパが帰宅後に激励ができるなど、笑顔が絶えない明るい家庭環境が実現できます。吹き抜け横の2階のファミリールームからは長男がパパを呼んで、工作のわからない箇所を教えてとせがみます。週末には、ダイニング横の掃き出しからテラスに出ての「ＢＢＱ」を楽しむという外と家の中が一体化された間取り。……と夢が広がる設計なのです。

キッチンからそのままテラスへ（中田工務店）

と、このように一連の暮らし方をお伝えしましたが、暮らし方がイメージできる間取りこそが、万人受けする間取りであることをご理解いただけましたでしょうか。高資産価値のひとつは再流通できる住宅であること。個人の思い入れだけが詰まった間取りを否定はしませんが、次にこの家で暮らす家族の笑顔と未来永劫の資産形成まで考えた家づくりはどうですか。

BELS評価書の重要性

2021年4月から施行される改正建築物省エネ法において「BELS評価書」はその重要性を増しています。中古戸建て住宅を購入する時、「築20年か。ならば、気を付けて見なければいけないところがあるな。後から欠陥住宅だったら大変なことになるし」という視点で不動産を見ていませんか。これでは、築年数だけが不動産価値になっていて、性能に関しては見逃されています。

中古として市場で流通する際には、売る側にも買う側にも「物件概要書」という明確な不動産情報書が必要です。新築住宅を建築した時に許認可を証明する「確認申請」、「耐震性能証明書」、「省令準耐火構造書」、「60年保証」などが、売却する時に価格を査定する「書類」となり、不動産価値を高資産化します。

わが家のBELS評価書マーク

経済産業省が認可した太陽光発電の「設備認定書」なども重要です。

さらに、電気料金のさらなる高騰が予測される未来において重要になるのが、断熱性能という住宅のスペックを唯一証明できる「BELS評価書」（P44参照）です。これは、「確認申請書」には記載されていないプラスアルファの「価値の証明書」です。認定された家の玄関ドアには「BELSマーク」が貼ってあるはずです。

今後は、こうした「省エネ基準」を理解しているビルダーに家づくりをお願いすることが大切になるでしょう。今から新築住宅を建てる人には失礼かと存じますが、売却という「再流通」を考えて家を建て、「一生に一回の買い物」という住宅を「一生に三回の買い物」にしてみてはいかがでしょうか。家族構成の変化で「子どもたちが巣立った」後に、また「新築住宅」を建てられる人生を選択してみませんか。

ハウス・オブ・ザ・イヤー受賞のビルダーを選ぶ

2020年3月2日、私のもとに吉報が届きました。モデルハウスを兼ねる私の家が「ハウス・オブ・ザ・イヤー・イン・エナジー 2019特別優秀賞」を受賞したのです。この表彰制度は、建物躯体と設備機器をセットとして捉え、トータルとしての省エネルギー性能やCO_2削減等へ貢献する優れた住宅を表彰するもの。

この表彰制度は、2007年に「ハウス・オブ・ザ・イヤー・イン・エレクトリック」として創設され、2012年からは設備機器まで対象を広げ、「ハウス・オブ・ザ・イヤー・イン・エナジー」として継続して実施されてきました。私のクライアントも数多く受賞の名誉をいただいています。上越市にあるわが家も、施工会社である富山市の中田工務店の一級建築士・中田浩瑞さんのおかげで特別優秀賞をいただきました。

ビルダーの中には、安くて省エネ基準の低い住宅を営利目的だけで供給する会社もあれば、顧客第一主義で省エネ性能の向上に挑み続ける会社もあります。ビルダー選びの際にこの「ハウス・オブ・ザ・イヤー・イン・エナジー」を受賞しているビルダーを基準にされることをオススメします。

また、一邸宅ごとに「BELS評価書」を提出する確かなビルダーを選ぶことも大切です。「まさか、この住宅を手放すなんて考えてもみなかった」なんてことになっても、この評価書があったおかげで、住宅ローンの残債以上の価格で手放すことができ、さらに新しい住宅を手に入れることができた」となれば安心です。未来の不安を払拭する意味でも、この住宅の性能を保証してくれる「BELS評価書」はぜひ所有してください。

おわりに

「満足できる家づくりは、どんなことから始めればいいのか」、「そもそもなぜ家を建てたいと思うのか」。その答えは今の50代である私と、この本を読んでくださっているすべての人で全く違うでしょう。それは、年齢も、置かれている状況も、みんな違うはずだからです。

私が25歳の時に初めて家を建てたのは、満足のいく賃貸物件がなかったことと、借りたいと思った物件の家賃が高かったことが理由でした。しかし当時の私の大きな失敗は、20年間にも及ぶ長期の支払いを安易に考え、「毎月○万円なら払っていけるだろう」と甘く考えてローンを組んだことです。マンションには、賃貸収入を得るための投資物件もあります。投資となれば、株のように安く買って高く売れるのかを慎重に検討するはずです。本来、家を建てる時もそのような視点が必要なのです。

また家を持つと、今までになかった「自治会のつきあい」のほか、「税金」、「保険」、「修繕費」などの維持費というランニングコストが発生します。賃貸ならこうした費用はオーナーが負担していましたが、これらはすべて自分の責任になります。もしかしたら今後、これらが理由で家を手放さないといけなくなる時が来るかもしれません。

この本では、「まさか」をクリアできる家づくりをお伝えしました。参考にしていただければ、不安が払拭できることでしょう。

「家」という字をよく見ると、「ウ」冠という屋根に「一」という梁を入れて「人」、「人」、「人」というように、家族が増えるさまを表している気がします。そのように人生の長い時間を共にする家を建てる、私自身も生かされている住宅業界は、今大きな変革期を向かえています。皆さんが家を建てる際にお世話になる会社も、もしかしたらその後、倒産してしまい、メンテナンスをしてもらえなくなるかもしれません。土地選びから、

高資産価値を創生する「Smart2030零和の家®」

設計、施工という大きく分けて3ステップあるうちのどの部分においても、あなたのパートナーとなってくれる会社はとても重要です。会社選びは慎重に行ってください。

2016年から始まった「ZEH」という省エネ住宅もようやく浸透してきました。隙間相当面積から外皮熱貫流率という家をまるごと断熱材でくるみ、一次消費エネルギーを削減した家づくりがZEHの概念です。2020年、旧安倍内閣から菅内閣に変わり、国は高額な補助金を準備して、脱炭素社会という温室効果ガスを排出しない家づくりを推奨しています。会社を選ぶ際は、ZEH登録ビルダーの中で、ZEH普及率の高い会社を選ぶことが大切です。

2020年に開催予定だった東京オリンピック・パラリンピックも、新型コロナウイルスの世界的蔓延により、今年2021年に無事開催されるかさえ危ぶまれています。偶然にも開会式のチケットが当選した妻は、参加すら危ぶんでいます。2021年1月7日には東京都を始めとする大都市では、緊急事態宣言が再発令されました。経済の失速が心配です。企業ではテレワークによる新たな就業体系が始まり、このことが家の間取りをも大きく変えています。そもそも、こうした景気低迷を受けて家を所有することすらリスクと捉える方が多いでしょう。

冬に暖かく、夏に涼しい家の中。電力の大革命による産業構造の大きな変化。コロナ禍により増えた在宅時間。かかりつけの病院へ行こうと思っても感染を恐れ行けない状況。地球温暖化が原因とされる異常気象。こうした大きな転換期にあって、やはり未来を予測した家づくりこそが重要なのです。家づくりオタクになれとは申しませんが、ある程度の正しい知識はとても重要です。広大な土地に家を建てることは不可能な時代。アウトドアもインドアという住宅内で完結できる間取りが重要です。土地面積ギリギリに塀のような外壁を立てて囲み、車も、自転車もバルコニーもテラスも揃えることで、ストレスを解消できるはずです。

この新型コロナウイルスは収束の気配すらありません。きれいな水や空気、エネルギー、涼しさ、暖かさ、健康も、すべて自分で創れる家づくりをしなければならなくなったのです。これから私たちの住生活環境はさらに急速に変化することでしょう。私が全国で普及させている「Ｓｍａｒｔ２０３０零和の家®」は、そうした未来の変化を予測して、暮らすほどにこの家を建てて良かったと思える次世代対応型スマートハウスです。まだまだ現在は参画ビルダーも少ない状況ですが、有能なビルダー様が皆さんの街にこのスマートハウスを供給できる日もそんなに遠くないと思います。

結びになりますが、「かつてないこの次世代型スマートハウス『Ｓｍａｒｔ２０３０零和の家®』は、これから家づくりをされるすべての方に絶対に知っていただきたいものです」と日夜、資料作り、校閲にご尽力賜りましたザメディアジョンの田中朋博編集長に、この場をお借りして心から感謝の意を表します。

日本のモノづくりの精神は、顧客の利便性を追求して生まれる卓越した技術です。日頃からこのスマートハウスの実証実験にご協力をいただいている住宅設備関連業者様、エネルギー関連業者の皆様に重ねて御礼申し上げます。ＮＴＴの光フレッツも10Ｇ（ギガ）という通信速度になります。わが家では皆さんがお持ちのスマートフォンから遠隔ですべての住宅設備機器の状態が見え、操作もできます。留守中でも家じゅうを見守ってくれる「省エネの達人（ＡＩ）」という家族が新たに増えます。外出中の留守番は、彼に安心してお任せください。

「えっ！　なに？」「午後3時から雨が降るからそれまでにＥＶ車を返せって！」「はいはい。わかりましたよ。君は電気を絶対に買わせてはくれないね」。こんな日常を、皆さんにもぜひ味わっていただければと思います。

２０２１年2月19日　加藤善一

参考文献

「エネルギー産業の2050年Utility3.0へのゲームチェンジ」(日本経済新聞出版)
「45分でわかる未来へのシナリオ ストック型社会」(電気書院)
「エコハウス超入門」(新健新聞社)
「エコハウスのウソ」(日経BP)
日経ホームビルダー2020年7月号（日経クロステック）
月刊スマートハウスNo67　2020年8月20日（アスクラスト）
国土交通省HP
経済産業省HP
環境省HP

※50音順

会社名	住所	TEL
株式会社Gハウス	大阪府大阪市旭区新森2-23-12	06-6954-0648
株式会社スマイルハウス	長野県松本市双葉24-10	0263-27-9901
株式会社 チタコーポレーション	愛知県半田市昭和町1-15-1 チタコービル	0569-23-2421
株式会社富山総合建築	香川県三豊市豊中町岡本520-1	0875-57-6340
トレジャーホーム株式会社	三重県亀山市北町6-15	0595-83-0144
株式会社ドレメ	京都府舞鶴市倉谷909-6	0773-75-1826
株式会社中田工務店	富山県富山市婦中町分田157	076-466-2727
有限会社奈良アシスト	奈良県大和高田市神楽1-2-15	0745-21-2805
花住ホーム株式会社	岩手県花巻市材木町12-38	0198-22-3940
平林建設株式会社	千葉県夷隅郡大多喜町森宮109-1	0470-82-4982
株式会社fabric dg	愛知県半田市庚申町1-31	0569-20-1661
株式会社マスターズ	愛知県小牧市城山1-3　ピエスタ1F	0568-68-9171
株式会社みやこ住建	岡山県津山市院庄1246-5	0868-35-3853
明工建設株式会社	静岡県御前崎市池新田7742-1	0537-86-2674
ヤマダコーポレーション 株式会社	新潟県妙高市中川5-5	0255-72-0372
ユートピア建設株式会社	愛知県岡崎市大門5-2	0564-26-3890

Smart2030零和の家®のお問い合わせは、エスイーエー株式会社
新潟本社:〒942-0084　新潟県上越市五智新町4-30
東京支店:〒107-0052　東京都港区赤坂2-13-8　赤坂ロイヤルプラザ402
TEL03-4405-6611　FAX03-6867-0042　https://sea-consulting.co.jp/

「Smart2030零和の家®」住宅会社一覧

会社名	住所	TEL
有限会社 アーキ・フロンティアホーム	広島県福山市千田町4-9-33	084-970-0121
株式会社アーバンコキタ	大阪府守口市金下町2-1-6	06-6993-4510
株式会社アイビーホーム	福島県郡山市菜根4-17-11	024-990-0855
有限会社アイ・ランド	静岡県焼津市道原699-1	054-656-2103
株式会社アスカ創建	新潟県上越市上源入637	025-520-7575
株式会社アソビエ	神奈川県平塚市見附町12-7　1A	0463-26-3051
家づくりナイスホームズ 株式会社	茨城県水戸市笠原町245-1	029-305-3688
株式会社石田屋	埼玉県児玉郡神川町元原114-1	0495-74-0002
株式会社井藤工業	愛知県名古屋市南区源兵衛町4-30	052-613-0480
株式会社ウイニングホーム	岐阜県羽島郡岐南町平島4-23-1	058-246-8333
有限会社ウッドゆう建築事務所	茨城県牛久市宮町43-6	029-870-5065
株式会社英興	和歌山県西牟婁郡上富田町下鮎川487-25	0739-20-1029
愛媛不動産情報ナビ 株式会社	愛媛県松山市森松町1035-1	089-997-7230
株式会社エリアワン	千葉県千葉市若葉区都賀4-16-8	043-234-1010
エルシーホーム株式会社	福井県福井市御幸2-18-18	0776-27-2103
大橋商事株式会社	愛知県名古屋市千種区今池4-10-4	052-733-0123
オフィスHanako株式会社	新潟県新潟市中央区姥ケ山1637	025-288-1744
坂本建設工業株式会社	広島県福山市駅家町大橋1005-1	084-976-4501
株式会社さくら	石川県金沢市二口町ニ95-1	076-223-0505

●著者紹介

加藤善一（かとう・ぜんいち）

内閣府日本住宅性能検査協会認定再生可能エネルギーアドバイザー、ZEH推進協議会賛助会員。ホスピタリティを信条に、人間の大切なイベントをプロデュースすべく、ホテルサービス業などを経て2006年より建築業、不動産業を始める。インターネット不動産販売技術を全景㈱との連携により全国に波及。人間の暮らしに関与するあらゆる業界の習得が独特のコンサルタントの原点になっている。2013年にエスイーエー㈱を創立し、国内200社以上のクライアントのコンサルティング業務のため、日夜全国を奔走中。

損せず、心地よく暮らしたいなら

「デジタル・スマートハウス」はどうですか？

2021年4月1日　第一刷発行

著　者　加藤善一

発行者　田中朋博

編　集　中田絢子
装　丁　村田洋子
漫　画　近藤こうじ
DTP編集　STUDIO RACO
校正・校閲　大田光悦・菊澤昇吾

発行所　株式会社ザメディアジョン
〒733-0011 広島市西区横川町2-5-15 横川ビルディング
TEL.082-503-5035　FAX.082-503-5036
印刷所　株式会社シナノパブリッシングプレス